U0165186

徐伟新
刘德福
著

落日的辉煌

17、18世纪全球变局中的『康乾盛世』

（修订本）

中共中央党校出版社

图书在版编目（CIP）数据

落日的辉煌 : 17、18 世纪全球变局中的"康乾盛世
" / 徐伟新，刘德福著 . -- 修订本 . -- 北京 : 中共中央党校出
版社，2024.1

ISBN 978-7-5035-7574-7

Ⅰ . ①落… Ⅱ . ①徐… ②刘… Ⅲ . ①中国历史—清
代—通俗读物 Ⅳ . ① K249.09

中国国家版本馆 CIP 数据核字（2023）第 120734 号

落日的辉煌——17、18 世纪全球变局中的"康乾盛世"（修订本）

出版统筹	刘　君	
责任编辑	卢馨尧	
装帧设计	一亩动漫	
责任印制	陈梦楠	
责任校对	魏学静	
出版发行	中共中央党校出版社	
地　　址	北京市海淀区长春桥路 6 号	
电　　话	（010）68922815（总编室）	（010）68922233（发行部）
传　　真	（010）68922814	
经　　销	全国新华书店	
印　　刷	中煤（北京）印务有限公司	
开　　本	710 毫米 × 1000 毫米　1/16	
字　　数	216 千字	
印　　张	19.25	
版　　次	2024 年 1 月第 1 版　2024 年 1 月第 1 次印刷	
定　　价	68.00 元	

微 信 ID：中共中央党校出版社　　　　邮　　箱：zydxcbs2018@163.com

版权所有·侵权必究

如有印装质量问题，请与本社发行部联系调换

目 录

落日的辉煌
17、18 世纪全球变局中的"康乾盛世"

落日的辉煌

17，18世纪全球变局中的『康乾盛世』

从 17 世纪 40 年代起到 20 世纪第一个 10 年止，精确地说是从 1644 年到 1911 年的 268 年间为清朝统治时期。这是中国悠久历史上最后一个封建君主制王朝。在这 268 年间，自康熙（1662—1722 年）经雍正（1723—1735 年）至乾隆（1736—1795 年）的 130 多年，形成了中华民族历史上又一个辉煌盛世，史称康乾盛世。这一时期，中国社会的各个方面在原有的体系框架下达到极致。乾隆末年，中国经济总量占世界第一位，人口占世界 1/3，对外贸易长期出超，以致英国迟迟不能扭转对华贸易逆差。

然而，正是在同一时期，在地球的另一端，尤其是在英国，一种新的文明——挑战全球的工业文明正在萌发；一场伟大的革命——最终改造了整个旧世界的资产阶级革命正在进行；一个新的运动——冲决中世纪封建神学桎梏束缚的思想启蒙运动正在蓬勃发展。由此以降仅 100 多年的历史，就彻底地改变了中国在世界格局中的地位，中国由一个洋洋自得的天朝大国急剧地坠入落后挨打的境地而一蹶不振。

　　康乾盛世前后 100 多年魔术般的变化，令全世界的思想家、政治家以及有识之士们大为震惊。

　　马克思称之为"奇异的悲歌"："一个人口几乎占人类三分之一的大帝国，不顾时势，安于现状，人为地隔绝于世并因此竭力以天朝尽善尽美的幻想自欺。这样一个帝国注定最后要在一场殊死的决斗中被打垮：在这场决斗中，陈腐世界的代表是激于道义，而最现代的社会的代表却是为了获得贱买贵卖的特权——这真是任何诗人想也不敢想的一种奇异的对联式悲歌。"①

　　邓小平指出："如果从明朝中叶算起，到鸦片战争，有三百多年的闭关自守，如果从康熙算起，也有近二百年。长期闭关自守，把中国搞得贫穷落后，愚昧无知。"②

　　这段历史太值得后人警醒——康、雍、乾三代君主，英明有为，但是面对世界范围工业革命历史性大变动、大转折，却茫然无知，毫无准备，甚至采取错误的对策，把门关上，最终导致中国的长期落后。今天，当我们面对一个更加激烈的综合国力竞争国际环境的时候，把康乾盛世放入一个世界性的范围来看，尤为发人深省。

盛世辉煌

　　中华民族经过秦汉以来两千多年的发展，至康乾盛世，其经济取得了有史以来的最高成就。她的农业、手工业、贸易、城市发展等，都曾达到世界先进水平。

---

　　① 《马克思恩格斯选集》第 1 卷，人民出版社 2012 年版，第 804 页。
　　② 《邓小平文选》第 3 卷，人民出版社 1993 年版，第 90 页。

从农业来看,不论是当时的人口数量,还是耕地面积,都远远超过了以往的历史时期。据统计,康熙二十四年(1685年)全国共有耕地6亿亩,到乾隆终年(1795年),全国耕地约为10.5亿亩,粮食产量则迅速增至2040亿斤[①]。当时随马戛尔尼使团来中国的巴罗估计,中国的粮食收获率高出于英国。"麦子的收获率为15:1,而在欧洲居首位的英国为10:1。"[②]中国农作物的总产量占世界第一位。人口从1700年前后的约1.5亿人增加到1794年(乾隆五十九年)的约3.13亿人,占全世界9亿人口的1/3。

从手工业来看,也有了相当程度的提高。生产规模扩大,手工作坊、手工业逐渐增多。如广东的冶炼业、京西的采煤业、江南的纺织业、云南的铜矿业等。手工劳动的分工进一步精细,如江苏松江棉布染色业作坊,按照产品种类,分为蓝坊、红坊、漂色坊、杂色坊。市场也有了一定的发育。粮食、布匹、棉花、丝、绸缎、茶、盐成为主要商品,其流通值为3.5亿银两[③]。如果加上烟、酒、糖、油、煤、铁、瓷器、木材,不少于4.5亿银两,以当时人口3亿人计,人均商品流通值为银1.5两。

对外贸易急剧增长。主要出口商品有茶、丝、土布,尤以茶叶占第一位。18世纪末,英国东印度公司每年平均从中国购买茶叶值银400万两。而英国商人运到中国来销售的主要商品(毛织品、金

---

① 参见戴逸:《乾隆帝及其时代》,中国人民大学出版社1992年版,第286—296页。

② 张芝联、成崇德主编:《中英通使二百周年学术讨论会论文集》,中国社会科学出版社1996年版,第188页。

③ 参见许涤新、吴承明主编:《中国资本主义发展史》第1卷,人民出版社2003年版,第284页。

属、棉花）的总值，尚不足以抵消从中国运出的茶叶一项。为了平衡贸易收支，英国商人必须运送大量白银到中国。康熙年间，清朝征收的关税正额有银 4.3 万两，实际上关税收入大大超过"正额"。乾隆末年，每年"盈余"（即超额部分）已达银 85 万两，超过康熙年间所定关税定额的 20 多倍。正是为了平衡对华贸易逆差，英国把大量鸦片运进中国，并发动了罪恶的鸦片战争。

18 世纪初，在康熙帝主持下，清廷从事两项巨大的科学工程。一项是《律历渊源》，介绍了中国和西方音乐各种理论、乐器制造、天文历法以及西方的数学与中国的算学；另一项是用近代科学方法绘制了第一幅详细的中国地图。

中国的城市也有很大发展。到 19 世纪初，全世界有 10 个拥有50 万人以上居民的城市，中国就有 6 个[①]，即北京、南京（江宁）、扬州、苏州、杭州、广州。城市以下的墟市集镇的数量也大大增加。如南京是著名的丝织品产地，有丝织工人数万人，"城里几十条大街，几百条小巷，都是人烟凑集，金粉楼台"（吴敬梓：《儒林外史》）。山东济宁为"百货聚集之地，客商货物，必投行家"（《乾隆济宁直隶州志》，卷二《风俗》）。

法国启蒙学者伏尔泰称赞中国是世界上最优美、最古老、最广大、人口最多而且治理最好的国家。

法国《百科全书》的主编狄德罗在该书《中国》条目中，盛赞中华民族，其历史之悠久，文化、艺术、智慧、政治、哲学的趣味，无不在所有民族之上。

---

① 参见〔美〕吉尔伯特·罗兹曼主编，陶骅等译：《中国的现代化》，上海人民出版社 1989 年版，第 205 页。

德国的莱布尼茨认为欧洲较之中国优越之处，在思维和思辨的科学方面，但一转到实践哲学方面，即生活、伦理、政治实践，欧洲人便难以和中国人相抗衡。

全球变局

几乎是同一个时期，当康乾君主谨慎地牵引中国社会这艘古老的大船，沿着原有的航线进行再一轮冲刺的时候，"诸欧治定功成，其新政新法新学新器，绝出前古，横被全球"[①]，西方社会爆发了一系列改天换地的伟大革命，迅速地脱离传统的发展路线而突然加速前进，跃上了世界文明进程的制高点。

英国 1640 年开始了资产阶级革命；美国 1775 年进行了独立战争；法国 1789 年爆发了大革命；意大利从 1859 年资产阶级夺取政权、俄国从 1861 年废除农奴制、日本从 1868 年明治维新，都不约而同地走上资本主义发展的道路。这些革命，不论胜利与否，彻底与否，其结果都加速了封建专制统治的灭亡，推动了民主政体的建立，为资本主义发展扫清了道路。

17 世纪以后，科学革命席卷了欧洲。欧洲科学革命的先驱哥白尼于 1543 年发表《天体运行论》，阐述了以太阳为中心的天文学说。伽利略研究了自由落体和钟摆运动，发明了望远镜等科学仪器，大大改进了科学观测手段。特别是在 17、18 世纪之交，牛顿发现了运动三大定律和万有引力，阐述了经典力学理论。继牛顿之后，大批科学家、技术家、实验家涌现，大批科学成果诞生，大批科学研究

---

① 汤志钧编：《康有为政论集》上册，中华书局 1981 年版，第 298 页。

机构成立，研究自然科学在欧洲蔚然成风。一个科学、技术、实验三者鼎立、互相牵引、彼此促进的互动新机制形成，为生产力的发展注入强盛的动力。

英国从 18 世纪 60 年代起，率先开始了工业革命。

在棉纺织业，1733 年凯伊发明飞梭，大大提高了织布的效率。1764 年织工哈格里夫斯发明了手摇纺织机，即著名的"珍妮机"。机器的使用，使编织效率提高了 40 倍以上。

在动力机器方面，1769 年瓦特发明了单动式蒸汽机，1782 年又制成了复式蒸汽机。1785 年英国的棉纺工厂开始用蒸汽作动力。1769 年法国人柯格诺特制成了第一辆蒸汽推动的三轮汽车；1807 年美国人富尔顿制造了第一艘轮船；1814 年英国人斯蒂芬逊发明了蒸汽机车。蒸汽机的普遍应用使工业摆脱了对自然能源的依赖，使劳动生产率几倍几十倍地提高。

在冶金方面，18 世纪 30 年代发明了用焦煤炼铁的新技术，改变了传统的以木材为燃料进行冶铁的落后工艺。18 世纪 60 年代出现了巨大的熔铁炉，此后又研究出了精炼法。炼铁技术的革新，不仅推动了冶金工业的进步，同时也有力地促进了煤炭工业的发展。

工业革命使英国经济出现了腾飞。据统计，英国 1776 年至 1800 年棉纺织品出口从 670 万英镑增加到 4143 万英镑，24 年间增长 5.18 倍。毛织品在 1788 年生产 7.5 万匹，1817 年则达到 49 万匹，增长 5.53 倍。煤的年产量，1700 年为 500 万吨，1795 年增至 1000 万吨，增长 1 倍。生铁产量，1740 年仅为 17350 吨，1806 年则猛增至 258000 吨，增长 13.87 倍。工业的发展导致诸如曼彻斯特、伯明翰等一批新兴工业城市的出现，人口大量流向城市。18 世纪 70 年代时，英国城市人口已占全国总人口的 1/2。

"在经济发展全面加速的 18 世纪,交易的一切工具都合乎逻辑地使用起来了。"在工业发展、商业繁荣的基础上,欧洲国家的市场进入了更高层次。证券交易、信贷已很活跃,证券交易所拓展了他们的活动,"伦敦模仿阿姆斯特丹并试图取而代之,阿姆斯特丹此时趋向专业化发展,欲成国际贷款之要地,日内瓦和热那亚参与这些危险的游戏,巴黎摩拳擦掌,开始亦步亦趋,这样一来,钱款与信贷便起来自如地从一处流到另一处"①。形形色色的信贷证券,大大便利了商品批发和国际支付业务,整个市场被活跃的信贷和贴现所推动。

这时,西方国家向全世界扩张的步伐也骤然加快。他们纷纷走出国门,建造大舰巨舶,组织商船队和贸易公司,进行航海探险,致力于海外贸易,到世界各地寻找商业机会,掠夺金钱、土地和人口,进行原始积累。贪婪的西方商人,确信自己的好运在远方,行走于全世界并把商品带到世界各地,追逐丰厚的利润;炮舰和军队用刀和剑在各个殖民地上建立起统治;外交使节和传教士到处奔忙,把政令和圣经传播到各个角落,并热衷于搜集情报,了解各地的情况。美国《独立条约》的墨迹未干,当其还处于英国的威胁之下时,"海商就已游弋七大洋,去寻求贸易"。到达中国的第三只船"实验号"只有 84 吨,乃至被认为是近海帆船,充分展现了愿意为可能获得的利润冒最大危险的精神。据估算,英国在 1757—1857 年的 100 年中,仅从印度运回本国的货物和货币总值达 120 亿金卢布;1701—1810 年从西部非洲贩运 200 万名黑奴,进行贸易。

---

① 〔法〕费尔南·布罗代尔著,杨起译:《资本主义的动力》,生活·读书·新知三联书店 1997 年版,第 18 页。

纺织工序的逐步机械化、焦炭炼钢、蒸汽机的应用、工厂制的出现，农业的发展、农村购买力的增加，市场的兴旺、商人的活跃，航海的进展、殖民地的开拓、交通运输的改革，等等，许多举措、许多事件的相互联系，相互促进，推移演变，推动英国率先完成了工业化，跨进了“近代社会”①。一个生产力如地下泉水喷涌迸射的人类新时代全面展开。

一潭死水

在变化了的世界面前，康、雍、乾三代英明君主却表现出惊人的麻木和极度的愚昧：妄自尊大、拒绝开放，囿于传统、反对变革，满足现状、故步自封，特别是限制工商业、蔑视科学技术、闭关锁国、加强集权、禁锢思想的做法，愈加严重地制约着社会的进步。

与西欧国家不遗余力地保护工商业发展的做法相反，清王朝对工商业控制、压抑、打击，把工商视为“末业”，认为兴商既不合祖宗成法，也对国家无利。雍正说：“农为天下之本务，而工贾皆其末也。今若欲于器用服玩之物，争尚华巧，必将多用工匠。市肆之中多一工作之人，即田亩之中少一耕稼之人。且愚民见工匠之利，多于力田，必群趋而为工，则物之制造者必多，物多则售卖不易，必至壅滞而价贱。是逐末之人多，不但有害于农，而并有害于工也。小民舍轻利而逐重利，故逐末易而务本难。苟遽然绳之以法，必非其情之所愿，而势所难行。惟在平日留心劝导，使民知本业之为贵，崇尚朴实，不为华巧。如此日积月累，遂成风俗。虽不必使为工

---

① 戴逸：《18 世纪的中国与世界》(导言卷)，辽海出版社 1999 年版，第 34 页。

者尽归于农，然可免为农者相率而趋于工矣"（《清世宗实录》，卷五七）。有些官吏主张在广东招商开矿，雍正表示坚决反对，"今若举开采之事，聚集多人，其中良顽不一，难以稽查约束，恐为闾阎之扰累。况本地有司，现在劝民开垦，彼谋生务本之良民，正可用力于南亩，何必为此侥幸贪得之计，以长喧嚣争竞之风"（《东华录》雍正朝，卷二六，十三年四月）。在这种思想指导下，朝廷对民间手工业在经济上实行高额征税，低价收购，无偿摊派；在政治上或则限制其开设，或则控制其流通，或则严格约束工人，或则指定特许的商人，对工商业的发展千方百计地压抑阻挠。封建官僚滥施淫威，而工商业者没有公开进行对抗的力量，只能匍匐在政权的脚下，任其蹂躏①。因之，虽然当时中国六个大城市的人口都超过世界最先进的伦敦，但是西方城市以工商业为本位，商人和手工业主在政治上起着重大作用，参与城市管理、审查预算的情况，在中国从来没有出现。中国的城市首先是政治和军事中心，大多数城市的繁荣依靠官吏、地主、军队及其附属者的消费，而主要不是依靠工业制造与远程贸易。

在儒家思想的统治下，终清一朝，弥漫着轻视和蔑视科技之风，把科技知识视为"形而下"，把发明创造称为"奇技淫巧"。清初戴梓发明火器"连珠铳"，一次可填发28发子弹，又造出蟠肠枪和威远将军炮，然而清统治者抱着"骑射乃满洲根本"，不仅不采用，反而听信谗言，将戴梓充军关外。1792年，英特使马戛尔尼送给乾隆80寿辰的礼物中，有天球仪、地球仪、西瓜大炮、铜炮、各种自来火炮、西洋船模型、望远镜等29种，清廷只是将之作为"贡

---

① 戴逸：《18世纪的中国与世界》（导言卷），辽海出版社1999年版，第61页。

品""玩好"收藏，予以玩赏或鄙薄，根本未想到这里的科技含量及其中的军事价值。马戛尔尼曾邀请清军将领福康安检阅英国使团卫队演习新式武器操练，福康安竟拒绝说："看亦可，不看亦可。这火器操作，谅来没有什么稀奇。"康熙帝对自然科学怀有浓厚的兴趣，宫廷中罗织了许多懂科学的耶稣会传教士，聘请了一批数学家研究天文数学。但是西方科学未跨出宫廷一步，只供皇帝个人欣赏。雍正、乾隆两位皇帝对自然科学均无爱好，加以康熙末年由于礼仪之争，罗马教廷与清朝的关系破裂，清朝采取闭关锁国的政策彻底阻滞了西方科学技术知识的传入和交流。

闭关锁国、拒绝交流是清廷对外关系的基本政策。康乾时期，是人类历史从分散走向整体的时代，是经济国际化趋势日渐明显的时代。中国在对外关系上却采取了逆时代大潮的封闭国策。对外政策的着眼点是怀柔远人，外夷归附，宣扬恩德以保持国内秩序的稳定。至于航海探险、远洋贸易、对外扩张，这一切既缺少实行的手段、能力，也没有试探的兴趣。他们不重视对外贸易的经济利益，只把通商当作怀柔的手段。当英国商人给清朝的文书中要求扩大通商，声称中英通商"与天朝有益"时，乾隆皇帝谕令两广总督苏昌，"国家四海之大，何所不有，所以准通洋船者，特系怀柔远人之道。乃该夷来文内，有与天朝有益之语。该督等不但当行文笼统驳饬，并宜明切晓谕，使知来广贸易实为夷众有益起见，天朝并不藉此些微远物也"（《清高宗实录》卷六四九）。他在给英王乔治三世的一封信中讲："天朝物产丰盈，无所不有，原不藉外夷货物以通有无"（《粤海关志》卷二三，第 8 页）。清王朝的对外政策就是建立在这种"天朝上邦"意识和传统的自然经济观念以及诸如"不宝远物，则远人格"之类的儒家经典之上的。因而，贸易变成了"怀柔退方、加惠四夷"的政治行为，而并非将其视为经济发展的需要。它盲目坚持"天朝"体制，以四夷之共主的面貌出现，在国际关系中，既不考虑交往的平等性，拘泥于三跪九叩之类礼仪末节；也不考虑经济利益，用朝贡代替国际贸易。

对外关系的着眼点决定了对外交往的排斥态度。当西方竭力寻找新航线，拓展海外殖民地，大力发展海外贸易之际，清统治者正在为海岸线的不宁而焦躁不安。对于远道涉洋而来的西方国家，莫不以"夷狄"视之，把构筑一道坚实而绵密的藩篱，将最危险的西洋人隔绝于国门之外视为基本国策。康熙初年一度开放海禁，允许沿海居民出海贸易，但是，又决定不准外国人来华贸易。按传统做法，只有在外国人对华"朝贡期"内允许贸易，期限一过，即停其贸易，贡使便打道回国。外国人在贡期外从事贸易，康熙初年只有两次。康熙五年时宣布：下不为例，永行停止。康熙的这项政策，影响了清朝100多年，后世子孙顽固地坚持不准外国人来华贸易，贻误了中国的发展。清朝严厉限制对外交流，首先就对出口商品有严格限制。军器、火药、硝炭、铜铁可以制造武器，均在严禁之列，米麦、杂粮、马匹因内地缺少，亦禁出口。书籍则可能泄露中国状况，也不允许运往国外。中国本来能制造巨大的帆船，出航远洋。到康乾时期，世界各国的航海业突飞猛进，船只越造越大，而清廷却规定："如有打造双桅五百石以上违式船只出海者，不论官兵民人，俱发边卫充军"（《大清会典事例》卷七七六，康熙二十三年）。对于出洋的水手、客商，防范极严，"各给腰牌，刻明姓名、面貌、籍贯，庶巡哨官兵易于稽查"（《清朝文献通考》卷三三）。中国人到外国开展贸易，立定年限回国，如逾期不归，永远不许返回，即使三世居于外国的华侨，也要设法召回治罪并株连其家属。这种以天朝大国自居，采取不与西方通商的闭关锁国政策，完全堵塞了可能给中国近代科学技术和经济发展提供外部刺激的渠道。

当欧美国家纷纷走上实行民主政体的道路，消除专制制度的时候，康乾盛世的三位帝王却在一步步收紧权力之网上的纲绳，把封建皇权推上空前集权的巅峰。这种体制避免了历代王朝经常发生的宰相、外戚、宦官擅权和武将跋扈、文官植党以及士人非政的现象，但更加缺少约束和监督机制。官吏以权谋私，权钱交易，贪污腐化，贿赂行私，层出不穷，最终不仅导致中国传统社会的发展陷于停滞，而且严重阻滞了中国由传统向现代的变革之路。加以国际大势剧变，中华民族已濒于西方列强宰割的绝境。

同政治体制相适应，清廷在文化上把儒学提高到无以复加的地步，尤其用力提倡程朱理学。清廷一方面引导知识分子只钻研儒家经典，科举、考试，要以朱子的注释作为准则，"言不合朱子，率鸣鼓而攻之"；另一方面采取高压政策，"文字狱"盛行。知识分子只好潜心古籍、埋头注疏和考据。禁锢思想实际上是禁锢人的创造性。当人类由传统走向现代，最需要睁开眼睛看世界的时候，主导未来的传统意识形态和价值观念体系，却如一潭死水般的沉寂。在这种"沉寂"中，国家不可能不成为时代的落伍者。

长夜无歌

清廷自恃"天朝物产丰富，无所不有"而拒绝开放、拒斥变革，其结果烈火烹油，夕阳西下，100 多年的盛世之后中国社会骤然下跌。极端的闭关，把中国与西方之间的距离大大拉开了。

以中国最为自豪的农业为例。到 1840 年，千年前的耕作方式基本没有变化，全国人均粮食仅 200 公斤。而在英国，每个农场都有一部蒸汽机；在美国，人均粮食已接近 1000 公斤。

在工业方面，中国工业人口已相当庞大，如景德镇有工匠 10 万人。荆州到重庆间有纤夫 10 多万人，苏杭织工达三四万人，佛山织工近 5 万人，在云南矿区和一些老林中谋生的人不下百万人之多，广州靠在洋船上谋生的也有几十万人之众。但这个数字与全国人口之比仍微乎其微。而且，这些工人，要么是手工业者，要么是纯粹的苦力，近代式的机器工人几难一见。而在欧美，蒸汽动力已普遍应用，如英国，1800 年仅 321 台蒸汽机共 5210 马力，到 1815 年就达到 15000 台共 375000 马力，到 1840 年，英国工业革命就基本完成了。在这段时间，中国年产铁约 2 万吨，不及法国的 1/10，不及英国的 1/40。中国的第一座炼钢平炉建于 1890 年，比西方晚了近30 年；第一艘汽船造于 1865 年，比西方晚了 60 年。在中国，纺纱女日产棉纱五六两，高的达到十两，也有连日带夜纺出十二两的。在美国，1825 年每个工人看管 200 个锭子，日产 1000 绞棉纱。铁路更显示西方发展之快，1825 年英国建造了世界上第一条铁路，到1840 年，全世界的铁路总里程达 9000 公里，而中国这时还不知铁路为何物。中国的机器工业出现在 19 世纪末期，比英法美等国的工业革命完成的时间还要晚几十年。

军事上，明末清初已引进并使用西方大炮。但后来，为了使八旗骑兵弓马的"技术特长"不致失传，废用大炮等热兵器，恢复大刀长矛弓箭等冷兵器，水兵仍是帆船。以致西方的长枪大炮到这时被看成了妖术，军舰则被视为怪物，广州守将对付英国人的是"驱邪"的马桶、秽物等。

科学方面的差距尤为明显。明朝之前中国是当时世界上经济、科学最发达的国家。迄时世界上重要的发明创造和重大科学成就大约 300 项，其中中国 175 项，占 58%。总体上说，到明朝中晚期，中西方之间仍是互有短长。经过清朝 200 多年，中国的科学技术已全面落后于西方。在数学、物理学、化学、天文学、生物学等方面，中国比西方晚了几乎两个世纪，直到 19 世纪下半叶，这些西方的先进科学知识才缓慢地被介绍到中国。

马克思、恩格斯在《共产党宣言》中说："资产阶级在它的不到一百年的阶级统治中所创造的生产力，比过去一切世代创造的全部生产力还要多，还要大。"[1]生产力的巨大发展把西方社会迅速地推进到一个更高的历史发展阶段，相形之下中国则在封建主义的迟暮中步履蹒跚。落日虽然辉煌，接踵而来的却是长夜无歌。在走向现代化的今天，反省我们民族的这段历史，最要紧的，是获得一分警醒、一分自觉：对当前以及未来世界历史大变动、大发展、大转折要有清醒的认识，对我们的国情、长短及走向要有充分的把握，要以更博大的胸怀面对世界、走向世界。

---

[1] 马克思、恩格斯：《共产党宣言》，人民出版社 2018 年版，第 32 页。

见证与文献

盛世辉煌

"康乾盛世"时期，中华民族的经济发展取得了有史以来的最高成就。这一时期，我们国家的农业、手工业、对外贸易、科学工程、城市发展等，都取得了辉煌的成就，达到了当时世界的先进水平。

一　清代农业

（一）清代农业生产的发展

明末清初，由于连年战乱，农业生产的基本条件遭到破坏，耕地面积大量减少。明万历八年（1580年）全国耕地面积为7亿亩，清顺治十八年（1661年），耕地面积恢复到5.5亿亩，康雍乾时期，耕地面积逐年扩大。据《大清会典》《户部则例》等资料统计，康熙二十四年（1685年）耕地面积恢复到6亿亩，雍正二年（1724年）耕地面积恢复到7.2亿亩，超过了万历八年的水平，乾隆末年（1795年）达到7.8亿亩。农业的发展不仅表现为耕地面积的扩大，还表现在农业生产技术的提高和新作物的引进。清代的农业生产工具同前代相比并没有本质上的进步，但农业生产技术却有了明显的提高。双季稻在长江以南亚热带地区的推广大大提高了单位面积产量。唐代以来江南一年两收制主要是水稻与小麦的双季生产，水稻亩产

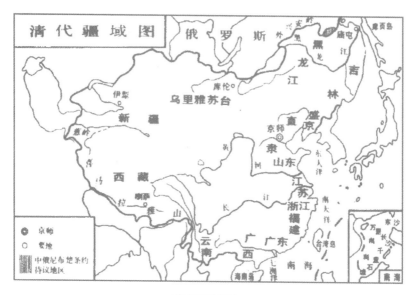

清代疆域图

在肥田沃土地带约为四石五斗，小麦亩产为五斗至一石。双季稻取代小麦，肥田沃土地带亩产总计可达六石五斗左右，亩产量提高18%~20%。同时，高产作物水稻向北方推广。明万历年间京津地区曾试种水稻，收效不大。康熙年间，水稻在京西玉泉山一带、天津府宝坻县、丰润县一带试植成功，为水稻在北方的大面积推广积累了成功的经验。雍正五年（1727年），天津地区的水稻获得大丰收，从根本上改变了京津一带粮食品种结构。一些新作物的引进对农业生产的发展也起到了重要作用。番薯是明末从南洋引进到福建的新作物品种，具有耐旱、高产、生产周期短、适合贫瘠土地生长的特点。清代番薯在全国广泛推广，对于提高贫瘠地区粮食单产起到重要作用。在推广番薯的同时，玉米的引进也获得成功并得到推广。玉米的特点是耐寒、高产、适合薄田生长，清代玉米在长城以北推广，使北方高寒地区有了耐寒高产作物，对于塞北土地开发和移民的涌入创造了物质条件。由于玉米的引进，南方山区也有了可供山区耕作的高产作物，促进了山区农业经济的开发。

除粮食作物之外，桑、棉、麻、茶、靛、蔗、烟七大经济作物的种植得到发展。其中桑、棉、麻三类作物是农本经济的重要内容，历来受到统治者的扶植。明初朱元璋规划的农家经济模式是，每一农户种田若干，种桑、棉、麻若干，形成以家庭为单位各类基本生活资料无所不产的模式。他提倡的种植桑、棉、麻不过是加强农家的经济自给性。清代桑、棉、麻的生产则出现了高度商品化的特点。

布秧

江南地区的桑蚕举世闻名，形成以杭州、嘉兴、湖州为中心的包括苏州、常州、松江、镇江、江宁各府在内的江南八府桑蚕饲养区。广东珠江三角洲地区形成桑蚕鱼塘的立体经营模式，桑蚕业的发展引人注目。此外，在北方和西南地区柞蚕饲养成功，特别是贵州北部地区的柞蚕业与四川盆地的桑蚕业互相促进，形成西南地区的蚕丝业中心。棉花的种植更是遍布黄河上下、大江两岸、湖湘闽广，形成了以松江府为中心的东南产棉区，直隶、山东、河南的北方产棉区，湖北、湖南、江西中南部产棉区，闽广的南方产棉区。麻的

灌溉

主要品种是苎麻,作为生产原料的苎麻深受市场欢迎。集中产地分布在湖南、江西、粤北、闽西一带山区丘陵地带。茶、靛、蔗、烟四大作物从其兴起之日就具有浓厚商品特点。清代取消茶的专卖,茶叶种植和采集迅速发展,最重要的产区是福建武夷山,浙江、苏南、豫南、安徽、四川、湖北、湖南、江西、广东、广西、云南都有名品出产,产量亦不少。靛蓝用为染料是随着棉布商品化而广泛出现的商品。从直隶(今河北)到两广,从江浙到川贵,可以说无地不有,而集中的产区则在靠近棉布产区的苏南、浙东、闽北、赣东北一带,有些地方出现连片的靛草种植。收获之后,稍事加工成靛,即变成远销的商品。甘蔗作为制糖原料分布在四川、广东、广西、福建、湖南、江西、浙江、台湾一带,而以四川、广东、台湾为集中产区。烟草是明代引进、清代推广的主要经济作物之一。其大面积种植始于福建,闽西的永定是最早的烟草种植基地,其后向湖南、江西发展,湖南的衡阳、江西的玉山都是重要产烟区。乾隆年间更推广到全国,北起黑龙江,南至钦州湾,东起江浙沿海,西至云贵川陇,许多农民甚至弃五谷而种烟草,改良田为烟地。[①]

(二)英国使团巴罗对中国农业的认识

约翰·巴罗(John Barrow,1764—1848年)英国外交官、作家。1792年随英使马戛尔尼伯爵来华,任使团参赞。利用这个机会,他学习汉语,并研究中国文学与科学,著有《中国游记》(1804)和《马戛尔尼伯爵的一些故事及其未刊文稿选》等书。

[①] 参见史仲文、胡晓林主编:《中国全史》第17卷《中国清代政治史》,人民出版社1994年版,第102—105页。

约翰·巴罗评述中国农业的情况时说：

中国人用来脱粒的机器，埃及人现在也用，只不过后者是用牛来带动机器，前者是用水来带动机器……中国人用来耕地的犁，埃及人现在还在使用，这种工具受到法国学会会员的肯定，认为它是两千年前使用的著名工具。中国政府的强大和民族特性，早在古时就证明了她与后来的国家是同样伟大的。用水的流动带动轮子的转动，从而带动机器，在古埃及就广为使用。正如我以前所提到的，接着就传到了叙利亚，然后又传到了波斯，在欧洲被称为波斯人的轮子。中国每个农民手中几乎都拿过的链泵，就是照着埃及耕地使用的工具做的。

关于中国人在农业中的劳动技能，在欧洲有个观点广为关注。从某一个角度来说，中国人是勤劳的这点无可否认，但是他们付出的劳动没有得到公正的评价，最主要的是他们没有最大地发挥出耕地工具的优势，他们将土地开垦四英寸深，然后日复一日，年复一年，在同一片土地上耕来耕去，埋掉旧的，填上新的，没有去开垦新的土地。试想他们即使用最好的犁地工具，我们也想不出他们的骡和驴以及老年妇女能总是适应这种艰苦劳动。①

①　据〔英〕约翰·巴罗《中国游记》英文本节译。

登场

二 清代手工业

中国古代的手工业，种类繁多，产品精美，历史悠久，技术和工艺水平居于世界的先进行列。明末清初，经过长期战乱，许多重要城镇被烧抢洗劫。明代发展起来的一些手工业基地受到严重破坏。

康熙中期以后，封建社会秩序相对稳定，经济得到恢复发展，手工业工人的生活有了一定的保障，各个手工业部门与明末比较，也有进步和发展。

（一）冶铁业

采铁、冶铁既供应人民生产和生活用具，又供应制造兵器的原料，这是国民经济中极重要的部门。封建官府的资金并没有渗入铁矿业内，而一概由商民自行开采、冶炼。全国各地有不少规模较大的采铁、冶铁工场。如广东佛山"炒铁之炉数十，铸铁之炉百余，昼夜烹炼，火光烛天"（《乾隆佛山忠义乡志》卷六，《乡俗志》），"计炒铁之肆有数十，人有数千，一肆有数十砧，一砧有十余人，是为小炉"（屈大均：《广东新语》）。雍正时，"粤省铁炉不下五六十座，煤山木工，开挖亦多，佣工者不下数万人"（《皇朝经世文编》卷五十五，鄂尔达：《请开矿采铸疏》）。湖北汉口，嘉庆时"有铁行十三家，铁匠五千余名……派买铁行之铁，督各匠昼夜赶造农器数十万事，约工价五万"。安徽芜湖也是著名的冶铁炼钢中心，"惟铁工为异于他县。居于廛治负者数十家，每日须工作不啻数百人"。浙江桐乡炉头镇"居民以冶铁为业，釜甑鼎鬲之制，大江南北，咸仰赖焉"。福建政和县的铁炉"每炉一座，做工者必须数十百人，有凿矿者、有烧炭者、有扇炉者，其余巡炉、运炭、运矿、贩米、贩酒等役亦各数十人，是以一炉常聚数百人"。陕西省冶铁也很发达，"供给一炉，所用人夫，须百数十人。如有六七炉，则匠作佣工，不下千人。铁既成板，或就近作锅、作农器。匠作搬运之又必千数百人。故铁炉川等稍大厂分，常川有二三千人，小厂分三四炉，亦必有千人数百人。利之所在，小民趋之如鹜"。在采铁冶铁业中，有的是携重金以经营采治的工场主人，有的是受雇佣的采矿冶铁的工人，开始形成两种社会力量，如佛山镇，"四方之贫民亦萃于斯，投资以贾者什一，徒手而求食者则什九也"①。

冶铁图

（二）采煤业

清代的采煤业也极为普遍，各地有许多煤窑。政府除按照一般田赋则例外，没有特殊的煤矿税，管制比铜铁矿更加宽松。河北、山西是主要的产煤区，特别是北京城户口众多，燃煤的需要量很大，郊区煤窑林立。据乾隆二十七年（1762年）工部衙门的报告，北京西山和宛平、房山两县，共有旧煤窑750座，在采的煤窑有273座，可见其数目之多。所谓"京师百万户，皆仰给于西山

---

① 戴逸主编：《简明清史》第1册，人民出版社1984年版，第385—387页。

南方挖煤

之煤数百年于兹，未尝有匮乏之虞"（《清代抄档》，工部尚书哈达哈等题，乾隆五年十一月初九）。其他各地，如直隶磁州"向有产煤炭窑口，俱系小民自备工本开采"（《清代抄档》，工部尚书哈达哈等题，乾隆五年十一月初九）；山西井陉"卑县产煤地方，历来听民间自行开采，以供炊爨"（《清代抄档》，工部尚书哈达哈等题，乾隆五年十一月初九）；热河承德"所属地方，原系产煤之处，前已详蒙督院题明，檄饬召商开采在案"（《清代抄档》，工部尚书哈达哈等题，乾隆五年十一月初九）；陕西白水"西南两乡有煤井四十眼，挖煤搅煤人工，约计三五百人"（卢坤：《秦疆治略》，第 20 页）；河南巩县"巩邑产煤，开窑凿井，千百为群"（《乾隆巩县志》卷七）。

山东煤矿也很多，如峄县开采规模较大，不受官府干涉，出现了拥有巨额资本的煤矿主。据记载，峄县"煤矿最盛，岭阜处处有之。人采取者，任自经理，不复关诸官吏。方乾嘉时，县当午道，商贾辐辏，炭窑时有增置。而漕运数千艘，连樯北上，载煤动数百万石，由是矿业大兴。而县诸大族，若梁氏、崔氏、宋氏以炭故皆起家，与王侯埒富。间以其羡遗诸官吏，是为窑规，风靡金钱无算，然未尝有税也"（《光绪峄县志》卷七）。

以北京门头沟煤矿为例，这里的煤窑资本多采取分股合伙的制度。民窑内部初步具备了资本主义关系，一方面有"自备工本，赴窑开采"的"窑户"，有协助"窑户"管理窑务的"掌柜"和"管账"；另一方面有大批受雇佣的"窑夫"以及担任技术指导的"作头"。采出的煤作为商品，在市场上自由出售，各煤窑相互之间进行竞争，有时几个煤窑也联合经营。煤窑之间、股东之间定有规章，违者处罚。经过长期发展，出现了焦姓、阎姓等大窑主，到乾隆时就看到大窑主有"垄断""鲸吞"的现象，并吞了许多小民窑，资本显示一定程度积累和集中的趋势。[①]

（三）江南纺织业

江南地区的丝织业比棉纺织业更加集中，更加专业化，除了大规模的官营织造以及停留在"家杼轴而户纂组"的家庭的手工业，还出现了机户开设的手工工场。康熙前期，清政府为了限制民间丝织业工场的发展，规定"机户不得逾百张，张纳税当五十金"。后来江宁织造曹寅奏免额税，民间的织机大大增加，"至道光间，遂有开五六百张机者"。这类丝织业手工工场雇佣着大量工人，在资本的指挥下进行生产，"苏城机户，类多雇人工织，机户出（资）经营，机匠计工受值……至于工价，按件而计，视货物之高下，人工之巧拙

---

① 参见戴逸主编：《简明清史》第 1 册，人民出版社 1984 年版，第 387—389 页。

为增减"(《江苏省明清以来碑刻资料选集》，第 6 页，《奉各宪永禁机匠叫歇碑记》)。如当时江宁著名的机户李扁担、陈草包、李东阳、焦洪兴等，"咸各四五百张"织机。这些机户，除自行设机督织外，大都以经纬交与织工，各就职工居处，雇匠织造。有的人自己不开设作坊，只是"散放丝经，给予机户，按绸匹计工资"(《申报》光绪十二年二月初六)。由此可见，江南一带的丝织业，除了被织造局控制的一部分外，也有少数带有资本主义性质的工场手工业。有些民间小户，虽然本身资金不多，织机甚少，但为工场手工业的资本

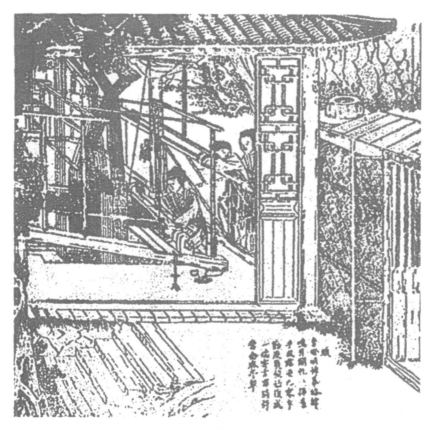

织锦

所控制，为他们加工订货，成为大作坊的"场外部分"了。

工场手工业耸立在广大的自然经济的基础上，既是它的点缀品；又缓慢地分解着、冲击着封建的经济和政治，成为它的对立物。"在工场手工业中，也和在协作中一样，执行职能的劳动体是资本的一种存在形式。因此，由各种劳动的结合所产生的生产力也就表现为资本的生产力"①。工场手工业的进一步扩大发展，必将与封建主义产生严重的冲突，导致封建制度的崩解。②

（四）云南铜矿业

资本雄厚、产量很高、生产规模最大的是云南的铜矿。当时，投资开采铜矿的有来自四方的地主豪商，从事采矿的劳动者，一部分是不领固定工资而按一定比例分取产品的"亲身弟兄"，有比较浓厚的人身依附关系；另一部分则是常年受雇佣的"月活"，有固定工资，保持着人身自由，"按月支给工价，去留随其自便"，这是具有资本主义性质的雇佣劳动。铜矿的生产分工很细，组织严密，生产的基本单位是"硐"，每个硐又分路开采，称为"尖"，负责冶炼的单位是"炉"。"硐""尖""炉"集中在一个地区，形成一个大矿厂。矿厂除官府派来的官役以外，场务由场民推举出来的"七长"（客长、课长、炉长、锅头、硐长、镶长、炭长）主持。炉长、锅头都是投资铜矿的商人，而硐长、镶长则是工程技术人员。

云南铜矿虽然规模很大，组织形式较完备，但是它的发展适应了清政府铸造货币的需要，并且得到了政府的大力扶植。当康熙平

---

① 《马克思恩格斯全集》第 21 卷，人民出版社 2003 年版，第 412 页。

② 参见戴逸主编：《简明清史》第 1 册，人民出版社 1984 年版，第 380—382 页。

定"三藩"、收复云南之后，就鼓励采铜，实行"听民开采"的政策，最初只抽取 20% 的矿税，后来由于铸币需要大量铜本，又实行"放本收铜"政策，政府每年拨款银 100 万两，作为预借铜本，发给各厂，所采之铜，由政府收购。由于清政府投入巨额资金，铜矿发展很快，产量迅速上升，最高时年产量达一千数百万斤。[①]

（五）市场交易

清代手工业的恢复、发展，还表现在产品市场的扩大，销路遍及全国，有些产品还销往国外。如南京的绸缎，"北趋京师，东并辽沈，南北走晋绛，南越五岭、湖湘、豫章、七闽，溯淮泗，道汝洛"，"商贾载之遍天下"，并且输往日本、南洋和欧洲。广东的铁器也有广大市场，所谓"佛山之冶遍天下"，"锅贩于吴越荆楚而已，铁线则无处不需，四方贾客各辇运而转鬻之"。景德镇的瓷器是传统的出口商品，"景德镇陶器，行于九域，施及外洋，于豪商大贾，咸聚于斯"，所以有"工匠来八方，器成天下走"之誉。织布业虽然是分散的家庭手工业，19 世纪前期却大量出口，质量压倒了称雄于资本主义国家的英国布匹。每年出口平均 20 万匹以上，当时，有外国人评论说，"中国织造的南京土布在颜色和质地方面仍然保持其超过英国布匹的优越地位。价格每百匹为六十至九十元不等"。[②]

此外，镇江在康熙年间，"四方商贾，群萃而错处，转移百物以通有无"。芜湖在嘉庆年间，"附河距麓，舟车之多，货殖之富，衣

---

① 参见戴逸主编：《简明清史》第 1 册，人民出版社 1984 年版，第 383—385 页。

② 参见戴逸主编：《简明清史》第 1 册，人民出版社 1984 年版，第 374—375 页。

冠文物之盛，殆与州郡埒。今城中外，市廛鳞次，百物翔集，文采布帛鱼盐，襁至而辐辏，市声若潮，至夕不得休"（《芜湖县志》卷一）。江西景德镇，"列肆受廛，延袤十数里，烟火近十万家，窑户与铺户当十之七（八）；土著十至二三"（《浮梁县志》卷一）。湖南郴州，"南通交广，北达湖湘，为往来经商拨运之所。沿河一带设立大店，栈户十数间。客货自北至者，为拨夫、为雇骡；由南而至者为雇舡。他如盐贩运盐而来，广客买麻而去。六七月间收焉，九十月间取茶桐油。行旅客商，络绎不绝。诚楚南一大冲会也"。山东济宁，"百货聚集之地。客商货物必投行家，或时值情滞，岂能悉得现银交易，不得不把货物转发铺户"。河北宣化，"市中贾店鳞比，各有名称。如云南京罗缎铺、苏杭罗缎铺、潞州绸铺、泽州帕铺、临清布帛铺、绒线铺、杂货铺。各行交易铺，沿河长四五里许，贾皆争居之"。福建厦门，"人民商贾，番船辏集，等诸郡县。市井繁华，乡村绣错，不减通都大邑之风"。以上这些地方，已经是商品经济相当发达的中等城市了。

广东佛山原来是广州附近的一个小市镇。到宋代，已发展成为我国著名的四大市镇之一。到清代前期，佛山是"岭南一大都会""四方之估走如鹜"[①]，工商业发展十分繁盛。

城市工商业的发展，促进了经济作物种植面积的扩大和商品量的提高。康、雍、乾时期，棉花的种植更加盛行。原来与农业牢固结合在一起的"自种、自纺、自织、自用"的家庭手工业，这时由于商品经济的发展，社会分工的扩大，有些地方已经从家庭副业中

---

① 参见戴逸主编：《简明清史》第 1 册，人民出版社 1984 年版，第 412—413、407 页。

分离出来，成为一种专门的行业，这就更加促进了棉花种植面积的扩大。

种桑养蚕，抽丝织绸，在我国有着十分悠久的历史。到清代，在江南一带，种桑树、卖桑叶，也成为农业商品生产的一个重要部门。

烟叶的商品生产也很发达。这些棉花、桑蚕、烟叶等经济作物的发展，促进了农产品商品化。这些都是工业原料，大部分要运往城市。与此同时，手工业产品也要销往农村。这样，城乡物资交流，都必须通过农村集市来集散，于是农村的市镇、庙会以及综合的专业集市、墟市都比以前有所发展。

墟市，是华南地区的农村贸易市场。墟市的含义各地不一：广东东部"墟市并称"，并无差别；广东中部，则市大而墟小，所以"先市后墟"，把市放在前面，墟在后面，称市墟；有些县，如东莞

钱塘江上的茶船

县则相反，大曰墟，小曰市。墟市，是广大农民与商人进行交易的场所。墟市对广大农民的柴米油盐、衣食服用等日常生活用品的交换，关系十分密切。

集市，是北方地区的农村贸易市场。集和墟相同，都是农村定期进行贸易、时聚时散的场地。

庙会，除了城市中的定期庙会之外，在北方农村还有一种不定期的农贸市场，也叫庙会。农村的庙会是适应交通不便和农业季节性生产的特点而发展起来的一种农村商品交换形式。①

三　对外贸易

（一）英国东印度公司和中英间接贸易

东印度是西方人对东方世界的总称。

"东印度公司真正的创始不能说早于 1702 年，因为在这一年，争夺东印度贸易垄断权的各个公司才合并成一个独此一家的公司。在 1702 年以前，原有的东印度公司的生存曾经一再陷于危殆。在克伦威尔摄政时期，它的活动曾中断多年；在威廉三世统治时期，它又因议会干涉而几乎全部解散。但是，正是在这位荷兰亲王的统治时期……东印度公司的存在才由议会承认。这个表面上自由的时代，实际上是垄断企业的时代。这些垄断企业并不是根据国王的特许令建立起来，像伊丽莎白和查理一世时代那样，而是由议会核准，得

---

① 参见张一农：《中国商业简史》，中国财经出版社 1989 年版，第 288—290 页。

到法律的承认，并且被宣布为国家的企业。"①

东印度贸易公司一成立便不遗余力地努力同中国通商。它在万丹（Bantam）和亚齐设立了商馆，使万丹成为中英贸易的一个中转站。这里每年至少有 3~6 艘载重 300 吨的中国帆船来和英国人、荷兰人进行交易。1602 年，他们又派出一支探险队去寻找通往中国的西北航道。探险队由威茅斯（G. Waymouth）带领，他也带着伊丽莎白致中国皇帝的信，然而，结果和上两次完全一样——没能到达中国。以后，公司差不多每年派 1~3 艘船到亚洲贸易，他们常常在南洋与中国商人进行交易。他们不仅将中国货物运往欧洲出卖，甚至在东方也用中国货做交易。

当然，英国人是不满足这种间接贸易状况的。他们决心与中国建立正式商业关系。1610 年到 1630 年，尼古拉斯·唐顿（Nicolas Downton）曾两次带着詹姆士一世致中国皇帝的信到东方来。然而没有一位中国人敢翻译和传递这两封信。

总之，直到 1636 年以前，英国人一直企图但始终未能在中国进行直接的正式贸易；然而它对中国商

东印度公司在澳门设立的商馆

---

① 《马克思恩格斯全集》第 9 卷，人民出版社 1961 年版，第 167 页。

人的掠夺和抢劫，却早就在这之前开始了。在这些海盗式的贸易中，他们获得了丰厚的利润。这些利润反过来又刺激他们的贪欲。于是，英国殖民者企图殖民中国的欲望也愈来愈大了。①

（二）中英通商贸易关系的发展

17世纪30年代，西方殖民者争夺东亚的形势已起了很大变化。葡萄牙和西班牙横行东亚的时代已经一去不复返，代之而起的是荷兰和英国。荷兰自脱离西班牙完成资产阶级革命后，向外扩张十分迅速，在东亚控制了印度尼西亚，侵占了中国台湾；并不时向西班牙、葡萄牙发动进攻，想夺取它们的殖民地。而英国这时在东南亚还没有殖民地，仅仅在别人占领的领土上设有商馆或货栈，并且离中国很远。因此很想和中国建立正式商业关系，并占领一块土地作为对华侵略的基地。

英国很早就在寻找通往中国的航路，只是由于种种原因，一直未能到达中国。1635年，却得到了一个意想不到的机会，实现这个多年未曾实现的夙愿。这一年，葡印总督林哈列斯伯爵（Count de Hinhares）主动授予英国东印度公司在葡萄牙远东殖民地贸易的权力，同年租了一艘英国船"伦敦号"准备派它运货到中国去。他们想利用英国帮助他们振兴远东的商业，并抵制荷兰的威胁。当"伦敦号"开到果阿装货时，不少葡萄牙人纷纷托它带货。不过葡萄牙人想利用英国对抗荷兰，却不希望取自己而代之，所以"伦敦号"驶华时，特派了两个葡萄牙代表同船前来。他们的任务是阻止英国

---

① 参见萧致治、杨卫东编撰：《鸦片战争前中西关系纪事（1517—1840）》，湖北人民出版社1986年版，第58—61页。

人在澳门登岸。7月23日英船抵澳，他们毫不理会葡萄牙人的禁阻，强行登陆，并搭起两个棚子进行经商。"伦敦号"一直在澳门待了3个月。同时，他们积极和中国官府联系，并答应将药品以比葡萄牙低50%的价格卖给中国。这一切使葡萄牙新任印度总督比洛·达·西里瓦（Pero da Silva）十分恼怒，下令所有葡属远东殖民地不许英国人贸易。

当新总督下达禁令时，英国却正在为老总督向英国开放贸易的政策而欢欣鼓舞。以威廉·科腾为首的一批商人，组成了"科腾商团"。他们从查理一世那儿获得特许状，从事东印度公司未曾到过的东方各地贸易。他们请了一位有经验的船长约翰·威德尔（John Weddell）替他们服务。1636年10月，威德尔到达果阿，但他们受到葡萄牙总督的冷遇。1637年1月，他们离开果阿东航，6月27日到达澳门的横琴岛。葡当局不许英国人登陆，并阻止中国人与他们贸易。经过几天的留难，威德尔决定派遣小船自行寻找进入广州的

葡萄牙入侵澳门

路径，然后驾船直抵虎门。虎门地方官出来和他交涉，通知他，此事须请示广州当局，需要六天才能答复。威德尔却迫不及待，蛮横地命令自己的舰队沿珠江上行。中国官兵忍无可忍，被迫开炮阻止其前进。威德尔也命令开炮还击，很快压住了中国炮台火力，并攻陷了一个炮台，将炮台的炮全部搬到他们自己的船上。接着又乘胜挺进，趁势烧毁了官府衙门，拦截了两三只商船。随后，他们派了一个被俘的渔民到广州送信，要求通商。中国的答复是英国人必须首先归还掳走的船和炮。威德尔只好归还了船和炮并派了 3 个人去广州与中国官员交涉。在谈判过程中，英国人对广东总兵陈谦暗中行贿，命陈谦答应庇护他们在广州贸易。因此，他们趁机在广州购买了一些货物。英国人的一系列行动引起葡萄牙人的忌妒和不满。陈谦纳贿之事很快败露，他本人被弹劾下狱，3 名谈判的英国商人连同他们的财产也一起被扣留。威德尔决定用武力使中国屈服。1637 年 9 月 19 日，他们烧毁两只中国船，并占领了虎门的市镇。21 日再度占领虎门炮台并于次日将它炸毁。两广总督张镜心不为所屈，调集军队，准备和英国人大干一场。威德尔见势不妙，率舰队退至澳门，最后，经澳门葡萄牙当局调解，广州当局才释放了 3 个英国商人，并允许他们带走在广州购得的少量货物，但声明英国船今后永远不准在中国海面出现。此次英船来华，"没有卖出一件英国货，只是抛出了八万枚'西班牙银元'"①。

英国与中国的第一次接触便刀枪相见，这在某种程度上表明他们的早期殖民活动比西班牙、葡萄牙更凶残，更野蛮，更富有

---

① 〔美〕马士著，区宗华译：《东印度公司对华贸易编年史（1635—1834 年）》第 1 卷，广东人民出版社 2016 年版，第 8 页。

侵略性。①

1637年威德尔率英船离华以后，不久英国国内发生了资产阶级革命；中国也因李自成起义，清兵入关，政局发生了大变化。由于双方政局变革，中英通商关系进展迟缓。初时因为清政府推行海禁政策，广东又有葡萄牙人阻挠，英商主要和台湾郑氏政权交易；清政府收复台湾以后，于1685年正式开放海禁；接着，英国资产阶级的统治也稳固地建立起来，从此通商关系才进入了经常化的时期。在这期间，英船输华的商品主要是锡、铅、白檀、洋布、胡椒；从中国输出的货物则有白糖、蜜饯、陶瓷、纸、锅、铜、铁、货币等。

据当时从厦门等东南沿海城市去长崎的商船报告，1684年，有两艘英船曾去厦门贸易；1686年，又有3艘大型英国商船到达厦门，从厦门买了白丝、绸缎等物载回。1689年，在中英通商史上是重要的一年。据去长崎的商船报告，这年7月13日、16日，英国有两只商船到达厦门。归国的时候，除购买生丝、绸缎外，还购买了大量白糖。其购买对象除厦门外，还扩及泉州、漳州、福州等地。当时荷兰船也大量收购白糖。由于竞争激化，泉州的白糖一度涨价。同年，还有一艘英船正式合法地驶入广州黄埔港。但是船到两星期之后，粤海关官员才准予丈量。据马士记载，官方丈量员开始是从船头丈到船尾，一经贿赂，就改成从后桅之前量到前桅之后。根据丈量，清海关要求缴纳船钞2480两，英商不从，并以不作任何贸易即行离去相威胁。结果经过一个星期的讨价还价，才减为1500两。其中以1200两作为船钞，300两作为对粤海关的规费。

---

① 参见萧致治、杨卫东编撰：《鸦片战争前中西关系纪事（1517—1840）》，湖北人民出版社1986年版，第81—83页。

自从 1689 年以后，英国来华商船日益增多。据记载：

1690 年 7 月，英船有两艘驶入厦门港，购买白糖、药类的数量超过生丝和绸缎。这一年，驶入厦门港贸易的英船大小共有 3 艘。

1694 年，英船首次来到福州的猛崎，请求允许贸易，但未获得官方许可。同年有 3 艘英船到厦门，1 艘英船到广东贸易。

1699 年，去厦门贸易的英船共有 5 艘。这年，属于新"英国公司"的马克来斯菲尔德号船的"财物"中，计有 26611 磅现银和 5475 磅货物，货物主要是呢绒，其中有 1/4 没有卖出。

1700 年，有 6 艘英船去厦门贸易，有 3 艘英船去舟山，其中一艘直到第二年 8 月还停在舟山。

1701 年 2 月，又有 2 艘英船去舟山，3 艘英船去厦门贸易。

1702 年，有 7 艘英船去厦门。

1704 年，有 2 艘英船去厦门。

综计 60 年间，英国商船到广东的共有 9 船次，到厦门贸易的达 36 船次，到舟山的 5 船次，到宁波的 1 次，到福州的 1 次（郑英贸易船未计）。到厦门贸易的船次远远超过广州，一是广东有葡萄牙人阻挠，二是与税收有关，三是原始记载不全。[①]

东印度公司是这时期英国在华活动的代表。它在广州设立商馆，是中英贸易发展的新起点。

1715 年，东印度公司才在广州正式设立商馆，作为对华活动基

---

① 参见萧致治、杨卫东编撰：《鸦片战争前中西关系纪事（1517—1840）》，湖北人民出版社 1986 年版，第 92—95 页。

地。按照规定，广州商馆设有固定员司，计有主席、司库、出口货物总管和入口货物总管，并由这四人组成特别委员会；此外是三位船货管理员，第一位执行副司库及买办的事务，第二位执行司账职务，第三位执行秘书职务。经常还有十位录事，为首的一位担任助理秘书，其次是办公室总管、校对员及进出口货物管理助理，只有三位是名副其实的抄写文卷的录事。不过，从开始到 1770 年，这些所谓固定的员司实际是不固定的。他们通常是由那些按季节前来的商船上的船货管理员所组成的。因此，这一时期的广州商馆，只是临时性的管理机构，它作为商馆的职能还不健全。然而，广州商馆的建立，是中英贸易进入新时期的标志，其本身就表明了英国对华贸易的新进展。

随着广州商馆的设立，东印度公司几乎每年都有商船来华。在这期间，来华的船只，最多的年份达到 10 艘。从吨位上来看，东印度公司进入广州港的船只，逐年增加。18 世纪 20 年代到 80 年代，年平均总吨数如下：

1711—1720 年 690 吨

1721—1730 年 1380 吨

1731—1740 年 1650 吨

1741—1750 年 2350 吨

1751—1760 年 3300 吨

1761—1770 年 5850 吨

1771—1780 年 6940 吨

60 年间，整整增长 10 倍。再和其他国家来华船只比较，英国显然占了绝对优势。如 1751 年，各国进入黄埔港的商船，英国是 9 艘，荷兰只有 4 艘，法国只有 2 艘，丹麦和瑞典各 1 艘。

从英国对中国的输入情况看，产品的销路也在逐渐打开。18 世纪初期，由于英国输华产品如铅、锡、铜、毛呢、棉花等在中国找不到销路，当时主要靠运入金银来换取中国产品。如 1708—1712 年，英国对华直接出口贸易每年的平均数字，商品方面不到 5000 英镑，金银方面则超过 50000 英镑；1722—1723 年，东印度公司开往广州的船共 4 艘，总值为 141828 英镑，其中至少 9/10 是银子；1751 年 4 艘来华的英国船中，现银值 119000 英镑，货物只值 10842 英镑。这种局面到了 18 世纪 60 年代，开始改变。1762—1768 年，中国每年平均进口商品增到 58000 英镑，50 年间增加了 10 倍以上，金银则只 73000 英镑，增加不到原来的一半。

再从中国输出的商品看，增长也相当快。中国当时主要输出品是茶、丝、棉布和瓷器，这些商品的输出，逐年皆在增长。特别是茶，最初东印度公司是通过间接贸易，以爪哇的矮脚鸡换取少量的茶叶，1664 年，输入英国的茶叶仅仅二磅二盎司。1689 年才从厦门直接购买，到 17 世纪末，购买量也不过 20000 磅，1712 年增加到 150000 磅，1761 年发展到 282773 磅，1771 年再增加到 6799010 磅。60 年间，猛增 44 倍。其次，以生丝来说，按照清政府规定，丝是限制出口物资，可是通过各种渠道，限制渐被打破，1760—1764 年，中国每年平均出口生丝价值只 3749 两，1766—1769 年增加到 334542 两。由于生丝出口的增加，价格随之不断上升，1699 年前后，头等蚕丝每担收购价为 137 两，中等丝 127 两，1771 年涨到 272.5 两，70 年间提高一倍。土布的出口主要是南京布，1734 年，东印度公司才首购 100 匹试销，到 1786 年即增加到 42000 匹。

综计中英进出口贸易总值，1760—1764 年，每年平均为 1449872 两，其中进口值为 470286 两，出口值为 979586 两，出口

相当于进口的两倍多。1770—1774 年，进出口总值平均为 3585524
两，进口值为 1466466 两，出口值为 2119058 两，进出口值在成倍
增长，但进口比出口增长要快。①

（三）罪恶的鸦片贸易

18 世纪中叶以后，中国与英国的贸易发展迅速，对英贸易居中
国对外贸易额的首位。并且，在正当的商品交换中，中国一直处于
出超的地位。为了平衡贸易收支，英商每年需要运送大批银元到中
国，抵消中英贸易上的逆差。18 世纪中叶，仅广州一地流入中国的
白银，平均每年在 100 万两至 400 万两之间。

英国资产阶级为了弥补中英贸易的差额，在采取外交讹诈和武
装侵扰的同时，处心积虑地设法根本改变对华贸易的不利局面。但
是，当时的清王朝尽管已经腐朽没落，却仍保持着外表的强大，维
持着国家独立与统一的局面。中国自给自足的经济顽强地阻挡着西
方殖民主义者的商品大量输入。在这种情况下，英国无法像对待印
度那样对待中国。英国占领印度后，大量种植鸦片，给资产阶级和
鸦片贩子带来了极大的暴利。鸦片是一种吸食后易上瘾难以戒绝的
毒品，人们只要吸上瘾，需要量就会越来越大。英国资产阶级终于
找到鸦片这种特殊商品，无耻地对中国进行鸦片走私，使他们得以
改变对华贸易逆差的不利局面，把中国一步步拖上殖民地半殖民地
的轨道。

---

① 参见萧致治、杨卫东编撰：《鸦片战争前中西关系纪事（1517—1840）》，湖北
人民出版社 1986 年版，第 164—167 页。

中英进出口贸易价值及其指数（1760—1833 年每年平均数）

价值单位：银两

指数：1780—1784 年平均 =100

年度	进口	指数	出口	指数
乾隆二十五年至二十九年（1760—1764 年）	470286	36.1	979586	47.0
乾隆三十年至三十四年（1765—1769 年）	1192985	91.6	2190619	105.1
乾隆三十五年至三十九年（1770—1774 年）	1466466	112.6	2119058	101.7
乾隆四十年至四十四年（1775—1779 年）	1247471	95.8	1968771	94.5
乾隆四十五年至四十九年（1780—1784 年）	1301931	100.0	2083346	100.0
乾隆五十年至五十四年（1785—1789 年）	3612763	277.5	5491508	263.6
乾隆五十五年至五十九年（1790—1794 年）	5007691	384.6	584314	280.5
乾隆六十年至嘉庆四年（1795—1799 年）	5373015	412.7	5719972	274.6
嘉庆五年至嘉庆九年（1800—1804 年）	7715556	592.6	7556473	362.7
嘉庆十年至嘉庆十一年（1805—1806 年）	11474509	881.3	7400223	355.2
嘉庆二十二年至嘉庆二十四年（1817—1819 年）	7646777	587.3	8060271	386.9
嘉庆二十五年至道光四年（1820—1824 年）	6525201	501.2	9816066	471.25
道光五年至道光九年（1825—1826 年）	7591390	583.1	10215565	490.3
道光十年至道光十三年（1830—1833 年）	7335023	563.4	9950286	477.6

　　最早从事鸦片贩运的主要是葡萄牙和荷兰商人，后来才有英国商人参加。乾隆二十二年（1757 年），英国占领印度鸦片产地孟加拉之后，英国商人开始大规模贩运鸦片。自乾隆三十八年（1773 年），英属印度政府给予英国东印度公司独占鸦片专卖权后，输华鸦片的数量迅速增加。18 世纪末 19 世纪初，平均每年输入鸦片4000 箱以上。从嘉庆元年（1796 年）开始，清政府曾经三令五申禁绝鸦片。但是中英双方都玩弄两面手段推进鸦片贸易，英国明禁暗运，用武装走私、贿赂官吏、勾结奸商等手段，不断扩大鸦片走私贸易；清政府明拒暗受，大小官吏在鸦片走私贸易中营私舞弊，得利分肥，鸦片终于大量在中国倾销。道光四年至五年（1824—1825 年），输入中国的鸦片增至 12434 箱；道光十年至十一年（1830—1831 年）为 19956 箱；道光十八年至十九年（1838—1839 年）更达到 40200 箱。鸦片战争前的十几年间，中国消费的鸦片达 213899 箱，价值 1.88 亿元。美国见鸦片走私贸易有利可图，于 18 世纪末也加入了鸦片走私贸易。嘉庆二十四年（1819 年），美国鸦片贩子

英国东印度公司鸦片运输船

偷运到中国的鸦片共 2000 箱，仅次于英国。

罪恶的鸦片贸易为外国资产阶级带来极大的利益，给中国人民带来了严重的灾难。

首先，随着鸦片贸易的扩大，鸦片流毒全国，吸食鸦片的人逐渐增多，使中国人民的身心受到严重的摧残。据包世臣估计，嘉庆二十五年（1820 年）仅苏州一城，"吃鸦片者不下十数万人"。有许多贪官污吏，不仅自己吸食鸦片，而且利用鸦片走私贸易，接受贿赂，营私舞弊，毒害人民。更加深了封建官僚的寄生性和腐朽性。

其次，鸦片的大量输入，打破了中国对外贸易的优势，致使白银大量外流。19 世纪 30 年代，中英贸易中，每年鸦片输入值约一千数百万元，而毛织业、棉织品等其他商品的输入总值，只有数百万元。鸦片输入不仅超过其他商品，而且使中英贸易发生逆转，中国由出超变为入超。道光十七年到十八年（1837—1838 年），中国对英国输出的商品为：茶叶 9561576 元，丝 2052288 元，其他商品 976060 元，共计输出 12589924 元，折合 3047481 英镑。英国向中国输出的商品为：鸦片 3376157 英镑，棉布 1640781 英镑，五金 620114 英镑，共计 5637052 英镑。其中仅鸦片一项，就超过中国全部输出商品 228676 英镑。在中英贸易中，中国这一年就入超 2489571 英镑。

由于鸦片大量输入，白银由进口变成出口。据统计，嘉庆十九年至二十年（1814—1815 年），中国对印度的白银出口已达 130 万两左右，此后出口一直继续增大，到道光十八年至十九年（1838—1839 年），则超过 600 万两。道光十三年（1833 年），由于鸦片走私特别猖獗，全国每年白银出超在 1000 万两上下。

再次，由于鸦片大量输入所造成的白银大量外流，而引起中国银价飞涨，银源涸竭，商品交换和货币流通的正常进行受到严重妨碍，清王朝的政治、经济和军事力量受到严重削弱。19 世纪初，每两白银可兑换铜钱 100 文。后来国内白银日益减少，银价不断上涨，19 世纪 20 年代，每两银子换铜钱 1200 文。而到道光十九年（1839年），每两银子可换铜钱 1600 文。银价上涨后，农民和手工业者平

鸦片烟馆

时出卖自己的产品时，只能得到铜钱，而向官府上缴赋税时却要折成白银，这样一来，农民和手工业者上缴赋税实际上增加 60%，大大加重了劳动人民的负担。白银大量外流后，流通的货币量也大量减少，正常的商品流通受到影响。林则徐在描述这个情况时曾说："近来各路货物，销路皆疲，凡二三十年以前，某货约有万金交易者，今只剩得半数，问其一半售于何货，则一言以蔽之曰：鸦片烟

而已矣。"由于银价飞涨，清政府的税源枯竭，国库存银日渐减少，进一步加深了清政府的财政危机。[①]

英国东印度公司在印度的鸦片仓库

（四）清代海关状况

清代初期，实行锁国政策，直到康熙二十二年（1683年），清政府统一台湾后，才宣布开放海禁。在此之前，清政府的对外贸易为海禁期的贡泊贸易。在此之后，则为开放海禁时期的通商贸易。

清初，清政府实行严厉的海禁政策，不准片帆出海。同时，承袭明制，继续实行贡泊贸易，由市泊提举司办理贡泊贸易事务。当时，外国贡船，以暹罗国最多，顺治十年（1653年）就遣贡船到广

---

① 参见史仲文、胡晓林主编：《中国全史》第17卷《中国清代经济史》，人民出版社1994年版，第103—107页。

州求市。此外，还有荷兰、英国、葡萄牙及一些东南亚地区的国家前来进行朝贡贸易，贸易的规模十分有限。

清政府统一台湾后，于康熙二十三年（1684 年）九月下令"开海贸易"，并于康熙二十四年（1685 年）在广州、漳州、宁波和云台山四处设置海关。清政府在各海关设正副监督各一人，制定各关税则例，独立管理对外贸易和征收关税事务。各海关直属户部，不受地方行政管辖。其中粤海关最为重要，是清政府管理对外贸易的重要机构。[1]

1684 年，鉴于清朝统治日趋稳固，三藩平定，台湾收复，康熙才改变原来的"寸板不许下海"的禁海政策，实行有限度的海外贸易政策。其中主要有以下规定：（1）在进行海外贸易前，须"预行禀明地方官，登记姓名，取具保结"，方可"听百姓以装载五百担以下船只，往海上贸易捕鱼"；（2）以广州、漳州、宁波、云台山（今连云港）四处为对外通商口岸，在上述四处口岸准许与外商贸易；（3）在闽、粤、江、浙四省设置海关，管理来往商贾及船物，负责征税赋税；（4）"将硫磺、军器等物私藏在船，出洋贸易者，仍照旧处分"。[2]

1685 年海禁开放之后，厦门、宁波、云台山和广州一样成为对外通商口岸。但在这四个互市口岸中，广州仍然是洋船集中之地。外国商船去云台山的记载很少；去厦门、宁波的，在 17 世纪末曾经

---

[1] 参见史仲文、胡晓林主编：《中国全史》第 17 卷《中国清代经济史》，人民出版社 1994 年版，第 69 页。

[2] 参见蒋建平编著：《中国商业经济思想史》，中国财政经济出版社 1990 年版，第 305 页。

掀起一股热潮，以后又转趋冷落。厦门自 1715 年（康熙五十四年）英船由于货款与地方师船发生冲突，直到 1734 年（雍正十二年）始复有船再去；宁波自从 1700 年英商在定海设监督失败之后，1736 年（乾隆元年）才有一艘英船去宁波，以后又有近 20 年很少见到英船踪迹。

18 世纪 50 年代，英国资本主义经济已有相当发展，广州一口已不能满足东印度公司对华通商的需要。为了发展对华贸易，1753 年公司董事会出资派遣两个青年人赴中国学习汉语。1755 年（乾隆二十年），又派遣大班喀利生（Samuel Harrison）和第一个英国汉语翻译洪任辉（James Flint）等 58 人，带着 4 箱银元，每箱 4000 枚，13 箱 "红毛"（指英国）酒，每箱 120 瓶，乘船北上，准备用这些东西购买和换取中国的丝茶。英船于 6 月 2 日（四月二十三）收泊定海，8 日，喀利生、洪任辉等在把总萧凤山率县役护送下到达宁波。两地官员因为英船久不来浙，加意体恤，嘱令商人公平交易，应征税课，照例征收。7 月 7 日（五月二十八），又有英船荷特奈斯号（Holderness）到达。这只船除了装载番银 20 多万两外，有舵手 106 名，大炮 20 尊，鸟枪 40 杆，火药 4 担，刀 30 把，铁弹 200 出。浙江地方当局对英船再次到来，仍然照样热情接待，英商满意离去。

英船连续来浙，并随带大量武器，引起了清朝当局的警惕。他们害怕来船日益增多，宁波又会变成第二个澳门。为了 "防微杜渐"，乾隆帝谕令浙粤督抚筹议办法，加以取缔。后经闽浙和两广督臣协商，认为英国人之弃广州而赴浙江，主要原因在浙江关税比广州轻，于是决定将浙江关税提高一倍，以求达到不禁自绝的效果。到 1757 年（乾隆二十二年）一月英船将去之时，闽浙总督喀尔吉善即颁布谕令，劝告他们仍往广州贸易，不必再来浙江；如果英船再至宁波，即要增征税饷。

广东十三行

增征税饷的谕令并没有收到预期效果。1757 年 7 月 22 日（乾隆二十二年六月初七），英船欧斯诺号（Onslow）又来到浙江定海旗头洋。乾隆帝得到英船又来的奏报后，认为增收税饷，"不禁自除"的政策尚不能解决问题，因于 12 月 20 日（十一月初七）决定明令禁外船赴浙，"止许在广东收泊交易"。自此以后至 1842 年《南京条约》签订，中外贸易只许在广东一口进行。①

① 参见萧致治、杨卫东编撰：《鸦片战争前中西关系纪事（1517—1840）》，湖北人民出版社 1986 年版，第 211—214 页。

四 科学工程

（一）《律历渊源》

1713 年（康熙五十二年），康熙帝命梅毂成等编撰《律历渊源》100 卷，于 1722 年（康熙六十一年）编成，1723 年（雍正元年）交武英殿刊行。

1. 数学

在中国数学发展史上，清代是由古典数学向近代数学的转型时期。这一时期，数学研究是相当活跃的，就数学家人数和有关专著的数量而言，超过了以往的任何时代。虽然当时中国数学的整体已落后了，与正在兴起和迅速发展的西方近代数学相比差距越来越大，但中国的数学家刻苦钻研和不懈努力，在发掘、整理、继承和发扬中国传统数学，以及消化、吸收和深入研究引进西方数学等方面，仍然取得了不少重要的和具有独创性的成果，作出了令人瞩目的贡献，并且逐渐完成了由常量数学到变量数学和由初等数学到高等数学的演变。

康熙帝对科学技术比较关心，不仅热心学习新的科技知识，而且亲自参加科学研究和实验，这在封建帝王中可说是绝无仅有的。其中数学部分为《数理精蕴》共 53 卷，包括上编"立纲明体"5 卷，下编"分条致用"40 卷，数学用表 40 种 8 卷。这是一部当时中国数学和引进的西方数学知识的百科全书，基本上反映当时国内的数学水平。特别是由于这部书是以康熙帝名义主持编撰和出版的，所以流传很广，影响也较大，在相当长的一段时间内是学习和研究数学必须参考的重要著作。《数理精蕴》是在梅文鼎数学著作、白晋和张庆等所讲的讲稿等基础上编成的，比较全面地叙述了算术、几何、代数、三角等学科的成就。其中较新的内容有对数表的造表方法。关于对数和对数表，《历学会通》已有所介绍，但没有造表方法。

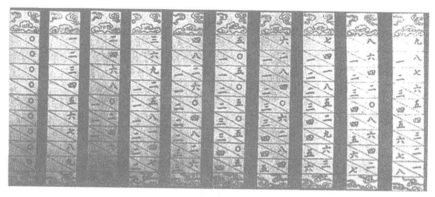

清代算筹

从康熙帝晚年开始，特别是雍正年间，清政府的内外政策发生了很大变化。在此后大约 100 年里，对外实行闭关锁国，对内屡兴文字狱，加强思想控制，乾隆年间又开设四库全书馆，编辑《四库全书》。在这种形势下，引进西方科学技术的工作基本上停止了，不少人开始致力于对中国古籍的辑佚、辨正、校勘和注疏，以及对传统文化的研究，形成了以整理古典文献为主的乾嘉学派。我国的数学研究工作也同样转入了整理古算书和对于已有的中西数学进行深入研究的阶段。

在这一时期，经过戴震、阮元等著名学者的努力，我国早已失传的许多数学著作，如算经十书，宋元数学家秦九韶、杨辉、朱世杰、李冶的主要著作，都陆续通过由《永乐大典》辑录、据私人藏书家所藏珍本抄录等各种途径被发掘出来，整理出版，其中朱世杰

《算学启蒙》的刊刻底本还出自朝鲜刻本。这些古典数学专著重新出现后，立即引起不少数学家的重视，并纷纷为之注释校勘和进行深入研究，作出了相当突出的成绩。乾隆嘉庆时代学者通过整理和研究古代算书的辛勤劳动，使濒于湮没无闻的数学典籍重放光芒，为后世研究古代数学发展史和了解祖国古代数学的辉煌成就，保存了极为宝贵的文献，这是乾嘉学派的重大功绩。但可惜的是，由于社会条件和指导思想的不同，中国乾嘉时期整理和研究古典文献的热潮，并没有像欧洲文艺复兴时期那样对包括数学在内的科学发展起到应有的推动作用。[①]

2. 天文学

清代是中国天文学发展史上的一个非常特别的时期。从总体上看，中国传统意义上的古代天文学走向衰亡，从一门实用的为社会所需要的科学逐渐变为一种属于古代文化范畴的科学遗产，成为科学史研究的对象；在中国新生长起来的建立在欧洲天文学基础上的天文学，逐渐与国际接轨，成为天文学的一部分。这是一个从传统天文学体系缓慢变化为近代天文学体系的时期。在社会变革的过程中，新天文学一改过去为皇家服务的传统，成为推翻旧王朝的思想武器，再往后才成为现代意义的天文学。

顺治元年（1644 年）七月，礼部左侍郎李明睿上书，提出"查得明朝旧制，历名大统，今宜另更新名"。显然依照历代改朝换代另立新历的惯例，清政府迫切需要一部新历。此前不久，原在明历局参与编纂《崇祯历书》的德国传教士汤若望曾仔细推算了当年八

---

① 参见白寿彝总主编：《中国通史》第 10 卷第 47 章（中古时代·清时期，下），上海人民出版社 1999 年版，第 974—981 页。

月的日食，并上书说："臣于明崇祯二年来京，曾依西洋新法厘定旧历。今将新法所推年八月初一日日食，京师及各省所见食限分秒并起复方位图像进呈，乞届期遣官测验。"汤若望的做法正好迎合了编制新历的需要。八月初一，清政府派大学士冯铨和汤若望共赴灵台测验。事后冯铨复奏："用大统术、回回术所推，交食食刻均差，独按西洋法所推一一吻合。"肯定了汤若望的预测结果，同时也肯定了西洋历法。此后，清廷谕示："旧法岁久自差，非官生推算之误。新法既密合天行，监局宜学习勿怠玩。"并决定由汤若望主持，按西法

北京观象台·天文仪

推算编制新历。新历完成后，摄政王多尔衮奉旨批准将新历定名《时宪历》，颁行天下。同年十一月，汤若望被任命为钦天监监正，第一次由外国人执掌了钦天监。新法成为清政府的官方历法。

在随后的一两年里，汤若望将原有 137 卷的《崇祯历书》删改压缩成 103 卷，更名为《西洋新法历书》，进呈给清政府。他在上呈新法的奏文中说，"臣创立新法，规制仪象，以测诸曜视行"，"臣阅历寒暑，昼夜审视，著为新历百余卷"，而没有提及明末徐光启和历局中众人的工作。《西洋新法历书》是当时钦天监官生学习新法的基本著作和推算民用历书的理论依据。以《西洋新法历书》为基础，取天聪戊辰（清皇太极天聪二年，1628 年）为历元编制的《时宪历》，在清初除中间五年外，前后行用了 80 余年。

《西洋新法历书》刊行后，成为编制每年时宪历的依据，也成为中国学者学习和研究西方天文学的主要资料之一。但由于《西洋新法历书》实际上出自多人之手，对西洋新法的叙述不够清晰和系统，不少内容隐晦难通，加之时有错讹和图表不符之处，如康熙帝曾研究它并亲自进行日影测量，发现新法历书中一些数据已不够准确，所以编修一部经中国学者整理、解释并订正错讹的新书是很有必要的。康熙五十年（1711 年），康熙帝指出，"天文历法，朕素留心，西法大端不误，但分刻度数之间积久不能无差"，要求礼部并钦天监招考

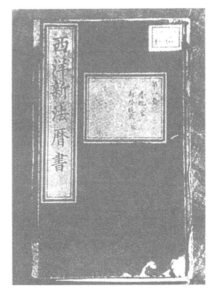

清颁行的《西洋新法历书》

天算人才，加强天文实测，准备重新修订《西洋新法历书》。康熙五十三年（1714 年）修书工作开始进行，他又谕示，"今修书宜依

古历规模，用今之数目算之"，确定了编修新著的基本原则。此次
编修历时 9 年，于 1722 年（康熙六十一年）完成《历象考成》42 卷。
《历象考成》为《律历渊源》的第一部，分上下两编。上编 16 卷
名《揆天察纪》，讲天文理论；下编 10 卷名《明时正度》，讲计算
方法，并附算表 16 卷。《历象考成》在理论阐述、数据精度和逻辑
结构上比《西洋新法历书》有所进步，如根据实测确定了新的黄赤交角；计算平太阳时和真太阳时的时差，考虑到太阳近地点每年有移动所产生影响；计算月食时采用了月面方位；等等。但它总体上采用的仍是西方天文学中的第谷体系，数据也多为第谷所定，这在当时已经落后，并且随着年代的增加，误差也越来越大。

地球仪

雍正八年（1730 年）
六月，据《历象考成》推算日食，与观测不符，于是钦天监监正明
安图奏请校修《历象考成》。后由在钦天监供职的传教士戴进贤和
徐懋德根据法国天文学家卡西尼的计算方法，重修日躔、月离两表
附于书后。但是，这次新编的日躔表和月离表，没有给出关于天文
理论和使用方法的说明，难以掌握，以至钦天监内的中国人只有蒙
古族天文学家明安图会用，这当然是不能令人满意的。因而在乾隆

二年（1737年）组成以戴进贤、徐懋德为主，由明安图等协办的"增修表解图说"班子，并于乾隆七年（1742年）编成《历象考成后编》10卷。后编比前编有较大的进步，如抛弃了过时的小轮体系，应用了开普勒第一定律（椭圆运动定律）和第二定律（面积定律），增补了关于视差、蒙气差的理论与采用了较精确的数据等。但《历象考成后编》应用的开普勒定律中，日地关系是颠倒的，即太阳沿椭圆轨道绕地球运动，而非哥白尼的日心体系，这种颠倒，对于数学计算并没什么影响。[①]

（二）《皇舆全览图》和《乾隆内府舆图》

康熙、乾隆年间，中国政府聘请西方传教士白晋（Joachim Bouvet，1656—1730年）、雷孝思（J. B. Regis，1663—1738年）、杜德美（Petrus Jartoux，1668—1720年）等10人来中国从事大地测量和绘制地图，并传授这方面的知识，从而引进了西方大地测量学和制图学。这对中国传统测量学和制图学可以说是一次革命，所取得的成果是世界地理学史上的大事。

大约在康熙二十八年（1689年）订立《尼布楚条约》之后，康熙帝看到了精确地图在政治、外交上的巨大作用，于是下决心引进西方先进的测绘制图技术。他下令各大臣推荐专家，购买仪器。当他到全国各地巡视时，命外国专家随行，测定各地的经纬度，为制图做准备。康熙四十七年（1708年）以后，全国范围的三角测量和绘制地图工作陆续开始进行。全部工作由康熙帝主持，大的计划、

---

① 参见白寿彝总主编：《中国通史》第10卷第48章（中古时代·清时期，下），上海人民出版社1999年版，第990—995页。

方针、法规也由他亲自裁定，具体人选、组织机构、工作质量他都
过问。在大规模的测绘工作方式开始以前，康熙帝还命传教士先行
试点，绘制出北京附近地图。他亲自校勘，比较旧图，确认新图远
胜旧图之后，才下令开展大规模的测绘工作。康熙四十七年（1708
年）由各国传教士及中国学者 200 余人混编的测量队伍组成，以传
教士为主，分组开赴各地进行三角测量和经纬度测量。实测工作进
行了八年才结束，以后又用两年时间整理资料。在杜德美主持下，
完成了有名的《皇舆全览图》。这项工作在当时是走在世界前列的，
比西欧各国要早约 100 年。

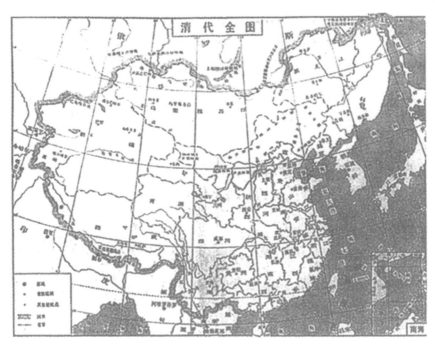

清代全图

　　康熙帝主持的全国地图测绘工作并没有彻底完成，如在新疆西
部和西藏部分地区，因有战事等原因而未能实测。因此乾隆年间又

继续进行了这一工作，有些地区专门派人实地测绘，有些地区则根据有关地理资料在康熙《皇舆全览图》的基础上向西、向北扩展，并于乾隆二十五年（1760年）完成了《乾隆十三排地图》（即《乾隆内府舆图》）。《乾隆内府舆图》图幅比《皇舆全览图》增加了一倍以上，北至北冰洋，南至印度洋，西达红海、地中海和波罗的海，实际上是一幅亚洲大陆全图。

康熙、乾隆年间的地图测绘成果不仅影响了整个清代，还影响到民国初年。在这段时间出版的地图，十之七八都是根据这一成果绘制的。

清代在中国流传的西方地理著作，有南怀仁的《坤舆图说》《坤舆外纪》。蒋友仁（Michel Benoist，1715—1774年）的《坤舆图说稿》（又名《地球图说》），《坤舆全图绘意》等。①

五　城市和商业

随着社会分工不断扩大，商品经济不断发展，城市以及一些市镇也日益繁荣起来。到康、雍、乾时期，北京、扬州、苏州、江宁（即今江苏南京）、杭州、广州、佛山、汉口等都已发展成为具有相当规模的工商业城市，可谓当时中国的八大城市。

到19世纪初，全世界有10个拥有50万以上居民的城市，中国的北京、江宁、扬州、苏州、杭州、广州就名列其中。

---

① 参见白寿彝总主编：《中国通史》第10卷第48章（中古时代·清时期，下），上海人民出版社1999年版，第1022—1024页。

（一）世界十大城市

1. 威尼斯

菲利浦·德·科明尼斯于1485年说：威尼斯"是我见到过的最辉煌的城市"。

威尼斯城的财政收入高达75万杜加。如果我们在别处使用的系数——预算收入等于国民收入的5%~10%——在这里同样适用，城市的国民收入毛值在750万~1500万杜加之间，威尼斯及斯市辖区（包括基奥贡在内的郊区）的人口据估计略多于15万，城市的人均收入在50~100杜加之间，这是一个很高的水平；即使按50杜加计也令人难以置信。

威尼斯是个大城市，人口在15世纪已经超过10万，在16世纪和17世纪时期在14万~16万之间。除开特权者（贵族、市民、僧侣）、穷苦无告者和流浪汉共几千人，广大居民以双手劳动为生。[①]

2. 阿姆斯特丹

随着阿姆斯特丹的崛起，以对外扩张为使命的城市的时代终告结束。阿姆斯特丹的自然条件与威尼斯惊人的相似，倒灌进陆地的海水通过纵横交错的河道将城市分割成大小不一的岛屿，并使城市四周沼泽遍布。

阿姆斯特丹迅速壮大成长（1600年居民仅5万，1700年达到20万），它使各国移民很快混合起来，把大批佛兰德人、瓦隆人、德意志人、葡萄牙人、犹太人和法国胡格洛教徒统统改造成为真正

---

① 参见〔法〕布罗代尔著，顾良、施康强译：《15至18世纪的物质文明、经济和资本主义》第3卷，生活·读书·新知三联书店1992年版，有关内容节录。

的荷兰人。

17世纪初，阿姆斯特丹成立了一所证券交易市场。公共资产以及东印度公司信誉卓著的股票都成为活跃的、完全现代化的投机活动的对象。

阿姆斯特丹的交易所活动确实达到了精巧绝伦的程度，因此阿姆斯特丹将长期成为欧洲绝无仅有的城市。[①]

谒见威尼斯首领

3. 巴黎

巴黎并非有史以来就是石头建造起来的城市。15世纪起，成群结队来自诺曼底的木匠，无数屋面工、铁器打造工，利穆赞泥瓦匠

---

① 参见〔法〕布罗代尔著，顾良、施康强译：《15至18世纪的物质文明、经济和资本主义》第2卷，生活·读书·新知三联书店1992年版，有关内容节录。

（他们惯于干粗活）、专做细活的裱糊匠以及粉刷匠曾付出巨大的劳动，才使巴黎有今天的面貌。

巴黎在 16 世纪末就有 30 万居民，由于法国内乱，巴黎 1594 年的人口可能降为 18 万，但这个数字到黎塞留时代将翻一番。让·雅克·卢梭在《爱弥儿》里就这么认为："大城市耗尽国家的活力……巴黎在许多方面由外省供养，外省人大部分流入巴黎以后就留在那里，从不回到人民和国王的身边。在这个凡事精打细算的世纪，不能想象没有一个人看到，如果巴黎不存在，法国将比现在强大得多。"①

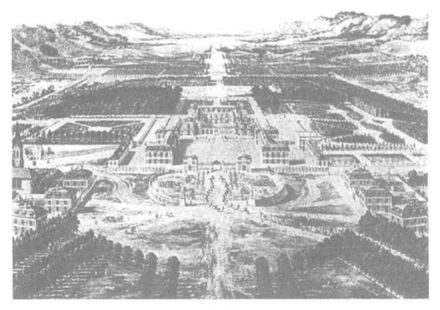

凡尔赛宫

---

① 参见〔法〕布罗代尔著，顾良、施康强译：《15 至 18 世纪的物质文明、经济和资本主义》第 1 卷，生活·读书·新知三联书店 1992 年版，有关内容节录。

4. 伦敦

伦敦"是世上一切城市之花"，泰晤士河气象万千，甚至威尼斯大运河两岸的绮丽风光也无法与之相比。伦敦的居民数 1700 年为70 万；18 世纪末为 80 万。当时伦敦是欧洲最大的城市。

1566 年由托马斯·格雷欣创立的王家证券交易所设在近在咫尺的康希尔街上，这一机构最初是仿效安特卫普证券交易所的名称，叫做伦敦交易所，后来的名称是 1570 年伊丽莎白女王钦定的。

从伦敦的市场也可以感到伦敦生活的充实。

17、18 世纪，一股巨大的动力推动伦敦同时朝各个方向扩张。市区边缘形成丑陋的新居民区，往往归贫民居住。穷苦的鞋匠在那里终年忙碌，别的地方则是织绸工匠或织呢工匠居住区。[①]

伦敦国会议事堂

---

① 参见〔法〕布罗代尔著，顾良、施康强译：《15 至 18 世纪的物质文明、经济和资本主义》第 1 卷，生活·读书·新知三联书店 1992 年版，有关内容节录。

5. 北京

北京是一座历史悠久的城市，它曾作为金、元、明、清四个朝代的首都达800年之久。清朝前期，北京不仅是政治、文化中心，也是我国北方商业贸易的著名城市。当时北京的交通十分方便，已经初步形成了四通八达伸向全国各地的水陆交通网，这给北京工商业发展提供了极为有利的条件。

北京最繁华的地区并不是达官贵人聚集的内城，而是在宣武、正阳、崇文三门以外。那些富商大贾，拥有成千上万的资本，在三门以外经营工商业。到乾隆时期，正阳门外大栅栏一带，已经形成了商业林立，市招繁多，小商摊贩，蜂攒蚁聚，酒楼茶肆，鳞次栉比的热闹去处。

北京的工商业，几乎完全掌握在行帮商人手里。这些行帮商人，企图保持市场的垄断，防止外乡、外行商人竞争，纷纷为开会、存

鸦片战争前北京大街的市容

货、订立行规、统一度量衡而设立了商人会馆。乾隆时"各省争建会馆，甚至大县亦建一馆"，以致引起三门以外地基房价的直线上涨。随着工商业的发展，工商业会馆如雨后春笋般地出现。到鸦片战争前夕，北京"货行会馆之多，不啻什佰倍于天下各外省。且正阳、崇文、宣武三门外，货行会馆之多，又不啻什佰倍于京师各门外"[①]。

6. 扬州

扬州自隋唐以来就是一个因盐业而著称的繁盛都市。

到了乾隆年间，两淮一带，"其煮盐之场较多，食盐之口较重，销盐之界较广，故曰利最伙也"。因此，扬州城，"四方豪商大贾，鳞集麇至。侨寄户居者，不下数十万"。

扬州"官盐"运销长江中上游各省。盐商通过残酷的剥削手段，获得巨额利润，积累了雄厚的资本，"富者以千万计"。到雍正、乾隆时期，扬州盐商已经成了囤积居奇、垄断专利的最大商业资本之一了。

扬州盐商与清政权的关系十分密切。如康熙年间，刑部尚书徐乾学，曾把十万两银子交给大盐商项景元从事投机贸易活动。扬州大盐商安麓邨是大学士明珠家仆的儿子。1786 年（乾隆五十一年）清政府镇压林爽文起义，盐商江广达，捐了 200 万两银子"以备犒赏"。嘉庆年间川楚陕白莲教起义，清政府极感军饷匮乏。扬州盐商鲍漱芳积极向清政府"输饷"，因此，清政府赏了他一个盐运使头衔。清政府治河经费不足时，盐商们"集众输银三百万两以佐工需"。

这些声势煊赫的盐商们，"衣服屋宇，穷极华靡"，"金钱珠宝，

---

① 参见戴逸主编：《简明清史》第 1 册，人民出版社 1984 年版，第 411—412 页。

视为泥沙",为了给乾隆南巡修建临江行宫,就花去 20 万两银子。据说,为了讨好乾隆,八大盐商之一——江春,在扬州"大虹园",一夜之间修了一座白塔,这一传说可能有所夸大,但可以看出盐商们财力之雄厚。

由于盐业、漕运的发展,到乾隆年间,扬州商业十分繁盛。如供应富商大贾、达官贵人衣着的绸缎铺,集中在缎子街;供有闲阶级消遣的酒楼茶肆,集中在北门桥、虹桥附近。乾隆南巡到达扬州时,有"广陵风物久繁华","广陵繁华今倍昔"的诗句。[①]

7. 苏州

苏州是我国明清以来工商业最发达的城市之一,丝绸生产尤其著名。由于工商业的迅速发展,到明清之际,"苏城衡(横)五里,纵七里,周环则四十有五里",已成为很大的城市。到了乾隆年间,"郡城之户,十万烟火。郊外人民,合之州邑,何啻百万"。如果每户以五口计算,郊区除外,仅城区不下五十万人口。

苏州城水陆交通十分发达。"控三江,跨五湖而通海。阊门内外,居货山积,行人流水,列肆招牌,灿若云锦。语其繁华,都门不逮",1759 年(乾隆二十四年),苏州画家徐扬所画《盛世滋生图》卷,共画有 230 余家有市招的店铺,共有 50 多个行业。除了本乡本土的产品外,还有川、广、云、贵、闽、赣、浙、苏、鲁等九省中外驰名的特产。如山东茧绸、濮院宁绸、汉府八丝、崇明大布、松江标布、京芜(南京、芜湖)梭布、金华火腿、宁波淡鲞、南京板鸭,川、广、云、贵杂货、药材等,名目繁多,不胜枚举。

康熙之后,由于海外交通方便,我国传统的丝绸、茶叶、瓷器

---

① 参见戴逸主编:《简明清史》第 1 册,人民出版社 1984 年版,第 400—402 页。

苏州网师园全景

大量出口。1716年（康熙五十五年），仅苏州一地，每年出海贸易
的船只"至千余"。随着中国商品的大量出口，也必然伴随洋货的
大量进口，所以，到乾隆年间，苏州城，"山海所产之珍奇，外国
所通之货贝，四方往来千万里之商贾，骈肩辐辏"，我们在徐扬的
《盛世滋生图》上，还看到有两家悬挂"洋货行"市招的店铺。苏州
洋货业的发展，到嘉庆中期，成立了洋货业《咏勤公所》。

国内外贸易的繁荣，苏州城市人口激增，于是出现了市区向城
郊扩展的现象。阊门外南濠之黄家港，明朝时"尚系近城旷地，烟
户甚稀"。到了清朝，"生齿日繁，人物殷富，闾阎且千，鳞次栉
比"。南濠在明末时，"货物寥寥"，并不是一个热闹的地区，清朝
初年以后，这里逐渐"人居稠密，五方杂处"，到了"地值寸金"
的程度。1685年（康熙二十四年），康熙南巡时，"南濠为苏州最盛
之地。百货所集，商贾辐辏"，已是工商业最繁华的地区了。其他

如苏州的盘门（西南门）、葑门（东门），在乾隆初年，还不甚热闹，有人把很华丽的房子"减价求售"，没有人购买；过了 50 余年，即乾隆末年，这些地方，已经是"万家烟火"，像那样的好房子，已经是"求之不得"了。①

8. 南京

南京（清朝名江宁或金陵）在历史上很早就发展成为我国著名的丝织业中心。到了清朝前期，丝织业更加发达。乾、嘉年间超过了苏、杭，"民间所产，皆在聚宝门内东西偏，业此者不下千数百家"。南京所产的丝织品名目很多，有绸、缎、纱、绢、罗等品种，质地优良，不仅供朝廷之用，而且绝大部分供应国内外市场，故享有"江绸贡缎甲天下"的荣誉。

"机业之兴，百货萃焉。"由于丝织业的发展，作为"织户之附庸"的其他一些工商业，也相应地发展起来。如绸缎的包装行业，以及与包装有关的纸坊，与染丝有关的漂染，和织机有关的机店、梭店、筘店、篾子绺、梭竹店，与织绸有关的挑花、拽花、边线等行业，都十分发达。

此外如书坊，在状元境，"比屋而居有二十余家"，都是江西人所开，"虽通行坊本，然琳琅满架，亦殊可观"。又如南京的纸扇，也"素有盛名"，全城"不下数十家"，但"张氏庆云馆"远近驰名，在扇骨上雕刻字、画、有取红楼女名者。"远方来购，其价较高。"

在乾隆时代，据统计，江宁城不下八万余户，四五十万人口，"惟皖鄂两省人居十之七，回回户又居土户三之一"。雍正年间，江宁"五方杂处，街市宽阔，巷道四通八达"。每到夜间，"一更二更，

---

① 参见戴逸主编：《简明清史》第 1 册，人民出版社 1984 年版，第 402—405 页。

街市灯火不断，正买卖吃食之时"。在秦淮河上，"客船游船，往来不断"。乾隆年间，江宁的利涉、武定两桥之间，"茶寮酒肆，东西林立"。道光初年，五亩园地方，"开设茶馆甚多，吃茶闲谈者百十为群。且悬挂雀笼，卖奉水烟"。吴敬梓在所著《儒林外史》一书中，描写江宁的繁华也指出："城里几十条大街，几百条小巷，都是人烟稠集，金粉楼台"，"大街小巷合并起来，大小酒楼六七百座，茶社有一千余处"，可以想见其繁荣景象。[1]

9. 杭州

杭州是吴越的古都，也是南宋的都城。自宋元以来，成为我国三大丝织业中心之一。因为杭、嘉、湖三府，"桑土饶沃"，"产丝最盛"，从而为杭州的丝织业发展，提供了良好的条件，因而杭州"杼轴之利甲于九州。操是业者，较他郡为尤伙"。

杭州丝织业，集中于东城。"官局民家，凡为缯者"，"东北隅数万千家之男女，俱需此为衣食之谋"。到乾、嘉年间，"机坊、机匠，未有若此之盛者"。官营的丝织业，"恒以内务重臣董其事"；民间机户所织绸匹，多运往国外，"以番舶日充贸易者，且遍于远洋绝岛，获利不资"。因此，在东城"机杼之声，比户相闻"，"东园中，轧轧机声，朝夕不辍"。

杭州的锡箔业也驰名全国。康熙年间，城内孩儿巷、贡院后及万安桥西一带，制造锡箔的"不下万家。三鼓则万手雷动"。锡箔这种迷信用品，"远自京师，抵列郡取给"。锡箔有两种：一是银锡箔，色白如银；另一种是金锡箔（亦名黄箔），色黄如金。金锡箔的制作方法是用"银箔搭在竿上，用茅草、松柴发烟熏为度"而成。

---

[1]　参见戴逸主编：《简明清史》第 1 册，人民出版社 1984 年版，第 405 页。

乾隆年间，杭州的机匠、染匠、锡箔匠以及桥埠脚夫等大多来自外地，"外郡人民在杭织机、捶箔、摩纸、挑肥营生者众多"。这些受剥削受压迫的劳动人民，不时地起来反抗，使地主官吏们极为恐慌。

杭州的其他工商业也十分发达，如茶叶、藕粉、纺绸、纺扇、剪刀等，还有其他地方运来的商品，如湖州的毛笔、绉纱，嘉兴的铜炉，金华的火腿，台州的金橘、鲞鱼等，"擅土宜之胜，而为四方之所珍者"。因为杭州"南连闽、粤，北接江、淮"，所以福建、广东商人也到杭州大量收买丝斤、丝绸以及其他货物，"风帆浪泊，出入于江涛浩渺，烟云杳霭之间"，运往世界各地。

到康熙年间，杭州城已经是"广袤四十里"，有 10 万户人家，50 万人口的"东南重镇"了，到雍正年间，杭州城更加发展，"城廓宽广，居民稠密"，自北关至江头，南北长 30 余里。①

10. 广州

广州是对外贸易城市，"中华帝国与西方列国的全部贸易都聚会于广州。中国各地物产都运来此地，各省的商货栈在此经营着很赚钱的买卖。东京、交趾支那、柬埔寨、缅甸、马六甲或马来半岛、东印度群岛、印度各口岸、欧洲各国、南北美各国和太平洋诸岛的商货，也都荟集到此城"。从广州出口的中国商品，主要是茶叶、丝绸和土布；进口的外国商品，最初主要是毛织品、棉花、金属、香料等，19 世纪，鸦片才成为最主要的进口货。许多外国船只都从广州进港，18 世纪下半叶，每年约有几十艘，最多时达 83 艘（乾隆五十四年），到 19 世纪初增至一二百艘。也有许多中国商船从广州出口，往南洋各地进行贸易。由于广州的贸易繁盛，故有"金山珠

---

① 参见戴逸主编：《简明清史》第 1 册，人民出版社 1984 年版，第 406—407 页。

海，天子南库"之称，"富商大贾，各以其土所宜相贸，得利不资"。

广州的丝织业生产也很发达，从江、浙一带请来师傅传授，并且从江南贩运一部分丝斤和土丝混合织造，"广纱""广缎"，"质密而匀，其色鲜艳，光辉滑泽"，"苏杭皆不及，然必用吴丝，方得光华，不褪色、不沾尘、皱折易直"。广州的丝织工场都集中于上下西关、下九甫等处。

广州一带所产之物品，统称"广货"，在国内外享有盛名。广州所产之"珠贝""玻璃、翡翠、珊瑚诸珍错"，不但供应封建王公贵族之用，还大量卖与外商出口。

广州最繁华的地区在西城。这里"皆起楼榭，为夷人居停"。另外，"异省商人杂处"，尤其是福建商人贩来的福建商品尤多。南城"多贸易之场"。西角楼地方，"南临濠水，朱楼画榭，连属不断，皆优伶小唱所居，女旦美者鳞次"，是地主豪绅，富商大贾游乐的场所。与西角楼"隔岸，有百货之肆，五都之市，天下商贾聚焉"，故有"东村、西俏、南富、北贫"谚语。鸦片战争前夕，外国人估计广州的人口已达100万，"有机会到过广州，走过它的街道，看一下各街道熙攘的情景下，就会认为此城人口绝不会少于一百万人"。①

此外，在中国佛山、汉口等城市也已有相当规模。

佛山原是广州附近的一个小市镇。到宋代，已发展成为我国著名的四大市镇之一。到清代前期，佛山是"岭南一大都会"，"四方之估走如鹜"，工商业十分繁盛。

佛山主要是一个手工业城镇。其中最著名的是冶铁业，特别是铁锅的生产驰名中外。铁锅分为"牛锅、鼎锅、三口、五口之属，

① 参见戴逸主编：《简明清史》第1册，人民出版社1984年版，第409—410页。

以大小分"。铁锅"贩于吴、越、荆、楚"等南方各省，还大量向国外出口。据雍正年间统计，外国船只大量贩运佛山铁锅。每只船"有自一百连，至二三百连，甚至五百连、一千连者"。每连重20斤，有三口一连的，有五口一连的。这样算来，每只船少者运2000斤、4000斤、6000斤，多者达1万斤、2万斤，一年"出洋之铁，为数甚多"。不久，清政府下令禁止铁锅出口。

17世纪的广州

佛山的铁线（即今铁丝）也很有名。"铁线有大缆、二缆、上绣、中绣、花丝"等，"以精粗分"。"铁线则无处不需。四方贾客，各辇运而转鬻之"，铁线经过加工后，再制成铁钉，"以熟铁枝制成，大小不一"。到道光时，"铁线行……为最盛，工人多至千余"；"铁钉行……为最盛，工人多至数千"。清人梅璿枢的《汾江竹枝词》描写佛山冶铁业在清代前期繁荣的情况，和冶铁工人的辛勤劳动，"铸锅烟接焰锅烟，村畔红光夜烛天。最是辛勤怜铁匠，拥炉挥汗几曾眠"。

佛山也出产丝织品。但"纱以土丝织成，花样用印。生丝易裂，熟丝易毛，牛郎绸质重而细密，本于女红所自织"。正因为用"本土之丝，则黯然无光，色亦不显。止可行于粤境，远贾多不取佛山纱"。

佛山除铁器业、丝织业外，其他商业、小手工业也很发达。商业如白糖、龙眼、荔枝干、陈皮糖、梅糖榄等"皆贾贩弥市"。小手工业如"灰炉、砖炉、土工、木工、石工、金工"，"纽、针、鞋、帽"，"门神、门钱、金花、薄花、条香、灯笼、爆花"等，"皆终岁仰食于此"。

清代前期，佛山市面繁荣的盛况：是"万瓦齐鳞，千街错绣。棋布星罗，栉比辐辏，炊烟乱昏，灯火连昼"，雍正时，已"绵延十余里，烟户十余万"，乾、嘉时，店铺作坊如林，大街小巷共有622条。①

汉口与武昌、汉阳鼎足三立，号称武汉三镇。后来逐渐合为一体。在明清之际就十分发达。据记载："商贾之牙侩，丝帛之廛肆，鱼米之市魁，肥其妻子，雄视里闻，下至百家技艺，土木食工……趋利于阛阓者，又未尝不距相错，踵相接也。"

汉口水陆交通方便，为"九省通衢"。不但是湖北之咽喉，而且云、贵、川、湘、桂、秦、豫、赣等省货物"皆于此焉转输"。

汉口是淮盐的集散地。每年大批淮盐运来汉口，然后再供两湖、江西、四川、河南等省之食用。当时汉口有"醝商典库咸数十处"（《汉口丛谈》卷3）。典当业也很发达，乾嘉时有"典商七十余户"，盘剥劳动人民。汉口也是米粮的集散地。它把两湖及四川之米汇集到汉口，然后再供应"江浙商贩之需"，其他如桐油、铁炭等行业

① 参见戴逸主编：《简明清史》第1册，人民出版社1984年版，第407—409页。

也很发达，早在乾隆初年，汉口"盐、当、米、木、花布、药材"等六行最大，各省商人都设会馆。因商业的发达，作为中间剥削人的牙行，在乾隆九年时，"不下数百户"之多。

乾隆时，汉口的仁义、礼智二道，"为通省极繁剧之地。商贾云集，五方杂处"。武昌更为繁华，"水陆之冲，舟车辐辏，百货所聚，商贾云屯。……南北两京而外，无过于此"。

汉口在乾隆初年，已有"户口二十余万"。每天消费米谷，不下数千石，乾隆末年，有一次失火，烧掉运粮船一百余只，商客船三四千只，大火两日不息。1810 年（嘉庆十五年）4 月，又一次大火，烧了三天三夜，烧毁"商民店户八万余家"。由此可以看出汉口在当时发展繁荣的情况。[①]

（二）人口资料

清代人口的增长，早在康熙时期就已明显地表现出来。清代前期，人口的增长，有助于社会生产的恢复。即使到了康熙时期，由于当时荒地较多，可以开垦，因此人口与耕地的矛盾并不严重。康熙以来的休养生息政策，尤其是宣布滋生人丁，永不加赋，和推行摊丁入亩，使人口迅速增长。到了乾隆中叶以后，人口激增与耕地不足的矛盾日益尖锐，人口的增长，超过了封建农业经济发展的速度，人口的压力日益加大，成为严重的社会问题。

---

① 参见戴逸主编：《简明清史》第 1 册，人民出版社 1984 年版，第 410—411 页。

清代人口统计表

年份	人丁数	年份	人丁数
顺治八年（1651年）	10633326	乾隆六年（1741年）	143411559
顺治十八年（1661年）	19137625	乾隆十六年（1751年）	181811359
康熙十年（1671年）	19407587	乾隆二十六年（1761年）	198214555
康熙二十年（1681年）	17235368	乾隆三十六年（1771年）	214600356
康熙三十年（1691年）	20363568	乾隆四十六年（1781年）	279816070
康熙四十年（1701年）	20411163	乾隆五十六年（1791年）	304354110
康熙五十年（1711年）	24621324	嘉庆六年（1801年）	297501548
康熙六十年（1721年）	24918359	嘉庆十六年（1811年）	358610039
雍正九年（1731年）	25441456	道光元年（1821年）	355540258
雍正十二年（1734年）	26417932	道光十一年（1831年）	395821092
		道光二十一年（1841年）	413457311
		咸丰元年（1851年）	432164047

由于清代雍正以前的人口统计数是人丁数，而不是总人口数，因此我们只能根据当时的人丁数来估算总人口数。一般认为，人丁数字与总人口的比例为1∶4，比较符合实际。那么康熙时期的总人口数，约在9000万。从上表数字可以看出，从乾隆六年（1741年）到道光二十一年（1841年）的100年间，全国人口增加了近两倍，年增长率为18.8‰。而乾隆、嘉庆时期的耕地面积，尽管比康熙时有所增加，但由于当时尚未被开垦的荒地已经很少，再加上土地兼并加剧，在广大农村地少人多的矛盾十分尖锐，无田可耕的现象也更加突出。清朝末年，全国人均耕地面积为6.5亩，清初则为6.0亩，乾、嘉时期由于人口增加，耕地相对减少，人均耕地只剩2.5

亩，这就势必造成地价上涨和粮食供应的紧张。……由于粮食产量的增长落后于人口的增长，粮食价格必然腾贵。一向以富庶著称的江南苏、松、常、镇四府，康熙四十六年（1707年）时遭受旱灾，米价由每升常价七文涨至二十四文。乾隆五十年（1785年）上述地区又遭大旱，米价每升猛涨至五十六七文。此后，每升米价摇摆于二十七八文至三十四五文之间。

人口增长给社会经济带来的尖锐矛盾，使封建统治者也感到人口激增的威胁。康熙末年，清圣祖就多次对人口增长的压力表示忧虑。雍正二年（1724年），清世宗在上谕中写道，"户口日繁，而土田止有此数。非率天下之民，竭力耕耘，兼收倍获，欲家室盈宁，必不可得"（《清世宗实录》卷十六）。康、雍时期的统治者，只是希望通过垦荒，扩大耕地面积和精耕细作，提高单位面积产量来解决人口激增带来的矛盾。由于在当时的条件下，农业生产力的提高主要依靠农业的集约化经营，而开垦荒地也有一定的限度，因此，人口增长与耕地不足的矛盾根本不可能解决。到了乾隆时期，矛盾更加突出，乾隆本人也清醒地看到人口激增带来的严重后果。"各省生齿日繁，地不加广，穷民资生无策。"（《乾隆朝圣训》卷二〇九）他除了继续鼓励人民到边疆省份垦荒，扩大耕地面积，精耕细作之外，还采取了两项措施。一是推广种植甘薯、玉米等高产粮食作物，二是鼓励从国外进口粮食。乾隆八年（1743年），清政府规定，对暹罗商船运米来交易，万石以上的免船货税银十分之五，五千石以上的免十分之三。这些措施虽然对粮食供给的增加起到了一定的效果，但对解决人口激增与社会经济发展的尖锐矛盾，无异于杯水车薪。

嘉庆、道光时期，人口增长与耕地不足的矛盾更加激化。在封建统治日益腐败，社会经济逐渐衰退和自然灾害连年不断的情况下，广大人民的生活日益贫困。

清代初期，人口的增长，曾经促进了社会经济的恢复和发展。清代中期，由社会经济恢复和发展而引起的人口激增，反而加速了清王朝由盛而衰的过程，成为延缓和阻碍社会经济发展的因素，清代中期人口的激增，使有限的产品根本不能满足众多人口的消费，从而使清代社会陷入贫困、落后和饥荒的困境。对于人口的成倍增长，解决的方法极其有限，因此增加的劳动力都集中在农村，走的是一条农业集约化耕作的道路。这是当时的社会生产力水平所决定的，同时也受统治者的政治经济政策因素的影响。由于技术设备没有根本改进，人口又成倍增长，农业的集约化耕作反而降低了农业生产率，增大了农业成本。其结果，使我国农业的发展更趋向粮食单一化，使绝大部分劳动力陷于农业生产，为果腹而劳动。这不仅对当时的社会经济发展不利，影响了资本主义生产关系的产生，而且对我国 200 年来的社会经济发展，都产生了极其深远的影响。[①]

六　法国《百科全书》对中国的评述

由狄德罗主编的法国《百科全书》的"中国"条目中，盛赞中华民族：其历史之悠久，文化、艺术、智慧、政治的趣味，无不在所有民族之上。

---

① 参见史仲文、胡晓林主编：《中国全史》第 17 卷《中国清代经济史》，人民出版社 1994 年版，第 98—99 页。

（一）17世纪中至18世纪末的中国哲学和文学

17世纪前期的思想家对明末时期的主导哲学、对王阳明直觉主义的哲学以及新孔夫子主义的思辨等发出了挑战。像杨远（1635—1704年）这些预言明朝要灭亡的人，反对过分依赖书本知识，主张重视实践知识。对满人流露不满情绪的人有3位：黄宗羲（1610—1695年）、王夫之（1619—1692年）和顾炎武（1613—1682年），后者在3人中是最有名的，曾被称作"汉派"（汉学）之父。这3个人是清朝初期的伟大历史学家和思想家。18世纪最著名的一位才子和哲学家是顾炎武，他对数字和技术的历史有研究，是语音历史的专家。

从康熙开始，清朝的皇帝就努力团结知识精英，兴办学校，重视科研，支持由文人学者提出的重大出版计划。所以，在康熙统治期间，正式出版的一些鸿篇巨制有1679年编撰、1735年付梓的《明史》，1716年出版的著名字典，同年出版一部按韵排列的大词典，1716—1725年编纂的带插图的和收录1万条的大百科。乾隆时期，1772—1782年间，曾对中国人写的各种著作进行过汇编，其中附有

从景山南望紫禁城

对作者及其作品的注释。出于皇权的考虑，一些敌视满人、反对外来权力和一切非正统的书籍，曾被禁止出版。这种正统观念和伦理道德的加强反映了清朝政府的一种忧虑。

（二）中国文学

尽管文学受到这种大气候的影响，一些重大剧本仍可在 17 世纪末搬上舞台，一些通俗小说也可以大量出版。如 18 世纪著名的小说《儒林外史》《红楼梦》。因此可以说，18 世纪是经典小说和传记文学飞速发展的时期。

曹雪芹像

17 世纪中期的满人入侵、康熙执政以来皇权的鼓舞、大约在 1800 年以前长江下游的大批商人活动和明末时期许多无业的文人墨客涌现，无疑是对清朝中国文学和思想起到了推动和导向作用。相反，外国的影响似乎没有留下太深的痕迹。

当满族人在 17 世纪控制了国家并以清朝的名义进行统治近 3 个世纪（1644—1911 年）的过程中，他们已经深深打上了中国文化的烙印。在其统治下，中国文化经历了一个辉煌的时期。17 世纪的康熙皇帝（1662—1722 年）和 18 世纪的乾隆皇帝（1736—1795 年）称得上是有文化、有知识的人，他们重视文学艺术，把振兴文化的伟大传统作为中国的发展目标。

复古的趋势在清朝时期的文学作品和艺术中是显而易见的，在纯文学中，人们也能不断发现这些古老的风格。汉赋、唐诗、宋词和元曲曾受到了高度赞赏，并有不少人精通。在行家眼里，满族纳兰性德（1655—1685年）的诗词成了难理解的模式。

在清朝，唐代末期的古文也很时兴，安徽桐城就开办了这样一所正规学校，并且重新任命了校长。在这所学校，大家可以像9世纪的韩愈那样用简单而传统的方式交流。

黄宗羲像

17世纪初，中国出现了一种反对宋、明新孔夫子主义的思潮，顾炎武（1613—1682年）所持有的这种强烈意识与明朝的衰亡和满族人征服中国有关。顾炎武主张给孔夫子主义赋予现实意义，因此，他倡导孔夫子主义应是活生生的。首先要重返具体研究，重返历史、哲学、地理，要对那些经典格律文章加以客观注释。于是，顾炎武成为复兴研究人物。

为了还原孔夫子主义的本来面目，必须重审关于孔夫子主义的注释，因为从汉代起，这些经典格律文章的注释积累了很多，成了正规教育认可的一种传统，介于文章与读者之间。

从此，哲学教育成了知识中的首要内容。惠栋（1697—1758年）时期，为了很好地理解经典格律文章，必须重新学习唐代韩愈的注释。

顾炎武像　　　　　　　　　　王夫之像

　　乾隆执政时期（1736—1795 年），对经典格律文章的考证达到了顶点。当时，所有致力于这项活动的学者中，没有人能比得上戴震（1724—1777 年）了，他不仅是这个重大世纪中最伟大的哲学家，而且还懂得从其哲学中总结哲学影响。

（三）中国艺术

　　1644 年，即明朝衰亡时，北京故宫起火，满族皇帝将其修缮。他们在首都西北修建了一座有花园、有湖水、有亭子的颐和园，乾隆还对北京东南方的天坛作了修缮，该天坛最早建于明朝永乐年间。

　　清朝是一个出大百科全书、文学收藏和热衷考古与编纂的年代。在这种形势下，一大批怀有好古的明末文学理想的画家不断涌现。对古代大师的设计和巧妙的复制是四位王大师傅的主要研究内容，其中王翚（1632—1717 年）数得上是兴趣最广泛的人，王原祁（1642—1715 年）堪称最富有创见的人。

王翚绘《江南早春图》

除了这些正统的画家外，还有一些离群索居的艺人在独自作画，以表示对外国统治和官方画师研究的蔑视。如石涛（1660—1717年），他躲在一座寺庙里，自称最自由的艺人。

康熙执政时期，装饰艺术可谓是最后的协调时期，在17—18世纪，涂彩出现了失真变形。

象牙制品：清朝的象牙制品种类繁多，技艺大长。除了1682年建造的皇家作坊一直保留到1796年外，坎顿（广州）、上海、宁波等地也建有一些厂址。18世纪初，坎顿（广州）的作坊被专门用来制作出口象牙。

彩色板画：在清朝，满族人比较注意动员一切文化宣传工具，来巩固他们的政权，他们大量出书，发表一些庆祝皇家功德的作品。如《康熙皇帝（1713）周年大事记》《乾隆皇帝1766年南巡记》等。这些书装饰精致、豪华，带有彩图。①

---

① 据《百科全书》法文本节译。

全球变局

一 资产阶级革命

（一）英国资产阶级革命

17 世纪初，英国资产阶级、新贵族与封建专制王朝斯图亚特王朝的矛盾尖锐。封建专制制度已成为英国资本主义发展的严重障碍。1640 年，国王查理一世为筹措军费镇压苏格兰人民起义，重新召开已停止 11 年的国会。这届国会史称"长期国会"，它在英国资产阶级革命中成为立法机构和领导机构。"长期国会"的召开是英国资产阶级革命开始的标志。在国会中占多数的资产阶级和新贵族与国王之间发生了尖锐的冲突，查理一世宣布讨伐国会，1642 年至 1646 年爆发了第一次内战。代表新贵族和中产阶级利益的独立派领袖克伦威尔率领新模范军打败王军。但代表大资产阶级利益的长老派企图与国王妥协，与独立派发生冲突，王党趁机于 1648 年挑起第二次内战，不久即被克伦威尔击败。1649 年 1 月国王查理一世被处死，5 月共和国成立，独立派掌握政权。独立派镇压了代表无地或少地农民的掘地派和代表小资产阶级民主派的平等派，远征爱尔兰。1653 年克伦威尔改共和政体为护国主政体，自任护国主，实行军事独裁。克伦威尔死后，高级军官争权夺利，统治集团陷于混乱。为

克伦威尔像

实现稳定,资产阶级和新贵族与旧王朝妥协,逃亡国外的查理一世之子于 1660 年 5 月复辟,称查理二世。复辟王朝推行反动政策,引起普遍反对。1685 年查理二世去世,詹姆士二世继位,企图恢复天主教,危及资产阶级和新贵族的利益。国会中资产阶级、新贵族于 1688 年发动政变(也称"光荣革命"),推翻复辟王朝,迎立詹姆士二世之女玛丽及其夫荷兰执政威廉为英国国王和女王,最终在英国确立君主立宪政体。英国资产阶级革命开辟了资产阶级世界革命的时代,通常把 1640 年作为世界近代史的开端。

(二)美国独立战争

1775—1783 年,爆发了北美 13 个殖民地人民推翻英国殖民统治、争取独立的战争。英属北美 13 个殖民地建立以来,英国将其视为工业品销售市场和原料供应地。英国政府对殖民地工商业的发展实行限制政策。由于共同的语言、文化和市场,到 18 世纪中叶北美殖民地人民已形成一个新民族——美利坚民族。七年战争后,英国加强对北美经济掠夺和政治压迫:1765 年颁布《印花税法案》;1767 年颁布《唐森德条例》;1773 年颁布《茶叶税法》;1774 年颁布《强制法令》。这些措施激化了殖民地与宗主国之间的矛盾,遂导致北美独立战争的爆发。1775 年 4 月 19 日,波士顿郊区的列克星敦打响了独立战争的第一枪。5 月 10 日，殖民地 13 个州代表在费城召开第二届大陆会议，通过组织大陆军的决议，任命乔治·华盛顿为总司令。1776 年 7 月 4 日，大陆会议通过《独立宣言》，正式宣告北美 13 个殖民地脱离英国，成为独立的美利坚合众国。战争初期英军处于优势，自 1777 年萨拉托加战役后，形势开始转化。同时美国也积极展开外交斡旋，法、西、荷各国参加对英作战，普、俄领导的"北欧联盟"实行武装中立，使英国陷于孤立。1781 年英军主力在约克镇被击溃，康华利率军投降，战争结束。1783 年 9 月英美签订《巴黎和约》，英国正式承认美国独立。在美洲出现了第一个资产阶级共和国。美国独立战争是一次民族解放战争，也是一个资产阶级革命，它推翻了英国殖民统治，为美国资本主义发展开辟了道路。①

华盛顿像

（三）法国大革命

18 世纪末法国资产阶级领导推翻封建专制统治，确立资本主义

---

① 参见朱筱新主编：《历史辞典》，学苑出版社 1999 年版，第 411 页。

制度的革命，法国资本主义有了一定的发展，资产阶级和广大人民
群众同封建统治阶级的矛盾十分尖锐。1789 年 5 月路易十六迫于
财政危机的压力召开三级会议。第三等级代表在会上提出改革的要
求，遭国王拒绝后，退出会议并宣布召开国民议会，为法国制定一
部宪法（后改名为制宪议会）。国王阴谋镇压第三等级的反抗，7
月 14 日，巴黎人民举行武装起义，攻占巴士底狱，革命爆发。革
命的第一阶段由代表大资产阶级和自由派贵族的君主立宪派执政。
这一阶段取得了很大成就，基本上完成了预定的主要任务。宣布废
除土地关系中的封建权利，没收天主教会财产，取消封建贵族制
度，颁布了资产阶级革命纲领《人权宣言》，制定《1791 年宪法》，
确立君主立宪政体。但是不甘失败的封建势力勾结欧洲封建君主对
法国大革命进行武装干涉，国王的反革命面目已暴露出来，人民群
众要求废黜国王，实行共和制度，抗击外国干涉。但君主立宪派未
能将革命继续向前推进，反而压制人民的革命运动，从而激起人民
的强烈不满。1792 年 8 月 10 日巴黎人民发动第二次武装起义，推
翻了国王，代表工商业资产阶级利益的吉伦特派掌权。这是革命的
第二阶段。在这个阶段成立了法兰西第一共和国，处死了国王，对
外战争也一度取得了胜利。但由于吉伦特派未能有效地阻止因战争
引发的经济恶化趋势，人民群众生活异常困苦，物价猛涨，掀起了
要求限价的群众运动。此外，前线连连失利，反法联盟军队攻入法
国境内；国内王党叛乱猖獗。形势日益恶化，终于导致了吉伦特派
的下台。1793 年 5 月 31 日至 6 月 2 日，巴黎人民举行第三次武装
起义，把代表小资产阶级民主派的雅各宾派推上了政治前台。这是
革命的第三阶段。这一阶段由于实施雅各宾派专政，把法国大革命
推向了高潮。雅各宾派实行革命恐怖政策，颁布限价法，反击外国

攻占巴士底狱

入侵。革命恐怖政策在很短时间内取得很大成就。但在胜利后雅各宾派没有及时调整政策，反而扩大恐怖，滥行杀人，先后镇压埃贝尔派和丹东派，破坏了同人民群众的联盟，削弱了内部的统一和雅各宾派专政的社会基础，结果在 1794 年 7 月 27 日被反对派发动的政变推翻。政权落入代表大资产阶级的热月党手中，这也是革命结束的标志。[1]

（四）俄国 1861 年农奴制改革

19 世纪中叶，俄国经济有了一定的发展，但农奴制成为资本主义发展的最大障碍。克里米亚战争俄国的失败暴露了农奴制度的落后和腐朽，农奴制危机加深；同时，农民运动高涨。为防止

---

① 参见朱筱新主编：《历史辞典》，学苑出版社 1999 年版，第 381 页。

亚历山大二世像

革命的爆发，沙皇亚历山大二世被迫进行自上而下的改革。1861 年俄历 2 月 19 日，沙皇颁布《关于农民脱离农奴依附关系的法令》，规定农民有人身自由，地主不得买卖或交换农奴；农奴有权支配自己财产、进行诉讼和从事工商业；农奴在获得解放时，可得到一块份地，但必须缴纳大量赎金，如无力一次支付，可先付 1/5 到 1/4，其余由国家代付，分 49 年偿清；在划地界时，农民原种土地的 1/5 至 2/5 为地主剥夺，称 "割地"。改革虽保留了农奴制残余，加强了国家对农民的控制，但废除了农奴制，使相当一部分农民从农奴制度下解放出来，为俄国资本主义发展创造了条件，是俄国历史上的一个重要转折点。[1]

（五）日本明治维新

明治维新是 19 世纪下半叶明治天皇（睦仁）在位（1867—1912 年）期间，日本发生的政治、经济和社会的变革运动。

1867 年孝明天皇死，太子睦仁亲王（即明治天皇）即位。改年号为 "明治"。1869 年 5 月 9 日迁都东京。随后，新政府着手实行一系列资产阶级改革。同年 7 月 25 日天皇下诏接受各藩 "奉还版籍"（版指领地，籍即户籍），任命藩主为藩知事，取消藩主、

---

[1]　参见朱筱新主编：《历史辞典》，学苑出版社 1999 年版，第 399 页。

公卿等旧称，统称"华族"（其他武士则称"士族"）。1871年8月9日实行"废藩置县"，解除旧藩主的藩知事职务，建立近代府县体制。于是，封建领主制被废除。1872年9月颁行"学制"，实行教育改革，兴办近代国民教育。12月9日天皇颁诏改行阳历，以阴历1872年十二月初三为阳历1873年元旦。1873年1月发布征兵令，废除武士垄断军籍的旧兵制，实行征兵制，建立近代常备军。7月发布地税改革法，允许土地私有和自由买卖，把年贡制（由农业生产者按收获量向领主缴纳实物或代金）改为地税制，由国家向土地所有者按法定地价征收固定货币地税。从此逐步确立起新的土地所有制度（半封建的寄生地主所有制）。1876年8月颁布《金禄公债发行条例》，取消封建俸禄，由政府一次发给分期偿付的有息公债券，总额1.7亿多日元。经过改革，废除了幕藩体

天皇像

制，有利于发展资本主义，但寄生地主制也有所发展。武士作为一个阶级被消灭。华族和少数上层士族转化为近代资产阶级、官吏或知识分子；大多数士族社会地位和生活水平下降，因而导致士族暴乱。从1868—1878年，发生士族刺杀政府高级官员和暴乱事件20余起，如1874年以江藤新平为首的佐贺之乱和1877年的西乡隆盛叛乱。

1871 年，明治政府派出以右大臣仓具视为首的大型使节团出访欧美，考察资本主义国家制度。归国后提出了学习西方、发展资本主义的初步设想。在 "富国强兵" "文明开化" 的口号下，政府积极引进西方科学技术，并以高征地税等手段进行大规模原始积累，建立了一批以军工、矿山、铁路、航运为重点的国营企业。与此同时，引进缫丝、纺织等近代设备，建立 "示范工厂"，推广先进技术；招聘外国专家，派留学生出国，培养高级科技人才。由于过重的财政负担曾引起财政危机，80 年代初政府把一批国营企业和矿山廉价出售给与政府勾结因而拥有特权的资本家（即所谓 "政商"），并以优厚的保护政策鼓励 "华族"、地主、商人及上层士族投资经营银行、铁路及其他近代企业，培植了一批财阀。从 80 年代中期起，以纺织业为中心，开始出现产业革命的高潮。[①]

二 科技革命

（一）哥白尼（Nicolaus Copernicus，1473—1543 年）

波兰天文学家，近代天文学创始人。出生于华沙西北托从城圣阿娜巷，10 岁时父亲去世，由任大主教的舅父抚养。18 岁入克拉科夫大学，学习医学和神学，对天文学发生浓厚兴趣。1496 年赴意大利留学，在波隆那和帕多瓦大学学习法律和医学，同时着力研究天文学、数学等。他深受意大利人文主义思想的影响。在古希腊地动说的启迪下，他根据天文观测，对托勒密的地心体系产生异议。

---

① 参见《中国大百科全书》（外国历史 II），中国大百科全书出版社 1990 年版。

1506 年他回国后，在探讨中不断完善自己的学说。前后经过30 多年的观测、计算和研究，写出了划时代的著作《天体运行》，全面阐明了"日心说"的理论。全书共分 6 卷，第一卷是宇宙概观；第二卷用三角学研究了天体运行的基本规律和原理；第三卷到第六卷详述地球月球、内外行星的运动，说明了"日心说"的物理性质，第三卷是恒星表；第四卷介绍地球的绕轴运行

哥白尼像

和周年运行；第五卷论述了月球；第六卷写行星运行的理论。这部著作的结论是太阳处在宇宙的中央，地球与其他行星围绕太阳作同心圆运动，同时绕自身的轴旋转。从而推翻了统治天文学 1000 多年的荒谬的"地心说"，成为近代科学革命和天文革命的开端。[①]

（二）伽利略（Galileo Galilei，1564—1642 年）

意大利物理学家、天文学家、近代物理学及实验科学的创始人。生于意大利的比萨，17 岁进比萨大学攻读医学，并以浓厚的兴趣钻研了数学和物理。先后任比萨大学数学讲师、帕多瓦大学数学教授、托斯坎尼大公私人数学家和哲学家兼比萨大学教授，1632 年因宣传哥白尼的学说，被罗马宗教裁判所判处终身监禁。他用自制的望远

---

① 参见朱筱新主编：《历史辞典》，学苑出版社 1999 年版，第 357 页。

伽利略像

镜首先发现了木星的四个最大的卫星、太阳黑子、金星位相变化及月球上山脉，这些成果证实了哥白尼学说的正确性。1632 年出版了《关于两世界体系的对话》，阐明了哥白尼的学说，遭到教会的迫害。在力学上成就卓著，创立和运用了科学实验和数学分析相结合的研究方法，研究发现了摆的等时性、落体运动定律和惯性定律，为牛顿第一和第二运动定律的研究铺平了道路。作为一位科学巨匠，在他去世的三个多世纪之后，即 1983 年，罗马教廷正式承认前宗教裁判所对他的审判是错误的。[①]

（三）牛顿（Isaac Newton，1643—1727 年）

英国物理学家。他在哲学上深信物质、运动、空间和时间的客观存在，坚持用观察和实验方法发现自然界的规律，力求用数学定量方法表述的定律说明自然现象，彻底摒弃了经院哲学的思辨和神秘的"隐质"说。他主张把对事实的概括和假说的解释严格区分开，反对从形而上学原理上推演出科学定律，形成了与 R. 笛卡尔唯理论的演绎法相对立的归纳法纲领。牛顿的唯物主义观点具有机械论的

---

① 参见朱筱新主编：《历史辞典》，学苑出版社 1999 年版，第 360 页。

特征。在他看来，宇宙是由具有某些不变属性的、单个分离的、通过万有引力结合起来的物体组成的，这些物体在绝对空虚的空间中按照力学规律作机械运动。他把物质和运动、空间和时间、时空和物质的运动割裂开来，提出绝对空间和绝对时间的观念，认为物质的根本特征是惰性；把运动的泉源归结为外力；最终逻辑地导出了关于神的第一次推动的错误结论。他晚年埋头于神学著述。[①]

牛顿像

（四）科学、技术、实验的相互牵引与互动

资本主义生产的萌芽和文艺复兴运动首先出现在意大利，这是近代科学首先在意大利兴起的原因。17世纪前后，英国的资本主义有比较大的发展，资产阶级从思想、物质和组织等方面支持了科学发展。这样，近代科学的中心就从意大利转移到英国。

近代科学不同于古代科学。古代科学以经验为主。近代科学以理性为主，唯物主义哲学指导了科学发展，科学方法逐渐完善了，经过归纳整理实验观测资料，或者经过逻辑推导和数学演绎，使感性认识上升为理性认识，确立了一系列定量的科学定律。

---

① 参见《中国大百科全书》（哲学Ⅱ），中国大百科全书出版社1988年版，第651页。

　　除欧几里得几何等少数学科外，古代科学基本上是关于自然界的零散知识。近代科学技术兴起以后，关于自然界的知识大大丰富起来，一些学科体系先后形成和发展了。日心说和刻卜勒三定律奠定了近代天文学的基础。牛顿的运动三定律和万有引力定律构成了宏伟壮丽的力学大厦。解析几何、微积分等取得系统的发展。但是，各个学科的形成时间和发展速度并不相同，它们处在不同的发展阶段。光学前进一大步后，又进入停滞状态。近代化学刚刚依靠燃素说从炼金术中解放出来，处在萌芽状态。在生物学领域里，人们主要是搜集和初步整理大量的材料，由于哈维和林耐的工作，生理学和分类学作为近代学科初步建立起来。地质学还处在胚胎阶段。

　　近代科学兴起时期，是形而上学的机械论流行的时期。自然界是没有任何发展变化的、僵硬的自然观，在以牛顿和林耐为标志的这个时期结束的时候，占据了思想界的统治地位。

　　在古代，天文学是最有影响、最受重视的学科。近代科学兴起初期，哥白尼、伽利略、刻卜勒的时代是天文学的黄金时代。从伽利略起，力学已经显示出和天文学有同等的重要性。牛顿生活的时代，力学是科学界的宠儿。力学的发展促进了天文学和数学的发展，促进了机械唯物论的流行。

　　古代的科学技术活动以业余科学工作者为主。近代科学时期，专门进行科学实验的队伍出现了，像伽利略和牛顿那样，他们关心生产的发展，但是又不直接参加生产活动。专门科学工作者逐渐建立了自己的组织，他们在科学舞台上越来越占据主导地位。

　　正是由于科学方法的完善，理性的系统学科的出现、科学队伍和组织的发展，科学重要性的日益增加，所以科学实验逐渐从生产实践活动中分离出来。科学实验成为人类一种独立的、重要的实践活动，这是近代科学兴起的必然结果。[①]

三　工业革命

（一）珍妮纺纱机的发明——英国工业革命的序幕

1764 年，（英国）纺织工人哈格里夫斯（James Hargreaves，约 1720—1778 年）发明了珍妮纺纱机，揭开了 18 世纪产业革命的序幕。工业革命首先从投资少、资金周转快、利润多的纺织工业开始。

珍妮纺纱机

　　1733 年，钟表匠凯依（John Kay, 1704—1744 年）发明了飞梭，
这种梭子使织布效率提高一倍左右。飞梭的出现，引起严重纱荒，
一些棉布厂甚至因为缺纱停了工，棉纱价格猛涨。英国政府采取各
种办法都没有解决纱荒问题。

　　1764 年的一天，纺织工人哈格里夫斯看见妻子的纺车翻倒在地
上，原来水平的纱锭竖立起来。纺车虽然翻倒了，可是轮子仍旧在
转动。因此，他想到可以把许多竖立的纱锭排列起来，仍用一个轮
子带动，这样一个人就可以顶几个人纺纱。他自己动手设计和制造
了一架有八个竖立纱锭的纺纱机，用他女儿的名字珍妮命名。珍妮
纺纱机很快得到改进，锭子从 8 个增加到 18 个、30 个、100 个。纺
纱效率一下子提高了近百倍。

　　1769 年，一个名叫阿克莱特（Richard Arkwright, 1732—1792
年）的理发师制造了用水力做动力的纺纱机。珍妮纺纱机纺出的是

1790 年的纺纱厂

细纱，但是不结实。水力纺纱机纺出的纱结实，但是粗糙。使用珍妮纺纱机的纺纱工克伦普顿（Samuel Crompton, 1753—1827 年）吸取了这两种机器的优点，1779 年制造了"骡机"，就是杂交的纺纱机。"骡机"得到广泛应用，迅速改变了纺纱落后的局面。

纱荒解决了，织布又要改革。1785 年，卡特赖特（Edmund Cartwright, 1743—1823 年）发明了动力织布机，织布效率比以前提高 40 倍。

由于纺织机械的革新，一个人好像有了几十、几百双手，大大提高了劳动生产率，纺织业利润剧增，纺织厂像雨后春笋般地在河流沿岸建立起来。公元 1788 年，英国已经拥有 143 座水力棉纺厂。[①]

（二）蒸汽机的发明——经验与科学的结合

随着英国工业的发展，当作燃料的木材供不应求，从 16 世纪到 18 世纪，煤炭生产日益受到重视。当时采煤的主要问题是矿井排水。在公元 1561 年到 1688 年期间，英国所发的专利许可证中有 3/4 是直接或间接和煤矿有关的，其中 14% 又是专门解决矿井排水问题的。排水需要廉价的动力，17 世纪末期，英国有的煤矿用来拖动水泵的马竟增加到 500 匹之多。为了解决煤矿排水的动力问题，发明了蒸汽机。

由瓦特发明的第一台蒸汽机（联动式）

---

① 参见申漳：《简明科学技术史话》，中国青年出版社 1981 年版，第 189—190 页。

瓦特像

蒸汽机是人类继发明用火之后，在驯服自然力方面所取得的重大胜利。蒸汽机把火转化作动力，发生动力革命，给人们增添无穷的力量。从公元 1775 年到 1800 年，只是瓦特（James Watt, 1736—1819 年）和博耳顿（Matthew Boulton, 1728—1809 年）合办的一个工厂就生产了 173 台蒸汽机，其中用在纺织业 93 台、采矿业 52 台、冶金业 28 台。在人类生活了百万年的地球上，工业革命和蒸汽机这支神笔，绘出了一幅宏伟壮丽的画卷。①

英国工业革命的主要内容是广泛地使用蒸汽机，它使能源和材料发生变化，从木材时代进入煤和铁的时代。1700 年，英国年产煤 260 万吨；用了蒸汽机以后，1835 年产煤 3000 万吨，在 100 多年中增长了 10 多倍。纺织和煤炭生产的发展促进了炼铁生产的发展；同时，炼铁炉有蒸汽机做强大的鼓风动力，铁的产量剧增。1740 年英国铁的产量只有 17000 吨，1835 年达到 102 万吨，不到 100 年增长了近 60 倍。可是，资产阶级革命发生前的 100 年中，铁的产量只增长了 5 倍。

蒸汽机的使用还导致了火车的发明，出现了铁路。工业生产的发展，尤其是煤炭产量大幅度增加，使运输成为"卡脖子"的问题。火车开辟了交通运输的新纪元。在绿色的田野里，在苍翠的山峦中，

① 参见申漳:《简明科学技术史话》，中国青年出版社 1981 年版，第 190—191 页。

出现了乌黑发亮的新纽带——铁路。1850年，英国已经铺设铁路6621英里。在20多年时间里，英国基本建成了铁路干线。

工业革命极大地提高了劳动生产率。在1770—1840年期间，英国工人的劳动生产率平均提高了20倍。工业革命还使产业结构和生产组织产生了重大的变化。过去没有的铁路运输业出现了。过去纺织业是工业中的主力，现在采煤、炼铁和交通运输业的比重大大上升了。过去是工场手工业生产，现在变成以机器为主的大工业生产了。

工业革命是生产力的大革命，它也使阶级关系发生重大变化，农民大量流入城市。1850年，英国城市人口已经占全国总人口的一半，无产阶级壮大了。

工业革命的主动力——蒸汽机，是经验和科学相结合的产物。科学对工业革命的发展作出了重大贡献。工场手工业生产主要依靠人力和以经验为主的技术；以机器为主的大工业生产，需要用自然力代替人力，就得自觉地应用自然科学知识。大工业把科学作为一种独立的生产能力，从此，科学在生产中的地位一天比一天高。

科学促进了工业革命的发展。工业革命在不到一个世纪里所创造的物质财富，比人类几千年来创造的还要多。工业革命反过来又推动科学前进，新工业和新学科层出不穷，科学发展的速度大大加快了。①

（三）冶金

在冶金方面，从19世纪20年代中期起，也开始更换设备。搅拌炼铁法得到迅速推广。煤和焦炭的使用逐渐增多。在金属加工中，

---

① 参见申漳：《简明科学技术史话》，中国青年出版社1981年版，第191—193页。

20 年代起开始使用机器制造铁钉和铁丝。30 年代后，刨床、切削机床等机器的使用日益增多。

在制铁业方面，1810 年美国就有 153 个熔煅炉。1812—1814 年战争对枪炮和铁制品的需要，促进了制铁业的发展。1816 年开始建立近代类型企业，1834 年热风炉介绍到美国，用无烟煤代替木炭作燃料，使炼铁技术发生了一次革命。1840 年美国开始使用蒸汽发动机代替水力发动机。在欧洲大陆，继英、法之后开始工业革命的还有德国。从农奴制改革到 30 年代中期，这是德国工业革命的准备阶段，在这个阶段，德国工场手工业广泛发展起来，机器的采用也在增加。采矿、冶金和金属加工业，主要集中在莱茵河左岸地区……采矿和冶金业也有长足的进步，中心是莱茵河两岸的鲁尔区和萨尔区。[①]

四　欧洲国家市场、证券交易、信贷趋于活跃

早在 15 世纪以前，欧洲已消灭了最古老的交换形式。据我们的了解或猜测，从 12 世纪起，价格便处在波动状态。这证明"近代"市场业已建立，有时能互相结合，构成初步的市场体系，组织起城市间的联系。

在巴黎，高等法院、市政长官和警察总监（从 1667 年开始）拼命想把集市控制在恰当界限内，但都是白费力气。将近 50 年过后，

---

① 参见郝侠君等主编：《中西 500 年比较》，中国工人出版社 1989 年版，第 224 页。

坎兹万的小市场仍留在原地。[①]

（一）交易所

最早的交易所始于何时？有关的年表可能有误：房舍的建造日期与商业机构创立的日期并不恰相重合。在阿姆斯特丹，房舍建于 1631 年，而新交易所于 1608 年创立，旧交易所更可追溯到 1530 年。因此，只得满足于一些并不完全正确的传统说法，但切莫相信不恰当的日期排列，从而以为交易所最早诞生于北方国家：布鲁日于 1409 年，安特卫普于 1460 年（房屋建于 1518 年），里昂于 1462 年，图卢兹于 1469 年，阿姆斯特丹于 1530 年，伦敦于 1554 年，鲁昂于 1556 年，汉堡于 1558 年，巴黎于 1563 年，波尔多于 1564 年，科伦于 1566 年，但泽于 1593 年，莱比锡于 1635 年，柏林于 1716 年，拉罗歇尔（建造）于 1761 年，维也纳于 1771 年，纽约于 1772 年。

阿姆斯特丹交易所大厦于 1631 年落成，位于丹姆广场，与银行和东印度公司遥遥相望。在让—比埃尔·里卡尔那时（1722 年），每天从正午到 2 时，交易所内济济一堂，估计达 4500 人之多。星期六来人略少，因为犹太人那天不到。交易所秩序井然，每个行业都在指定的编号位置就座；经纪人共 1000 来人，宣誓的和未宣誓的都在内。然而，此起彼落的高声报价与无休止的私下谈话形成可怕的喧哗，人们在这里很容易就晕头转向。

不论规模大小，交易所是交易会的最高阶段，而且它的活动从不停顿。大商人以及中间人聚集在交易所里，并在那里洽谈商品交

---

① 参见〔法〕布罗代尔著，顾良、施康强译：《15 至 18 世纪的物质文明、经济和资本主义》第 2 卷，生活·读书·新知三联书店 1992 年版，第 4、9 页。

易、汇兑、入股、海事保险等业务，海事风险由许多保证人均摊；交易所也是一个货币市场、金融市场和证券市场。这些活动自然要趋向于各自为政。例如，自17世纪初起，阿姆斯特丹成立了单独的粮食交易所，每周集会3次，从10时至12时，地点借用一所木材商场；每名商人有其代理人，"后者注意带着准备出售的粮食样品……装在容量为一至二磅的口袋里。由于粮价同时取决于重量大小和品质好坏，交易所背后备有各式各样的小秤，只要秤上三四把粮食，就可知道口袋的分量"。阿姆斯特丹进口这些粮食既供当地消费，也倒卖或转运一部分。看样购货很早就是英格兰以及巴黎四郊的规矩，购买军粮的大笔交易尤其如此。①

（二）证券市场

17世纪初出现的新鲜事：阿姆斯特丹成立了一所证券交易市场。公共资产以东印度公司信誉卓著的股票都成为活跃的、完全现代化的投机活动的对象。人们往往说它是第一家证券交易所，但这并不完全正确。威尼斯很早就有公债券买卖，佛罗伦萨在1328年前也有过这类业务，热那亚有抛售和收购圣乔治银行有价证券的活跃市场，且不谈德意志地区于15世纪就在莱比锡交易会上出售的矿业股票，西班牙的"债券"，法国的市政厅公债（1522年），15世纪汉萨城邦的年金证券市场。维罗纳的1318年法规确认3期票交易。法学家巴托罗缪·德·博斯科于1428年对热那亚的期票出售提出异议。所有这些都证明，证券交易在地中海地区早已存在。

---

① 参见〔法〕布罗代尔著，顾良、施康强译：《15至18世纪的物质文明、经济和资本主义》第2卷，生活·读书·新知三联书店1992年版，第84、86页。

阿姆斯特丹的新鲜之处在于，交易不但数额大，而且有流动性、公开性和投机性。狂热的为赌博而赌博的侥幸心理在这里起作用。

阿姆斯特丹的交易所活动确实达到了精巧绝伦的程度，因此阿姆斯特丹将长期成为欧洲绝无仅有的城市。在这里，人们不满足于买卖股票，赌涨赌跌，而且通过一些复杂的诀窍，在既无本钱又无股票的情况下照样也搞投机。这正是经纪人乐于做的事情。他们分帮结派，即所谓"帮派"。如果一派做"多头"，另一派相应就做"空头"。双方力图把大批犹豫不决的投机者引向自己一边。经纪人若改变阵营——有时会出现这种情况——便是一种背叛行为。

在长期羡慕和模仿阿姆斯特丹的伦敦，投机活动很快发展了起来。自 1695 年起，皇家交易所已开始买卖公债券以及东印度公司和英格兰银行的股票。它几乎立即成为两种人的"碰头地点，一种是有点钱还想挣更多钱的人，另一种人为数更多，自己没有钱，却希望把有钱人的钱拿过来"。在 1698 年至 1700 年间，证券交易所从场地狭小的皇家交易所搬到对面交易所街。[①]

五　西方向全世界扩张

（一）葡萄牙、西班牙（1500—1600 年）的海外扩张

15 世纪末葡萄牙在欧洲以外的属地，包括大西洋上的一些群岛、几内亚湾和西非海岸的几个贸易点，埃尔米纳的堡垒——商站是其

---

① 参见〔法〕布罗代尔，顾良、施康强译：《15 至 18 世纪的物质文明、经济和资本主义》第 2 卷，生活·读书·新知三联书店 1992 年版，第 86—88、93 页。

中最重要的。在这些贸易站，用布匹、金属器具交换奴隶和金沙。每年大约有 12 艘船航行于葡萄牙和几内亚湾之间。

西班牙人同葡萄牙人一样，也迅速动手去开拓他们在 15 世纪末发现的地方。1493 年开始向伊斯帕尼奥拉岛殖民，半是希望发现黄金，半是企图建立一个同中国（设想就在附近）贸易的基地。大陆海岸的发现开辟了一个可供选择的机会，即通过贸易或通过掠夺方式来进行奴役和获得珠宝和黄金饰品。大陆殖民，即向乌拉巴湾和地峡沿岸殖民，始于 1509—1510 年。太平洋上第一个拓殖地巴拿马建立于 1519 年。16 世纪 20 年代科特斯征服中部墨西哥的消息，以及对他在那里遇见的精致文化和稠密人口的描绘，吸引了大批移民从西班牙和各岛屿涌向墨西哥。16 世纪 30 年代初在皮萨罗征服印加秘鲁之后，也出现了同样的移民热潮。尽管进入秘鲁要比进入墨西哥艰难得多，要通过转运和穿过巴拿马地峡的麻烦的水陆联运才能到达。伊斯帕尼奥拉曾经是向中美殖民的基地，古巴则是向墨西哥殖民的基地，巴拿马是向秘鲁殖民的基地；向新征服地移民，使这些地方的人口相继减少。墨西哥和秘鲁成为西班牙人在新大陆的主要中心地区，这首先是因为在西班牙人到达前，它们就是土著居民定居的主要中心；其次也因为它们是金银的主要发现地。其他主要征服地区——危地马拉（1523—1542 年）、新格拉纳达（1536—1539 年）或中智利（1540—1558 年）——在这两方面都不能与上述地区相比。它们的特殊地位得到了承认：1535 年墨西哥正式建立总督区。秘鲁行政机构的建立由于征服者间的内讧而推迟，但到 16 世纪中叶也在那里稳固地建立了总督府。

16 世纪末，整个庞大不灵的帝国处于鼎盛时期。法国人、英国人以及后来的荷兰人不断袭击骚扰西班牙的港口、航运和各殖民前哨要地；但是没有造成重大损害。

1494 年的托德西利亚斯条约划定的分界线，虽然没有定出精确位置，但是把西班牙人明确地排除于南美东部广大地区之外。葡萄牙人一直没有去开拓巴西，一直到 16 世纪 30 年代当他们担心法国人会捷足先登时，才被迫采取行动。1549 年在巴伊亚建立了行政首府；不久之后，即按盛行于几内亚湾的圣多美岛上的模式，建立了最早使用奴隶劳动的甘蔗种植园和糖厂。1575—1600 年间巴西沿海一带成为新大陆最重要的蔗糖产区，它从葡萄牙和亚速尔群岛引来了很多渴求土地的移民。巴西对奴隶劳动的需求使葡萄牙人在西非的贸易站具有新的重要性，那里黄金的枯竭促使黄金贸易衰落，而驱使葡萄牙奴隶主的贩奴活动从几内亚湾往南一直伸向安哥拉。1575 年葡萄牙人在罗安达建立了城镇和奴隶收贩站。运奴船在安哥拉和巴西之间来往如梭，因为只需要付给巴西出产的低级烟草就可以买到奴隶。过剩的奴隶在西班牙美洲很容易处置，因为西班牙人没有奴隶的直接来源，并能用白银偿付；同时从 1580 年起西班牙和葡萄牙即在同一个国王之下联成一体。因此，伊比利亚国王在这一时期不是统治一个海外帝国，而是三个海外帝国：西班牙美洲的白银帝国、印度洋的香料帝国和南大西洋的蔗糖帝国。再没有别的欧洲集团曾在海外殖民中获得任何持久性的成就。[①]

（二）荷兰、英国和法国（1600—1713 年）的海外扩张

17 世纪初，北欧人即已在加勒比海走私、偷袭西班牙航船与一

---

① 参见〔英〕杰弗里·巴勒克拉夫主编，毛昭晰、刘家和等译：《泰晤士世界历史地图集》，生活·读书·新知三联书店 1982 年版，第 158—159 页。

些小港口，以及偶尔得手地攻击从印度返航的葡萄牙船只的这些活动中取得经验，就开始在美洲建立自己的永久殖民地，并为自己的利益而发展东方贸易。在这些活动领域里，他们同伊比利亚半岛宿敌的竞争拥有各种重要优越条件：他们在欧洲很少承担政治义务而利益却比较集中；较易取得造船材料，特别是在波罗的海地区；从而就有造价更便宜的船，而随着时代的进步，就有更多更好的船；对海外发展的商业算盘也打得很精；集中投资和扩大财务冒险也颇为老练。为了搞远距离贸易或殖民，或者是二者兼而有之，他们采用的最通常的组织形式，就是特许合股公司。这种形式早先在北意大利曾得到有限的发展，但在西班牙和葡萄牙却实际上不为人知。这种公司可以被授予贸易、殖民、征服、治理和防卫的权力。

在东方，终17世纪之世，炙手可热的欧洲团体是1602年正式成立的荷兰东印度公司。1619年，这家大商行、欧洲最大的贸易公司，在巴达维亚建立了它的东方总部。巴达维亚的位置很好，占马六甲和果阿的上风头，因而占有永久的战略优势。公司的船长们开辟了一条直抵巴达维亚的航线，在新的荷属开普殖民地装好食物与必需品（1662年以后），然后在南纬40度以内顺风东驶，经过巽他海峡进入群岛。

荷属西印度公司的势力尽管不如它东半球的孪生兄弟那样牢固，却也气焰逼人。该公司在1630年占领了伯南布哥，并在此后几年中夺去了葡萄牙在西非的贩奴商站，而失去这些商站，巴西的种植园就难以维持。但在17世纪40年代葡萄牙人重新脱离西班牙而独立后，收复了安哥拉的贩奴馆，而且在1654年把荷兰人赶出了巴西。西印度公司转向西印度群岛，但许多荷兰私商仍继续在此经商，而且大量的巴西蔗糖继续流经阿姆斯特丹。不过，巴西并非完全依靠蔗糖；17 世纪 90 年代在米纳斯吉拉斯发现一系列金矿，使该地也成了黄金的主要供应地。

对西班牙人来说，17 世纪是工商业和财政衰退、政局动荡并连吃败仗的时期。到这一世纪末，沿美洲海岸，从巴巴多斯一直延伸到魁北克，建立起一长串缓慢而稳步成长着的英、法与荷兰的殖民地。其中有许多殖民地，特别是产糖诸岛，本来就是各宗主国政府间争执的对象，每一次重大的欧洲战争都在美洲引起格斗。蒙斯特和约（1648 年）、布雷达和约（1667 年）、内伊梅根和约（1678 年）、里斯维克和约（1697 年）和乌得勒支和约（1713 年）都包括有割让美洲领土的内容。英、法两国政府及其正统经济学家们重视岛屿殖民地更甚于重视大陆殖民地。科尔培尔可说是第一流政治家当中唯一积极鼓励北美殖民的人，其办法是根据土地占有情况建立"领主制"、在圣劳伦斯河及其他地方授予复员士兵以土地以及帮助搬迁和提供工具、种子、家畜等。由于他的努力，新法兰西的人口虽然从未超过英国殖民地的 1/10，但在军事上却十分强大。掌握在法国人手中的新斯科舍（阿卡迪亚）被认为是对新英格兰的严重威胁。它成为双方一再争夺的对象，在威廉王战争和西班牙王位战争尤其如此。即使在 1713 年并入英国殖民地以后，英国人的占有仍不牢固。法国沿大湖区和俄亥俄密西西比河流域建立的贸易堡垒线，对向西扩张造成阻碍，从而使英国移民及其宗主国政府都深感不安。1863 年法国探险家们出现在墨西哥湾沿岸，引起了西班牙的严重关注。

然而，尽管有广泛的外国走私和偶尔的交通断绝，西班牙各主要殖民地却从未受到过严重威胁。它们之所以安全，一是由于交通不便，二是由于它们自身的抵抗能力，三是由于对法国优势日益增长的恐惧，使英、荷两国在18世纪末与西班牙协调一致以寻求保障。

殖民势力的这一重要组合，由于西班牙哈普斯堡绝嗣及其遗留给法国的产业而遭到破坏。这笔遗产包括欧洲各殖民帝国最广阔、人口最多、最肥沃的部分，但这块土地上的臣民坚决反对任何肢解计划。西班牙王位继承战争即是奥、荷、英三国政府为防止整个帝国落入法国之手、坚持瓜分政策所引起的。12年破坏性的战争在欧洲使联盟一方获得有限的胜利，而在美洲却使法国攫取了大量领土和商业的让步。1713年的乌得勒支和约确认了这些变化，它所建立的殖民地领土的格局原封不动地保存了一代人以上的时间。①

（三）俄罗斯（1462—1815年）在欧洲和亚洲的扩张

由莫斯科大公们创建的一个国家，即莫斯科公国，不仅注定要恢复被瑞典人、波兰人、日耳曼人、立陶宛人、西部鞑靼人和南部土耳其人夺走的土地，而且还注定要横跨整个北亚进行扩张。

16世纪后期和17世纪期间，俄罗斯人的殖民活动越过奥卡河向南扩展，乌克兰人则从波兰东移进入森林草原地带。这时期这个区域许多城镇，诸如奥廖尔（1564年）、沃罗涅日（1568年）、库尔斯克（1586年）都开始作为边界的前哨而存在。

彼得一世把打开波罗的海的通道作为他的主要任务。他从瑞典夺得利沃尼亚和爱沙尼亚，从而得到古港里加，并于1703年在圣彼得建新港。彼得一世在波罗的海方面取得的成果，凯瑟琳二世在南

① 参见〔英〕杰弗里·巴勒克拉夫主编，毛昭晰、刘家和等译：《泰晤士世界历史地图集》，生活·读书·新知三联书店1982年版，第160—161页。

方也取得了同样的成就。1774 年至 1792 年间激烈的战争最后摧毁了克里米亚的鞑靼汗国，并使俄罗斯人接替土耳其人控制了黑海北岸、克里米亚半岛、亚速海周围及其毗连的草原。1794 年在黑海建立的敖德萨港口，就像阿尔汉格尔对白海和圣彼得堡对波罗的海那样，很快就成为俄国输出货物的主要出口。

1772 年到 1815 年期间，俄国牺牲波兰而把自己的领土边界推进了 600 英里。俄国靠 1772 年、1793 年和 1795 年的三次瓜分波兰，获得前波兰国家的大部分领土，而在拿破仑建立华沙大公国的插曲之后，维也纳会议同意沙皇成为重建波兰王国的国王。

18 世纪期间经济成长迅速。俄国要求赢得接近波罗的海和黑海的土地以及将帝国边界往西推入波兰境内而发动的各次战争，需要建立巨大的军火工业和拥有相应生产能力的冶金基地。彼得一世对此大有建树，主要在乌拉尔，这里铁、铜矿藏丰富，并拥有可制作木炭的茂密而广阔的森林。彼得一世建立了一种工业农奴制的形式，俄国中部的纺织业和运油工业继续发展，圣彼得堡还兴起了一个新的工业中心。

帝国人口由于领土扩张和人口自然增长率高而急剧增长。1600 年，东俄或莫斯科公国估计 1000 万人，1725 年达 1550 万人。据 1811—1812 年的人口普查，疆域大大扩大的俄罗斯帝国拥有 4275 万人；总人口中包括欧亚两洲形形色色各不相同的民族。西伯利亚人口从 1720 年约 50 万人到 1811 年增长到将近 140 万人。总人口中只有 4% 是城市人口，而其中 1/3 居住在圣彼得堡和莫斯科。[①]

---

① 参见〔英〕杰弗里·巴勒克拉夫主编，毛昭晰、刘家和等译：《泰晤士世界历史地图集》，生活·读书·新知三联书店 1982 年版，第 162 页。

（四）西方殖民主义对中国的经济侵略

从 16、17 世纪起，西方各国先后进入资本原始积累时期。18 世纪中叶，产业革命首先在英国发生，资本主义工业从此获得迅速发展。到 19 世纪初，西方各国开始进入资本主义急剧上升时期。面对资本主义的迅速发展，封建清朝的国势日渐衰微，资本主义萌芽的成长受到严重阻碍。处于急剧上升时期的资本主义，需要不断地扩大商品销售市场和原料供应基地，对落后民族地区实行残暴的殖民政策，腐朽落后、地大物博的大清帝国，自然就成为西方殖民主义国家入侵的目标。

早在 16、17 世纪，葡萄牙、西班牙、荷兰以及英国殖民主义者，就在殖民主义的海外掠夺狂潮中，相继来到中国。明正德九年（1514 年），葡萄牙人开始组织武装商队从海路来到中国，并以贸易为名在中国东南沿海一带，从事抢掠活动。明嘉靖三十二年（1553 年），葡萄牙殖民主义者使用欺诈和贿赂手段，窃据澳门，作为他们从事入侵活动的据点。明万历三年（1575 年），西班牙请求与中国通商贸易，主要从墨西哥运来白银购买中国土特产品。但他们经常违反中国的互市禁例，并在菲律宾大肆屠杀中国侨民。万历三十二年（1604 年），荷兰人开始来到中国。天启二年（1622 年），荷兰殖民主义者曾强行谋夺澳门，失败后又转向闽海，并一度侵占了澎湖列岛。天启四年（1624 年），荷兰占领台湾岛，统治台湾达 38 年之久，进行了一系列经济掠夺。万历二十八年（1600 年），英国殖民主义势力侵入印度，组成东印度公司。崇祯十年（1637 年），东印度公司派遣 4 艘武装商船，长驱直入广州虎门，击毁虎门炮台，焚烧官署，抢劫商船 3 艘，强行进入广州。

18 世纪以前，西方早期殖民主义者，对中国沿海各地的入侵，目的在于抢劫财物，进行资本的原始积累，殖民主义者只不过是海盗兼商人。在正常的对外贸易中，中国始终处于出超的优势，外国输入中国的商品极其有限。

18 世纪以后，葡萄牙、西班牙、荷兰等老牌殖民主义国家相继衰落，英国、法国、美国等国家的殖民势力，继他们之后，继续对中国进行经济、文化等方面的侵略活动。

英国在 17 世纪中叶完成了资产阶级革命后，又于 18 世纪中叶开始了产业革命，机器工业逐渐代替工场手工业，生产技术发生了重大变革，资本主义工业生产迅速发展起来。乾隆三十六年到四十年（1771—1775 年），英国加工的棉花仅 500 万磅，道光二十一年（1841 年）便达到 52800 万磅，乾隆五十八年（1793 年），煤的产量为 1000 万吨，到道光十六年（1836 年）便提高到 3000 万吨；嘉庆元年（1796 年），铁的产量为 12.5 万吨，到道光二十年（1840 年）增加到 139 万吨。当时英国已成为世界上最强大的资本主义强国，它在争夺殖民地的战争中击败竞争者，掌握了海上霸权，迫切要求开辟新的更大的市场，建立新的殖民地，康熙二十八年（1689 年），英船"防御号"来到广州。康熙五十四年（1715 年），英国在广州设立商馆，贸易活动趋于经常化，贸易额不断上升。

英国殖民主义者侵入中国市场后，实行经济掠夺，并以此作为据点，进行侵略活动。乾隆五十年（1785 年）英国占领槟榔屿后，广州东印度公司的大班，就将中国农民和手工业者源源不断地输往这块新开的殖民地。乾隆五十七年（1792 年），英国假借祝贺乾隆八十寿辰的名义，派遣以马戛尔尼（George Macartney）为首的使团前来中国，向清政府提出一系列的要求，主要包括：（1）允许英国商船在舟山、宁波、天津等处登岸，经营商业；（2）按照从前俄国商人在中国通商之例，允许英国商人在北京设立洋行，买卖货物；（3）于舟山附近划一未设防的小岛，归英国商人使用，以便英国商船停泊和存放货物，并可居住商人；（4）允许英国人在广州附近同样享受上述权利，并且听任英国自由来往，不加禁止；（5）从澳门运往广州的英国商货，给予优待免税或减税；（6）英国船货，按照中国所定税率交税，不再加征，并将税率公布，以便遵行。

这些具有殖民主义侵略性的要求，特别是要求中国割地，当然不能被清政府接受。嘉庆五年（1800 年），英国船只“天佑号”（Providence）驶往黄埔，无故向中国民船开枪，1 人受伤，1 人落水淹死。嘉庆十二年（1807 年），英国船只“海王星号”（Neptune）水手，在广州酗酒行凶，打伤居民数人，其中 1 人 3 天后伤重身亡。嘉庆二十一年（1816 年），英国又派遣以阿美士德（William Pitt Lord Amherst）为首的使团前来中国，重申通商特权的要求，再次被清政府拒绝。

法国和美国是次于英国的资本主义国家，在掠夺殖民地的过程中，尽管彼此之间存在着矛盾，但在开辟中国市场，打开中国的大门方面，利益却是一致的。他们不仅支持英国对中国的入侵，而且积极参与侵略活动。康熙三十七年（1698 年），法国船只“安菲德里蒂号”抵达广州。成为第一次来到中国的法国船只。雍正六年（1728 年）法国在广州设立商馆，并派了很多耶稣会士到中国传教。乾隆四十九年（1784 年），美国商船“中国皇后号”驶抵广州，这是第一艘到达中国的美国船。两年后，美国便在广州设立领事馆，对华贸易迅速发展。①

几乎从独立的第一天起，美国便热衷于发展对外贸易，并且首先将中国作为对外贸易的重要目标。

在独立战争结束后的第一年，曾任宪法起草委员及联邦政府参议员的罗伯特·摩理斯与纽约一群商人共同负责装备了一艘名为"中国皇后号"（Empress of China，360吨）的美国商船准备进行远航中国的首次试探性贸易。摩理斯向国务卿洁伊汇报了他的计划并获得美国政府给予的公文。他任命约翰·格林（John Green）担任船长，并雇请波士顿的陆军少校山茂召（Samuel Shaw）为管货员。

1784年2月22日，"中国皇后号"装载着40多吨人参和毛皮、棉花、胡椒等物品从纽约出发了。经过6个多月航行，于8月28日到达广州。这一次美国商船的贸易比较顺利。西方各国的商人对他们的到来表示容忍或欢迎的态度。中国政府也未进行阻拦。因为中国政府认为"米夷"（指美国）、"英夷"、"佛夷"同为夷人，既然允许英、佛通商，"米夷"也可一体对待。

美国人卖掉了人参和其他货物，然后买进了一船茶叶和丝绸、瓷器、漆器、象牙雕刻等各种各样的中国货，于1785年5月12日返回纽约。这次航行的纯利估计有37727元，约为投资额的25%（赖德烈：《早期中美关系史》）。

"中国皇后号"的航行在美国引起很大轰动。山茂召向洁伊报告了这次航行的结果。洁伊以国会的名义表示："山茂召……的报告……有力地说明，中国贸易，可能开辟一条美国财富的巨大发展

---

① 参见史仲文、胡晓林主编：《中国全史》第17卷《清代经济史》，人民出版社1994年版，第100—103页。

道路","贵公民此次对华通商的成就，使政府感觉莫大欣慰"（《山茂召航海日记附录》）。美国许多国民也对此极为兴奋。纽约报纸上发表了这次航行的长篇报道。其他商业城市也加以转载。很快，美国掀起了航行中国的热潮。"从新英格兰的城镇到纽约及费勒德斐亚，一切谈话，都是以中国贸易为主题"。每一个沿着海湾的小村落，只要有一只能容五个美国人的单桅帆船，都在计划到广州去。①

1786 年，美国国会任命山茂召为驻广州领事。尽管这个领事是个空头衔，无"领取任何薪俸、酬劳或津贴的权利"。然而这是美国越过好望角所设的第一个领事。它表明了美国发展对华贸易的决心。为了进行竞争，美国又制定了鼓励税则。鼓励国内外商人输茶入美。同时对其他货物的入口规定外国人只百抽 12.5 的税则，本国人减半。这些措施进一步刺激了对华贸易。

对华贸易的利润是惊人的，有时甚至高达百分之四五百。例如 70 吨的小船"希望号"来华资本为 8860 镑，但它由广州返美后的货值增至 37000 镑；"大士克号"的资本为 7138 镑，由广州返美后的货值增至 23218 镑。还有一艘 93 吨的"白特塞号"，1797—1798 年间，从纽约绕道合恩角，经南洋驶赴广州，然后取道好望角返回纽约。此行净得达 12 万元以上，船舶主人获得纯利为 53118 元。高额的利润吸引了越来越多的美船来华。据统计：1784—1789 年间来华美船为 15 艘。1806—1807 年增至 42 艘。到鸦片战争时期，美国在广州贸易中地位仅次于英国。

对华贸易给美国带来极大的利益。休斯在《两个海洋通广州》

① 参见卿汝楫：《美国侵华史》第 1 卷，生活·读书·新知三联书店 1952 年版，第 26—27 页。

一书中说：美国成立之初"没有资源，没有资本，没有商业，没有朋友。奇迹是：它如何能生存呢？什么东西救了它呢？""一言以蔽之……中国贸易！"中国贸易不仅解除了它初期的经济困境，而且使许多城市获得了繁荣。[①]

① 参见萧致治、杨卫东编撰：《鸦片战争前中西关系纪事（1517—1840）》，湖北人民出版社 1986 年版，第 236—239 页。

一潭死水

清王朝面对世界的发展进步，在工业革命、科学革命和资产阶级革命面前，表现出惊人的愚昧和麻木，妄自尊大，满足现状，囿于传统，反对变革，蔑视科学，禁锢思想，加强集权，使偌大的中国犹如一潭死水，闭关锁国，万马齐喑，成为时代的落伍者。

一　清王朝对工商业的政策

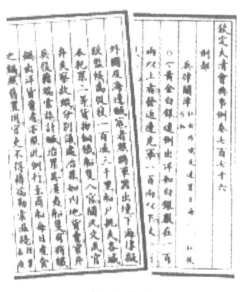

康熙海禁谕

康熙时期的经济政策，仍然是传统的重本抑末政策，康熙十分重视农业和家庭手工业生产，而对独立手工业和商业不太重视。这主要体现在他推行的具体政策法令方面，如打击明朝旧地主势力；兴修农业水利设施；奖励蚕桑纺织；奖励垦荒耕作；等等。同时，颁令禁止独立手工业中的采矿业、冶矿业等。

唯有采铜由于鼓铸钱币的需要，限制较少。

康熙的商业思想甚少，他所要加强的只是地主经济，始终没有越出封建传统思想的雷池一步，始终没有产生进步的商品流通观。在自然经济思想支配下，康熙不仅对民间采矿、冶金、煮盐、作坊均严格限制，而且对明朝原有的采铜、采锡、采铁等加以禁绝，不允许铜、铁、锡等手工业制品在社会上流通。

1684 年，鉴于清朝统治日趋稳固，三藩平定，台湾统一，康熙才改变原来的"寸板不许下海"的禁海政策，实行有限度的海外贸易政策。其中主要有以下规定：（1）进行海外贸易，须"预行禀明地方官，登记姓名，取具保结"，方可"听百姓以装载五百担以下船只，往海上贸易捕鱼"；（2）以广州、漳州、宁波、云台山（今连云港）4 处为对外通商口岸，在上述 4 处口岸准许与外商贸易；（3）在闽、粤、江、浙四省设置海关，管理来往商贾及船物，负责征收赋税；（4）"将硫磺、军器等物私藏在船，出洋贸易者，仍照旧处分"。康熙帝的这一政策，是他推行的休养生息政策的补充，共延续了 33 年，在一定程度上促进了东南沿海地区商品经济的恢复和发展，海外贸易取得了一定成效。但是，上述进步政策的实惠多为大地主绅士享受，留给民间工商业者甚少。康熙晚期，实行了严格的闭关锁国政策，完全否定了他前期的通商政策。

在国内商品流通方面，康熙丝毫没有改变历史上长期流行的重本抑末思想，并将明代统治者实行过的重农抑工商政策全面推行开来，如对国内工商业苛以繁重捐税；对工商业者抱鄙弃轻视态度，降低他们的社会地位；限制国内商品生产的种类、数量及规模；对商品以低价收购；等等。这些压抑工商业、人为地限制国内商品流通的政策措施，使中国社会经济增长极其缓慢甚至停滞不前，既不利于新经济关系的诞生成长，也不利于国内商品生产和商品流通，给中国社会造成了极大障碍。

雍正皇帝执政仅 13 年（1723—1735 年），所推行的商业经济政策和措施基本上沿袭了康熙时期的原样。他十分注重国家理财，增加财政收入，曾使国库存银达 6000 余万两，较康熙统治时期为多。他基本上仍旧执行康熙晚期的重农抑商政策，将打击工商业，压抑资本主义萌芽作为治理大清帝国的一项最基本的经济政策。他认为，农业是关系国计民生的根本大业，丝毫不可动摇农业的统治地位，而工商业都须依赖于农业。

乾隆中叶，商业和城市手工业有所发展，并有了资本主义萌芽的经济现象，如扬州的制盐业规模较大，扬州城聚集了全国各地富商大贾，"侨寄户居者，不下数十万"。

乾隆沿袭前辈们所推崇的重本抑末思想，也将打击工商业、压抑商品生产与商品流通作为治国的根本经济原则。他明确表示："朕欲天下之民，使皆心力南亩……将使逐步者渐少，奢靡者知戒，蓄积者知劝"（《皇朝通典》卷一，《食货一》）。主张全民趋农，压缩工商业经济。

在这种重本抑末思想支配下，乾隆在位时期厉行着重农抑工商的经济政策，如增加钞关（又称户关）征税，扩大征税范围，提高商税税率。在繁重商税制度下，各级官吏敲诈勒索，索取项目繁多的杂费，动辄罚款。有的钞关征收的船税，比规定税率高出数倍。商贾外出贩运必遭多方榨取，连商贾旅宿吃饭都须额外加款，有些地方商人坐在铺中也要交款。这些抑商措施，打击了商贾阶层，阻碍了商品流通。

在对外贸易方面，乾隆基本上也采用康熙以来的外贸政策和措施。在其中后期，由于西方殖民主义者和海盗商人的侵扰，乾隆采取消极的紧缩外贸政策，如1751年，他取消了其他通商口岸，只允许广州港对外贸易往来。1759年，他批准两广总督李侍尧提出的《防范外夷规条》，次年又颁布《防夷五事》，对外商在华活动加以种种限制。他在外贸体制上，长期沿用行商居间贸易制度，规定由行商对来华贸易的外商给予严格管理和限制。同时，严格某些货物的进出口，限制进出口商品的种类、数量，规定外商购买茶叶、大黄等须以银购买。

在他们（康熙、雍正、乾隆）统治时期，实行了一系列不利于工商业成长的经济政策和经济措施……采取了严格限制的外贸政策，限制通商口岸，限制进出口商品数量和品种，限制外商在华活动的范围，实行官商性质的公行制度等，将中外贸易通商限定在一个极狭窄的范围之内。……将中国与世界其他国家的物质技术文化交流隔离起来，使中国社会经济停滞不前，终于酿成了近现代社会的落后结局。①

二　对科学技术的轻视

（一）兵器制造和日用技术

明末，西洋的火炮传入中国，威力大，杀伤力强，是攻坚和野战中的重要武器。清军入关以前，已从明朝军队那里缴获了这类武

---

① 参见蒋建平编著：《中国商业经济思想史》，中国财政经济出版社1990年版，第303—311页。

器，并且也能进行仿造。入关以后，长期处在战争环境中，清廷很重视武器制造。顺治初年，京营八旗都设炮厂和火药厂。清朝与南明作战，打前锋的吴三桂、孔有德、耿仲明、尚可喜等军中都拥有大量火器，以此攻坚冲阵，所向披靡。三藩乱起，吴三桂军中多大炮，清军屡遭败衄，康熙命传教士南怀仁督造适宜于在南方山地作战的轻便炮位，"着南怀仁尽心竭力，绎思制炮妙法，及遇高山深水轻便之用"。此后，南怀仁制造了各种类型的许多炮位，深得康熙嘉奖。康熙屡次到卢沟桥炮场视察大炮的演放，检验所造大炮的性能。在康熙二十年（1861年）的一次演习和训练，历时三个月，八旗炮手共发实弹2.1万余枚。有几门炮，连放三四百发炮弹而并未损坏。康熙感到很满意，对八旗都统和炮手们赏赉有加，赐南怀仁御服貂裘。康熙前期，造炮很多，这些大炮在征讨三藩、抗击沙俄侵略以及平定噶尔丹叛乱中发挥了很大的作用。

康熙御制威远将军炮

　　清初，我国出现了杰出的火器专家戴梓（1649—1726年），他是浙江仁和（今杭州）人，平定三藩时，他以布衣从军，发明"连珠铳"和"冲天炮"。连珠铳"形如琵琶，火药铅丸皆贮于铳脊，以机轮开闭。其机有二，相衔如牝牡。扳一机则火药铅丸自落筒中，第二机随之并动，石击火出而铳发，凡二十八发乃重贮"。这种可以发射的火器，构造原理与近代的机关枪相似。"冲天炮"也叫"子母炮"，炮身仅长二尺五寸，重750斤，弹道弯曲，炮弹形似瓜状、威力大、射程远，"子在母腹，母送子出，从天而下，片片碎裂，锐不可当"。康熙曾当面试验，封此炮为"威远将军"，还令刻上制造者戴梓的名字。清初的火器制造曾盛极一时，但从康熙中叶以后，国内承平日久，大规模的激烈战斗减少了，清廷也不再注意武器的改进和发展。雍正时，"以满洲夙重骑射，不可专习鸟枪而废弓矢"，对弓弩刀矛的强调更胜于火器，此后，火器制造日益衰落。

　　明末清初，西方的一些机械制造原理和日用技术也传到中国来，引起知识分子和手工艺人的兴趣，仿制者不断出现。清初，苏州的民间手工业艺人孙云球以水晶为原料，磨制镜片，制成近视眼镜、远视眼镜。他是苏州眼镜制造业创始人。他又制成"千里镜"，登上虎丘试看，"远见城中楼台塔院，若接几席，天平、灵岩、穹窿诸峰，峻嶒苍翠，万象毕见"。他总结制镜的经验，写成《镜史》一书，可惜现已失传。清初，江苏的另一位青年科学家黄履庄曾经根据西方机械学原理，制造和仿制了许多自动机械和仪器。如机械自行车、望远镜、显微镜、体温表、温度计、瑞光灯以及多级螺旋水车等。他发明的瑞光灯，大者口径五六尺，夜以一灯照之，光射数里。他还制造"验燥湿器，内有一针能左右旋，燥则左旋，湿则右旋，毫发不爽，并可预证阴晴"。可惜这些发明都被视作"雕虫小技"，不受重视，不久即失传。

清初，我国的某些地区，应用机械原理制造耕作机器，如曾在广东使用的"木牛"，据记载："木牛，代耕之器也，以两人字架拖之，架各安辘轳一具，辘轳中系以长绳六丈，以一铁环安绳中，以贯犁之曳钩。用时一人扶犁，二人对坐架上，正转则犁来，彼转则犁去。一手而有两牛之力。耕具之最善者也。"还有人介绍了西方的水车和风车，述及其构造和作用，"其制，用一木柱，径六七寸，分八分，桔囊如螺旋者，围于柱外，斜置水中而转之，水被诱则上行而登田，又以风车转之"，"数百亩田之水，一人足以致之，大有益于农事"。嘉庆年间，华亭诸生徐朝俊精于天文数学，曾试制龙尾车作灌溉之用，"一车以一童运之，进水退水，无立踏坐踏之劳"。但因中国处在封建制度之下，农村又有大量人口，劳动力过剩，不需要新技术，因此，这类农业生产工具的零星改革旋生旋灭，未能推广。徐朝俊还能研制自鸣钟，将钟表的原理写成《高蒙厚求》一书，这是我国第一部关于钟表的著作。道光年间，郑复光所写《镜镜诊痴》一书，介绍了透镜原理及三棱镜、望远镜等光学仪器的制造，是一部较有系统的光学著作。还有杭州的一位女科学家黄履钻研天文、数学、物理，亲自制造各种仪器，她制造的"千里镜"，颇为新颖，"于方匣上布镜器，就日中照之，能摄数里之外之影，平列其上，历历如绘"。

总之，从明清之际，西方科学技术传入中国以后，中国不乏聪明才智之士，努力学习钻研，并加以发展、创造，取得了一些可贵的成果。可惜在封建社会中，这种研究工作被视为"奇技淫巧"，得不到提倡、推广、应用、继承。因此，这些发明创造，自生自灭，大多失传无闻。今天只能从零星的记载中了解其一鳞半爪了。[1]

（二）马戛尔尼率英国使团来华

马戛尔尼（1737—1806 年），出生于北爱尔兰安特合郡的一个大地主家庭。在柏林神学院获硕士学位。是一位见识很广的学者，也是一位有经验的外交官。年轻时曾经历过艾德蒙吞的炮火，中年时成为撒母耳·约翰逊俱乐部的会员。进入政府后曾任驻俄公使（1764—1767 年）。他凭着自己的机智与俄国订立了一个为期 20 年的商务条约，直到后来沙皇才认识到这个条约太有利于英国。以后他又历任爱尔兰事务大臣，西印度石榴岛和托贝哥岛总督，印度马德拉斯总督（1780—1786 年）。乾隆五十七年（1792年）率英国第一个正式使团访华，次年到达北京，在热河万树

马戛尔尼像

园两次谒见乾隆皇帝，曾提出遣使驻京、开放通商口岸、减轻关税和自由传教等七条要求，均被拒绝。携乾隆皇帝致英王信件及礼品，乘船由运河南下，经杭州、广州回国。[2]

---

① 参见戴逸主编：《简明清史》第 2 册，人民出版社 1984 年版，第 313—316 页。

② 参见中国社会科学院近代史研究所翻译室：《近代来华外国人名辞典》，中国社会科学出版社 1981 年版，第 299 页。

　　1793 年 7 月底，由马戛尔尼勋爵率领的庞大使团，分乘 5 艘船只，浩浩荡荡到达天津大沽口外，并于 9 月 14 日在承德避暑山庄觐见了乾隆皇帝。当时英国在率先实现工业革命之后，已成为西方的第一强国，它在世界各地拥有许多殖民地，形成了一个庞大的殖民帝国。而中国却一直是东方的第一大国，虽然鼎盛时期已过，仍统治着疆域辽阔的领土，周围许多国家对这强大的邻邦还得俯首称臣。长期的闭关锁国政策，使中国当时的统治者对外部世界的进步与西方的科学文明几乎完全无知，而为自己处于盛世沾沾自喜，认为英国是仰慕中华文明才遣使远涉重洋为皇上祝寿的。

　　21 日使团离开热河。大约到这时英国的国书才被翻译出来。乾隆皇帝看了国书才如梦初醒。国书的内容有四点：（1）使臣来华之目的是为了两国互通有无，增进贸易；（2）要求拟派使臣驻华；（3）要求保护英国人；（4）介绍使臣情况。原来英国使团祝寿是假，要求扩大通商是真。因此，军机处在第二天便给徵瑞去文，要他催令使团早日回国。乾隆帝还专门给新任两广总督长麟指示说，拒绝了英国的无理要求，他们可能会怀觖望，恃其险远，藉词生事，因此必须事先防范。

　　到北京后，使臣再次与和珅会谈，但和珅对他所提的问题避而不答，而是将皇帝的一道敕谕交给了他。这道敕谕首先称赞英王恭顺有礼，然后对国书中要求派驻华使臣一项表示拒绝，认为使臣驻华既不合体制，又无益贸易，也无益教化。而对英王遣使祝寿，则发了另一道敕谕以示嘉奖，并对英王及使团人员均给予了优厚的赏赐。

　　马戛尔尼不甘心，又以书面形式向中国提出六项要求：（1）请英国货船将来能到浙江、天津等地收泊；（2）请在京设立商行；（3）请求珠山（舟山）附近小岛一处，以便商人停歇和收存货物；

（4）请求在广东省城拨给小地方一处居住英国商人，或准许澳门居住之人出入自便；（5）请求英商自广东下澳门，由内河行走，货物或不上税，或少上税；（6）请求确定船只关税条例，照例上税。

乾隆帝在九月初三（10月7日）的第二封敕令中对这六条全部予以驳斥，并强调"尔使臣所恳求各条，不但于天朝法制攸关，即为尔国代谋，亦俱无益难行之事。兹再明白晓谕，尔国王或误听尔臣下之言，任从夷商将货船驶至浙江、天津地方，欲求上岸交易，天朝法制森严，各处守土文武……定当立时驱逐出洋，未免尔国夷商，枉劳往返，勿谓言之不预也"。这个敕令再次清楚地表明了清朝政府在中外交往上推行对外限制政策，尽力避免扩大中外接触。

乾隆皇帝对英使的六条要求逐条驳斥以后，又怕他"未遂所欲，或致稍滋事端"，因通令沿海督抚，预筹防备，必要时"不妨慑以兵威"（《广东海防汇览》卷23，第27—29页）；同时催促他即日起程。英使因准备不及，请求延期，才迁延两日，于（1793年）10月9日离京（1794年9月5日）回抵伦敦。

马戛尔尼使团此次访华，除了与清朝交换了一些礼品外，在扩张侵略权益上什么也没有得到。但是，他们却收集了大量的中国情报。回国以后，斯当东写了《英使谒见乾隆纪实》，安德逊写了《英使访华录》，马戛尔尼出版了他的日记，巴罗撰写了《中国旅行记》，亚历山大绘制了大量画图，还有许多使团成员写过中国见闻方面的文章和书。这些书和文章以亲见亲闻形式介绍了中国社会各个方面情况。①

---

① 参见萧致治、杨卫东编撰：《鸦片战争前中西关系纪事（1517—1840）》，湖北人民出版社1986年版，第249—251页。

英国使团赴避暑山庄觐见乾隆皇帝图

马戛尔尼在 1794 年很感慨地写道:

"中华帝国只是一艘破败不堪的旧船,只是幸运地有了几位谨慎的船长才使它在近 150 年期间没有沉没。它那巨大的躯壳使周围的邻国见了害怕。假如来了个无能之辈掌舵,那船上的纪律与安全就都完了"。船"将不会立刻沉没。它将像一个残骸那样到处漂流,然后在岸上撞得粉碎",但"它将永远不能修复"。

马戛尔尼也反对对中国发动战争。他认为,发动战争就等于中止贸易,那联合王国也将遭受巨大损失。他说:"我们在印度的殖民地,因贸易中断,将受到很大的损失",因为中国是"棉花和鸦片的销售市场"。"在英国,毛纺工业很难从这样的冲击下恢复过来":估计每年将损失五六十万英镑,几年后的损失将翻一番。一个正在发展的白铁、铅、五金制品、钟表和其他机械制品市场也将关闭。英国不仅会失去丝绸,而且也会失去一件"生活用品"——

茶叶。[①]

马戛尔尼来华携带的礼品，是根据英王威廉三世的决定，是
"能显示欧洲先进的科学技术，并能给皇帝陛下的崇高思想以新启迪
的物品"。

主要礼品有：天体运行仪，它代表宇宙，而地球只是其中的一
个小点。这是天文学和机械学最佳结合的产品。该仪器准确地模仿
地球的各种运动，月球绕地球的运行；从仪器上还可看到太阳的轨
道，带头颗卫星的木星，带光圈及卫星的土星；等等。这架"天体
运行仪"最后还能模拟各天体的蚀、合和冲。它指出人们观察时的
确切月、周、日、时和分。该仪器是欧洲最精美的，所设计的天体
运行情况可适用 1000 年。

"地球仪。它上面标有地球的大洲、海洋和岛屿。人们可以从上
面看到各个君主统治国土、首都以及大的山脉。这个地球仪标有受
英王陛下之命在世界各地远航所发现的新地方，并画出所有这些远
征的航海路线。"

各种类型的武器：英王陛下送给皇帝陛下英国最大的、装备有
最大口径的火炮 110 门的"君主号"战舰的模型。"榴弹炮，迫击炮"
以及手提式武器有卡宾枪、步枪、连发手枪、"削铁而不卷刃的剑"。

赫歇尔望远镜、秒表、韦奇伍德瓷器、帕克透镜、布料……

油画："王室成员""著名人士"的画像，"城市、教堂、城堡、

---

① 参见〔法〕阿兰·佩雷菲特著，王国卿等译：《停滞的帝国——两个世界的撞
击》，生活·读书·新知三联书店 1995 年版，第 532 页。

桥梁、陆战与海战、船坞、赛马等真实写生画”。①

英王致乾隆帝国书（1792年）：

英吉利国王热沃尔日（即乔治三世）敬奏中国大皇帝万万岁。
热沃尔日第三世蒙天主恩，英吉利国大红毛及佛郎西、依利尔呢雅
（爱尔兰）国王、海主，恭惟大皇帝万万岁，应该坐殿万万年。

本国知道中国地方甚大，管的百姓甚多，大皇帝的心里长把天
下的事情，各处的人民，时时照管，不但中国地方，连外国的地方，
都要保护他。他们又都心里悦服，内外安宁。各国所有各样的学问，
各样技艺，大皇帝恩典都照管他们，叫他们尽心出力，又能长进生
发，变通精妙。本国早有心要差人来，皆因本境周围地方俱不平
安，耽搁多时。如今把四面仇敌都平服了，本境平安，造了多少大
船，差了多少明白的人漂洋到各处，并不是要想添自己的国土，自
己的国土也够了；也不是为贪图买卖便宜；但为着要见识普天下各
地方有多少处，各处事情物件可以彼此通融，别国的好处我们能得
着，我们的好处别国也能得着。恐各处地方我们有知道不全的，也
有全不知道的，从前的想头要知道，如今蒙天主的恩可办成了，要
把各处的禽兽草木土物各件都要知道，要把四方十界的物件，各国
互相交易，大家都得便宜，是以长想着要将各国的风俗礼法明白了。
如今闻得各处惟有中国大皇帝管的地方，一切风俗礼法比别处更高，
至精至妙，实在是头一处，各处也都赞美心服的，故此越发念着来
向化输诚。此时不但大西洋都平安，就是小西洋（印度）红毛邻国

---

① 参见〔法〕阿兰·佩雷菲特著，王国卿等译：《停滞的帝国——两个世界的撞
击》，生活·读书·新知三联书店1995年版，第85—86页。

的人落，没有理同本国打仗，也都平复了。如今本国与各处都平安了，所以趁此时候得与中国大皇帝进献表贡，盼望得些好处。

从前本国的许多人到中国海口来做买卖，两下的人都能得好处。但两下往来各处都有规矩，自然各守法度，惟愿我的人到各处去安分守规矩，不叫他们生事。但人心不一样，如没有一个人严格管束他们，就恐不能保其不生事。故此求与中国永远平安和好，必得派一我国的人带我的权柄住在中国地方，以便弹压我们的人，有不是，罚他们；有委曲，亦可护他们。这样办法，可保诸事平安。

我如今为这些缘故，特差一个人到中国来照管这些事情。要得一妥当明白的人，又有才学，又有权柄，又要到得大皇帝跟前对答得上来的。故此我所派的热沃尔日·吗哩格德呢·公哩萨诺吧咙（即马戛尔尼）是本国王的亲戚，忠信良善议国事的大臣，身上带的两个恩典的凭据，从许多博学的人里挑出来一个大博学的人。他从前办过多少大事，又到俄罗斯国出过差，又管过多少地方办事，又到过小西洋本噶拉等处属国地方料理过事情，这就是此次派的正贡使，到大皇帝驾前办事。因他能办差使，表文上有本国的印信为凭，所以叫他将表文呈在大皇帝驾前，说话如自己说话一般。如今求大皇帝见他即同见我，与他说话即同与我说话一样，施恩典看待他。

我又恐正贡使到那里或有别的缘故，所以又派一副贡使临时替他，也与正贡使一样。热沃尔日·呼沃纳多·司当东，这也是个体面人，他的博学会办事与正贡使一样的，故此从前派他在海岛平服过许多的事情，又到小西洋痕都斯坦国与第博·苏渥尔当王讲过和，因他能办这些事，能出力，故此派他同去，预备着好替正贡使办事。再求大皇帝也与正贡使一样恩待他。

如今我国知道大皇帝圣功威德、公正仁爱的好处，故恩准将所

差的人在北京城切近观光，沐浴教化，以便回国时奉扬德政，化导
本国众人。至所差的人，如大皇帝用他的学问巧思，要他办些事，
做些精巧技艺，只管委他，或在内地办不出来，还好寄信来大西洋
各地方采办得出来的。我本国的人，或是在中国管的地方住着，或
是来做买卖，若是他果能安分小心，求大皇帝加恩，他们都好仗着
鸿福承受厚恩。他们若得了不是，即该处治；若并无不是，自然常
受到大皇帝的恩典。

贡使起身，已详细嘱他在大皇帝前小心敬慎，方显得一片诚心，
能得大皇帝喜欢，下怀亦得喜欢。惟有祷求全善天主保护大皇帝长
享太平之福，庇佑英吉利国永远受福。天主降生一千七百九十二年，
英吉利国王热沃尔日三十二年。①

乾隆致英王第一道敕谕（1793 年 10 月 3 日，节录）：

……至尔国王表内恳请派一尔国之人，住居天朝，照管尔国买
卖一节。此则与天朝体制不合，断不可行。向来西洋各国有愿来天
朝当差之人，原准其来京，但既来之后，即遵用天朝服色，安置堂
内，永远不准复回本国。此系天朝定制，想尔国王亦所知悉。今尔
国王欲求派一尔国之人居住京城，既不能若来京当差之西洋人在京
居住不归本国，又不可听其往来常通信息，实为无益之事。……若
云尔国王为照料买卖起见，则尔国人在澳门贸易非止一日，原无不
加以恩视。……况留人在京，距澳门贸易处所几及万里，伊亦何能

---

① 参见萧致治、杨卫东编撰：《鸦片战争前中西关系纪事（1517—1840）》，湖北
人民出版社 1986 年版，第 251—253 页。

照料耶？若云仰慕天朝，欲其观习教化，则天朝自有天朝礼法，与尔国各不相同。尔国所留之人，即能习学，尔国自有风俗制度，亦断不能效法中国，即学会亦属无用。……是尔国王所请派人留京一事，与天朝体制既属不合，而与尔国亦殊觉无益。①

乾隆致英王第二道敕谕（1793 年 10 月 7 日，节录）：

……昨据尔使臣以尔国贸易之事，禀请大臣等转奏，皆系更张定例，不便准行。向来西洋各国及尔国夷商赴天朝贸易，悉于澳门互市，历久相沿，已非一日。天朝物产丰盈，无所不有，原不藉外夷货物以通有无。特因天朝所产茶叶、瓷器、丝斤，为西洋各国及尔国必需之物，是以加恩体恤，在澳门开设洋行，俾得日用有资，并沾余润。今尔国使臣于定例之外，多有陈乞，大乖仰体天朝加惠远人，抚育四夷之道。且天朝统驭万国，一视同仁，即广东贸易者，亦不仅尔英吉利一国，若俱纷纷效尤，以难行之事妄行干渎，岂能曲循所请？念尔国僻居荒远，间隔重瀛，于天朝体制原未谙悉，是以命大臣等向使臣等详加开导，遣令回国。恐尔使臣回国后禀达未能明晰，复将所请各条缮敕，逐一晓谕，想能领悉。

据尔使臣称，尔国货船将来或到浙江宁波、珠山及天津、广东地方收泊交易一节。向来西洋各国前赴天朝地方贸易，俱在澳门设有洋行，收发各货，由来已久，尔国亦一律遵行多年，并无异语。其浙江宁波、直隶天津等海口，均未设有洋行，尔国船只到彼，亦

---

① 参见萧致治、杨卫东编撰：《鸦片战争前中西关系纪事（1517—1840）》，湖北人民出版社 1986 年版，第 253—254 页。

从无销卖货物。况该处并无通事，不能谙晓尔国语言，诸多未便。除广东澳门地方仍准照旧交易外，所有尔使臣恳请向浙江宁波、珠山及直隶天津地方泊船贸易之处，皆不可行。

又据尔使臣称，尔国买卖人要在天朝京城另立一行收贮货物发卖，仿照俄罗斯之例一节，更断不可行。京城为万方拱极之区，体制森严，法令整肃，从无外藩人等在京城开设货行之事。尔国向在澳门交易，亦因澳门与海口较近，且系西洋各国聚会之处，往来便益。若于京城设行发货，尔国在京城西北地方，相距辽远，运送货物亦甚不便。从前俄罗斯人在京城设馆贸易，因未立恰克图以前，不过暂行给屋居住。嗣因设立恰克图以后，俄罗斯在彼处交易买卖，即不准在京城居住，亦已数十年。现在俄罗斯在恰克图边界贸易，与尔国在澳门效果相似。尔国既有澳门洋行发卖货物，何必又欲在京城另立一行？天朝疆界严明，从不许外藩人等稍有越境搀杂，是尔国欲在京城立行之事，必不可行。

又据尔使臣称，欲求相近珠山地方小海岛一处，商人到彼即在该处停歇，以便收存货物一节。尔国欲在珠山海岛地方居住，原为发卖货物而起，今珠山地方既无洋行，又无通事，尔国船只既不在彼停泊，尔国要此海岛地方亦属无用。天朝尺土俱归版籍，疆址森然，即岛屿沙洲，亦必画界分疆，各有专属。况外国向化天朝交易货物者，亦不仅尔英吉利一国，若别国纷纷效尤，恳请赏给地方居住买卖之人，岂能各应所求？且天朝亦无此体制。此事尤不便准行。

又据称拨给附近广东省小地方一处，居住尔国夷商，或准令澳门居住之人，出入自便一节。向来西洋各国夷商居住澳门贸易，画定住址地界，不得逾越尺寸；其赴洋行发货，夷商亦不得擅入省城。原以杜民夷之争论，立中外之大防。今欲于附近省城地方另拨一处给尔国夷商居住，已非西洋夷商历来在澳门定例。况西洋各国在广东贸易多年，获利丰厚，来者日众，岂能一一给拨地方分住耶？至于夷商出入往来，悉由地方官督率洋行商人随时稽查，若竟毫无限制，恐内地民人与尔国商人间有争论，转非体恤之意。核其事理，自应仍照定例在澳门居住，方为妥善。

又据称，英吉利国夷商自广东下澳门，由内河行走，货物或不上税，或少上税一节。夷商贸易往来纳税，皆有定则，西洋各国均属相同，此时自不能因尔国船只较多，征收稍有溢额，亦不便将尔国上税之例，独惟减少，惟应照例公平抽收，与别国一体办理。嗣后尔国夷商贩货赴澳门，仍当随时照料，用示体恤。

又据称，尔国船只请照例上税一节。粤海关征收船料，向有定例，今既未便于他处海口设立交易，自应仍在粤海关按例纳税。毋庸另行晓谕。

至于尔国所奉之天主教，原系西洋各国向奉之教，天朝自开辟以来，圣帝明王垂教创法，四方亿兆率由有素，不敢惑于异说。即在京当差之西洋人等，居住在堂，亦不准与中国人民交结。妄行传教，尤属不可（按：此条英使并未提出）。

以上所谕各条，原因尔使臣之妄说，尔国王或未能深悉天朝体制，并非有意妄干。朕于入贡各邦，诚心向化者，无不加以体恤，用示怀柔。如有恳求之事，若于体制无妨，无不曲从所请。况尔国王僻处重洋，输诚纳贡，朕之锡予优加，倍于他国。今尔使臣所恳各条，不但于天朝法制攸关，即为尔国王谋，亦俱无益难行之事。兹再明白晓谕，尔国王当仰体朕心，永远遵奉，共享太平之福。

若经此次详谕后，尔国王或误听尔臣下之言，任从夷商将货船驶至浙江、天津地方，欲求上岸交易，天朝法制森严，各处守土文武恪遵功令,尔国船只到彼,该处文武必不肯令其停留,定当立时驱逐出洋,未免尔国夷商徒劳往返,勿谓言之不预也。其懔遵勿忽,物此再谕。(《东华续录》乾隆一一八)①

英中文书交往(1759—1796 年),马戛尔尼的使命虽没完成,但中国对他的礼遇至少是一种友好的表示。英国抓住时机多次向中国皇帝、两广总督等人致书。由于总督和监督都没有与外夷交往的权力,这些信件均不敢收,只有给皇帝的信上报到了朝廷。此信全文如下。

英吉利国王雅治(George Ⅲ)管佛兰西并爱伦(Iveland)等处地方,呈天朝大皇帝:

我宗室议政大臣马甘尼由天朝京都回到本国,带有大皇帝书信,所谕情由恩典,我心中十分感谢欢喜。所差贡使进的礼物蒙皇上赏收,此贡物不过表相好之心,并望同大皇帝永远通好之意。多谢大皇帝赏脸与贡使及随从人等,因贡使恭顺诚敬进贡,已沾大皇帝恩典,我也看得他重。他贵到大皇帝御赐各物,当即拜领,足感大皇帝记念的心,即如大皇帝赏收我的贡物记念一样。中华外国的物件,均是要紧合用之物,但至贵重的是彼此相通的心事。我彼此虽隔重洋,但俱要望通国太平无事,百姓安宁,是以彼此都要通好,相依相交。

蒙大皇帝谕称,凡有我本国的人来中国贸易,俱要公平恩待,

---

① 参见萧致治、杨卫东编撰:《鸦片战争前中西关系纪事(1517—1840)》,湖北人民出版社 1986 年版,第 254—256 页。

这事（是）大皇帝最大的天恩。虽然天朝百姓不能来我国贸易，若有来的，我亦要一样尽心看待。已吩咐在港脚（指印度）等处地方官员，遇有天朝百姓兵丁人等，务要以好朋友相待。为此，从前有一次天朝差大将军带兵到的密地方，我的兵总也曾相助。前贡使到京时未得我们因都士丹地方音信，是以未曾将此事奏明大皇帝，得见我们敬诚的真心。但将来亦有机会表我们的诚心，彼此通好。即如贡使未起程时，亦曾奉上谕恩准贡使再到广东候旨进京，将来或再差使叩见大皇帝，以表远夷的诚心。

据贡使回称，大皇帝万寿康宁，并谕称我将来年寿，仰托大皇帝鸿福，均同一样，我心实在欢喜感激。惟望大皇帝天下太平，中华同外国永久共沐天恩。

顺具本国些须土物，乞大皇帝赏收。自英吉利国本都呈。一千七百九十五年六月二十日。

乾隆接到这封信后，为英国恭顺的言辞所感动，也给英王复了一封信。

（上年）国王陛下远隔重洋派来了使臣，向我问好并送来你的礼品。鉴于你的诚意，我接见了你的使臣，给了他们酒宴，并且给了他们各种礼品。我又委托他们给你带去几封信以及锦缎等礼品。为了向你表示友好，所以用这些证明我的友谊。你既然最近给我来信并用船带来各种英国货物运到广州，用这些你表示了你的好意，我也真诚地愿意同所有国家友好，愿意接受外国国王向我致敬，送上贡物。我欣赏他们的礼品，但我更珍视他们的真诚友谊。我已吩咐在广东省的官员接受下你的礼品，让你满意。

几年之前，我的帝国讨伐了廓尔喀人，我的元帅率领大军深入该地区，发动了强大攻势，攻下了一座坚强防御的堡垒。这是一次重大的战役。廓尔喀人领教了我们的兵力，跪在地上请求讲和，愿意归顺我们。当时我们军队的元帅向我报告了该民族的请求，请我给他指示。我从来喜欢施行仁政，我以仁爱之心对待所有的人民，不论他们是在我国疆土之内，还是在外面。既然廓尔喀人已经归顺，我不能将他们斩尽杀绝。因此我应允了他们的请求，接纳了来人。当时你军元帅向你提出促使廓尔喀人移民西藏，归顺我们，但由于我军的威力，事件已经解决，因此我们不需要你的兵援。国王陛下说你的使臣向我贡献礼品之前未能事先告诉我这件事，这是由于陛下过去不清楚这件事。不知道廓尔喀人已经自愿归顺我们。

除此之外，国王陛下的态度值得高度称赞，因为你作的公平合理，关心我的帝国。为了表示欣赏，我们送给陛下各色锦缎及其他物品。国王陛下对我们的友谊日益增进表示感谢；我对你的仁慈，使我老人感到安慰，只要你效法我，在各方面推进仁政及和平，你将治理得很好。我是在我二十五岁时登基的，我当时曾向上天祷告，如果我能治理六十年，我将把国政交给我儿子。现在由于上天的恩慈，我已经活了八十五岁，在位六十年。明年我将把帝国交付给我儿子，改变年代名称，不叫"乾隆"，将开始满文为"赛依冲加天真"，汉文为"嘉庆"元年，用拉丁文说就是 Laudabilis Felicitatis。将用满文被称为"登尼旧皇帝"，汉文为"太上皇"，用拉丁文就是 Valde' Magni Imperatoris。陛下将来如果为了什么事想和我们通信，可写给"赛依冲加天真"，汉文就是"嘉庆"。如果在我把国政交给我儿子后，有信给我，我将把它转交给下任皇帝处理，由他处理有关外国事务。有关促进友好，安排你的臣民来广州作生意等事宜，一切都按过去办理，我将吩咐他们按照常规进行。我们向你们这样保证，为了更好合作。

乾隆皇帝在信末还附了赠给英王礼品的清单，这些礼品都是由各色绸缎绫子所组成，每样 10 匹，总数为 140 匹。①

（三）传教士的活动

1. 传教士来华及其早期活动

紧步葡萄牙冒险家的后尘来到中国的是西方的传教士。他们来华的主要目的，是要进行一场精神战争，"做耶稣的勇兵，替他上阵作战，来征讨这崇拜偶像的中国"②（利玛窦语）。

为了征服中国，殖民者感到光凭武力难于奏效。所以，自从葡萄牙人受到中国武力驱逐之后，葡萄牙国王就于 1540 年请求罗马教皇派传教士到中国活动。第二年，教皇保罗三世即派遣耶稣会传教士方济各·沙勿略（Francois Xavier）东来。1552 年 10 月，沙勿略乘船到达广东省沿海的上川岛。他曾请求中国商人送他去广州，但是遭到拒绝，不久就因病死在上川岛。从沙勿略来华开始，到 1579 年止，近 30 年间，先后来到中国传教的西方传教士共有 57 人（葡萄牙多明我会士 1 人，西班牙奥斯会士 2 人，耶稣会士 32 人，方济各会士 22 人）。……由于他们语言不通，不懂中国民情风俗，同时

---

① 参见萧致治、杨卫东编撰：《鸦片战争前中西关系纪事（1517—1840）》，湖北人民出版社 1986 年版，第 257—260 页。

② 〔法〕裴行化著，王昌社译：《利玛窦司铎和当代中国社会》第 1 册，上海土山湾印书馆 1943 年版，第 1 页。

遭到地方当局反对，因此先后到广州、肇庆、福州、漳州等地进行传教活动，都没有取得什么效果。

1578 年，全印度及远东耶稣会传教视察员范礼安（Alessandro Valignano）来到澳门视察，在那里停留达 10 个月之久。他总结了在华传教的失败教训，认为要顺利开展传教工作，传教士应该学习中国语言，阅读中国书籍，采用适合中国情况的传教方法，并应招致有才干的会士赴华传教。根据他的意见，意大利籍的耶稣会士罗明坚（Michel Ruggieri，1543—1607 年）和利玛窦（Matteo Ricci，1552—1610 年）先后从印度果阿到达中国。

利玛窦在华近 30 年，除传教外，为传播和交流中西文化做了大量工作。他和徐光启"朝夕过从，殆无虚日。问道之余，讲求西法，利子口译，公则笔之。天文、地理、形性、水利诸学，罔不探究"（《增订徐文定公集》卷首下），曾将欧洲天文、地理、数学等许多方面新知识介绍到中国；同时又将儒家经典译成拉丁文向欧洲介绍，并编写了《中意萄字典》和《中国文法》，供欧洲人学习之用，在促进中西文化交流中起到了不可磨灭的作用。

在利玛窦的倡导下，不少传教士也开始运用儒家经典传教，并积极从事中西文化交流工作。明末时期，著名的传教士有意大利人熊三拔（Sabbatino de Ursis）、龙华民（Nicolas Longobardi）、毕方济（Francois Sambiasi）、艾儒略（Jules Alenio）、罗雅各（Giacomo Rho）、王丰肃（Alfonso Vagnono），法国人金尼阁（Nicolas Trigault），日耳曼人汤若望（Johann Adam Schall von Bell），瑞士人邓玉函（Johann Terrenz），葡萄牙人阳玛诺（Emmanuel Diaz）、孟三德（Edouard de Sande），西班牙人庞迪我（Diego de Pantoja）等。由他们介绍或与中国学者合作的重要科技著作有以下几类。

（1）数学方面:《几何原本》，利玛窦、徐光启合著。《圜容较义》，利玛窦口述，李之藻译。《测量法义》，利玛窦口述，徐光启译。《测量全义》，罗雅各著。《同文算指》，利玛窦口述，李之藻译。

（2）物理方面:《远西奇器图说》，邓玉函著，王征译述。《远镜说》，汤若望编著。

（3）水利机械方面:《泰西水法》，熊三拔著，徐光启译。

（4）天文历书方面:《乾坤体义》，利玛窦著，李之藻译。《浑天仪说》，汤若望编著。《测食说》，汤若望编著。《西洋测日历》，汤若望著。《崇祯历书》（四库全书改名《新法算书》），徐光启等编著。

（5）地理方面:《万国舆图》，利玛窦著。《职方外纪》，艾儒略、杨廷筠等编译。

这些科学知识，有些很切合当时的需要，使人们耳目一新，促进一些有识之士积极学习西方知识，发展中国科学技术。可惜的是，这些科学技术没有引起明朝最高当局的足够重视，致使这些西方科学成就未能在中国推广。中国越来越落在世界先进国家的后头。[①]

2.清初传教士的活动

顺治元年（1644年），以汤若望、龙华民为首的传教士，即利用自己所长，积极为新朝效力，从而很快取得了清朝统治者的信任。

顺治元年（1644年）五月十一，汤若望上疏摄政王，要求保护修历、天文仪器和已刻书板……同年十一月，清廷令汤若望掌管钦天监印信，"所属该监官员，嗣后一切进历、占候、选择等项，悉听掌印官举行"（《清世祖实录》卷一一）。1646年（顺治三年）加太

---

① 参见萧致治、杨卫东编撰:《鸦片战争前中西关系纪事（1517—1840）》，湖北人民出版社1986年版，第34—40页。

常寺卿。1653 年（顺治十年），"赐号通玄教师"，后又"加通政使，进秩正一品"（《清史稿》列传五九，《汤若望传》），汤若望的父母也受到追封，颁给诰命。顺治帝亲政以后，对他更是恩施格外。他告诉汤若望可以不拘礼节，随时进宫求见，并多次赴汤的寓所登门求教。据统计，1656—1657 年（顺治十三年至顺治十四年）两年间，顺治帝福临曾 24 次去汤的寓所，甚至在汤的寓所过他的生日（魏特：《汤若望传》，第 277 页）。1661 年（顺治十八年），汤若望 70 岁生日时，顺治帝特意允许一些名宦士大夫前往祝贺。

传教士汤若望像

康熙帝玄烨早年对传教士的态度也很好。康熙亲政时，汤若望已于 1666 年（康熙五年）8 月 15 日去世，他提拔南怀仁为监正，并颁布了谕祭汤若望文，肯定他"鞠躬尽瘁"的劳绩，为他平反昭雪。

康熙帝和以往皇帝不同的是，对西洋技术不只满足于观赏，而且身体力行地去学习。他请南怀仁担任自己的老师，教授天文和测量。以后又请了徐日升（Thomas Pereira，1645—1708 年）、闵明我（Philippe Marie Grimaldi，1639—1712 年）等轮流讲学。西方的科学知识开阔了他的视野。他的兴趣愈来愈广，除学习科学技术之外，对欧洲的风俗、礼节、国情甚至哲学思想，他也仔细询问，并要求传教士把哲学著作译成中文。

康熙年间，天主教堂已遍布了全国各省的重要城市，"京师则宣武门之内，东华门之东，阜成门之西，山东则济南，东南则淮安、扬州、镇江、苏州、江宁、常熟、上海，浙江则杭州、金华、兰溪，闽则福州、建宁、延平、汀州，江右则南昌、建昌、赣州，东粤则广州，西粤则桂林，楚则武昌，秦则西安，蜀则重庆、保宁，晋则太原、绛州，豫则开封，凡十三省三十处皆有天主堂"（《中西纪事》卷二，第4页），平均每年约有30名传教士在中国活动，除部分在京供职外，传教士的足迹遍及中国本部各省，在华天主教徒约15万。其中耶稣会属教徒最多，计有11万人左右。隐然形成一股不可轻视的潜势力。①

3. 东正教传教士来华及其活动（1715—1840年）

东正教是基督教的一支。1054年，基督教东西两派正式分裂，以君士坦丁堡为中心的东部教会自称"正教"，意为"正宗的教会"，与自称"公教"（即天主教）的西部教会对峙。正教不承认罗马教皇有高出其他主教的地位与权力，主张主教以外的其他教士可以结婚，在教义和信条上与天主教亦略有分歧。

公元988年，基辅罗斯大公基米尔·斯维亚托斯拉维奇受洗入教，俄罗斯人信奉基督教由此开始。当时东部各国的教会均由以君士坦丁堡为中心的东正教会控制，因此俄罗斯人信奉的也是属于东正教。

东正教最初传入中国是在17世纪60年代。当时沙俄殖民者重占了雅克萨，在该地修建了一座名为"基督复活"的教堂，1671年，

① 参见萧致治、杨卫东编撰：《鸦片战争前中西关系纪事（1517—1840）》，湖北人民出版社1986年版，第88—91页。

又在城郊修了一座"仁慈救世主"修道院，强迫当地居民信教。80
年代，清军为了驱逐沙俄侵略者，发动了雅克萨之战。雅克萨收复
后，教堂和修道院皆被平毁。但是在战斗中，有一些俄兵被俘，还
有一些俄兵主动投奔清朝。清政府把这些人编入镶黄旗满洲第四参
领第十七佐领，受到和旗人同等的待遇。康熙为了尊重他们的宗教
信仰，特允许在北京东直门内胡家圈胡同驻地建立一座三间房的小
庙（后称俄罗斯北馆），名为"罗刹庙"，教务活动由 1685 年随同
俄俘来北京的神父马·列昂节夫（清朝文书作马克希木·列温提耶夫）
主持。但是，后来他们擅自将此庙改为东正教教堂，接受沙俄托博
尔斯克教区送来的教会证书，并把教堂命名为"圣尼古拉"教堂。

俄国一再请求在北京建教堂，派教士来华，虽然连遭拒绝，但
并不死心。1711 年，商人奥斯科尔科夫（图理琛《异域录》作科密
萨尔）又一次向理藩院提出请求。这时因为清廷将派图理琛等经俄
境出使徙居伏尔加河下游的蒙古土尔扈特部，才同意了他的请求。
1714 年 12 月，当图理琛等完成出使任务，归途中经过托博尔斯克
时，俄国即派遣修士大司祭伊拉里昂、司祭拉夫连季、辅祭菲利蒙
及 7 名教堂辅助人员和仆役组成的"北京传教士团"随同前来，于
1715 年 4 月 20 日抵达北京。这就是俄国正式派遣的第一个"北京传
教士团"。后来通过签订《恰克图条约》，沙俄便正式取得了定期向
中国派遣传教士团的权利。此后，大体上每隔十年，俄国即派遣新
教士团前来接替旧教士团。从 1715 年至 1840 年，共计派遣了 11 批
传教士团来京。

当时俄国在北京没有常驻的外交代表机构，这个传教士团实际
成了俄国派驻北京的耳目。它经常向俄国政府报告中国的政治形势
和经济情况。开初尚属俄国政府西伯利亚事务衙门领导，19 世纪上

半叶干脆归沙俄外交部直接指挥，直到 19 世纪中叶，北京的俄国传教士团还被公开称为"传教会和使团"（加·加恩：《彼得大帝时期的俄中关系史》，第 271 页）。①

（四）宫廷数学家

数学是我国人民很擅长的学科，在古代，我国数学成就曾名列世界前茅，到明代衰落下来，古算几成绝学。明末，西算传入中国，从徐光启翻译《几何原本》前六卷起，直到康熙时编成《数理精蕴》，这是我国历史上第一次西算输入时期，雍正以后到鸦片战争以前，又为古算复兴时期。介绍西算和复兴古算构成了清前期数学发展的两大内容。

清初的历法大辩论，新法以计算精确战胜旧法，这件事使知识界对数学重视起来。康熙又聘请传教士徐日升、白晋、张诚、安多等入宫，讲授几何、代数、天文、物理等科学知识，这就推动了数学的蓬勃发展，出现了方中通、梅文鼎、梅毂成、明安图、王元启、董佑诚、项名达等著名数学家。②

徐日升（Thomas Perira，1645—1708 年），葡萄牙人，字寅公。天主教耶稣会传教士。康熙十一年（1672 年）来华。次年，因南怀仁荐，至京任康熙帝音乐教师。后继南怀仁任钦天监正。二十八年（1689 年），同张诚以译员随索额图赴尼布楚参加中俄边界谈判。

---

① 参见萧致治、杨卫东编撰：《鸦片战争前中西关系纪事（1517—1840）》，湖北人民出版社 1986 年版，第 168—171 页。

② 参见戴逸主编：《简明清史》第 2 册，人民出版社 1984 年版，第 307 页。

四十七年（1708年）卒于北京。著有《徐日升日记》等。①

白晋（Joachim Bouvet，1656—1730年），法国人，字明远。天主教耶稣会士。康熙二十六年（1687年），受法王路易十四派遣，与张诚等来华传教。次年抵京，留宫中讲授西学。三十二年（1693年）奉康熙帝命，回国聘请科学家，并携去赠法王之礼品。内有精印书籍49册等。三十八年（1699年）再次来华。四十五年（1706年）曾奉康熙帝命出使罗马教廷，后因故从广州召回。四十七年（1708年）参与测绘《皇舆全览图》。雍正八年（1730年）病卒于京。著有《中国皇帝之历史肖像》（即《康熙帝传》）《易经总旨》《古今敬天鉴》《汉法小字典》等。②

张诚（Jean Francois Gernbillon，1654—1707年），法国人，字实斋，天主教耶稣会传教士。康熙二十六年（1687年），受法王路易十四派遣，与白晋等来华传教。次年抵京，携来西方天文仪器、图书多种。二十八年（1689年）与徐日升同为中方译员，参加尼布楚中俄边界谈判。曾八次随康熙赴满蒙各地巡行。后因通晓历法，留京供职。译著有《实用几何学》（与白晋合译）《满文字典》《张诚日记》等。③

方中通（1634—1698年），清江南桐城（今属安徽）人，字位伯，号陪翁。明清之际的著名学者方以智次子。通晓天文、物理、历算。所著《数度衍》一书，是一部数学百科全书，为中国论述对

---

① 参见《中国历史大辞典　清史卷》（上），上海辞书出版社1992年版，第425页。
② 参见《中国历史大辞典　清史卷》（上），上海辞书出版社1992年版，第124页。
③ 参见《中国历史大辞典　清史卷》（上），上海辞书出版社1992年版，第265页。

数论之第一人。另著有《揭方问答》《音韵切衍》等。①

梅文鼎（1633—1721 年），字定九，号勿庵，安徽宣城人。他毕生致力于数学和历学研究。为学兼采中西。他说："法有可采，何论东西；理所当明，何与新旧。"由于当时西方的数学刚刚传到中国来，书籍不多，论证和图解不易理解，梅文鼎做了大量的整理、疏解和阐述工作，语言通俗流畅，"往往以平易之语，解极难之法，浅近之言，达至深之理"。

梅文鼎对三角、几何造诣甚深。三角是钻研历学的工具，"不明三角，则历书佳处必不能知，其有缺处亦不能正矣"。他的《平三角举要》一书，系统阐述了三角定义、定理、三角形的解法以及在测量中的应用，是当时学习三角的一本入门书。他的《弧三角举要》《环中黍尺》对球面三角学作了详细阐发，并创造了球面三角形的图解法。他在几何学方面，用勾股定理证明了《几何原本》前六卷中的许多命题，认为："几何不言勾股，而其理莫能外。故其最难通者，以勾股释之则明。"他在《几何补编》一书中又提出对当时尚未从欧洲传来的各种等面体体积的计算方法和原理；他对"理分中末线"（即黄金分割线）的作用也做了多年探索，找到了此线在量各种多面体体积的用途。梅文鼎对历法的研究也很有成就，主要研究古历，弄清明朝所用的《大统历》导源于郭守敬的《授时历》，而《授时历》则是我国历法上一部"集古法之大成"的最优秀的历法。

梅文鼎治学态度非常严肃认真。每得一书，皆为正其讹缺，指其得失，残编散帖，手自抄集，一字异同，不敢忽过，再三推求，往往废寝忘食。他的著作十分丰富，共有 88 种，其中算学书 26 种，

---

① 参见《中国历史大辞典　清史卷》（上），上海辞书出版社 1992 年版，第 83 页。

历学书62种。他在数学方面，成就尤其突出。1705年，康熙南巡途中，曾一连三次召见他，同他讨论数学和历法，并赐给他"绩学参微"的匾额。后辈学者尊他为清代算学第一。

梅文鼎的数学研究成果直接为康熙末年编制《数理精蕴》提供了基础。

《数理精蕴》是明末清初西算输入时期一部带有总结性的数学巨著，也是代表我国当时最高水平的数学百科全书。它收集了明末清初传入我国的各种西算，系统而有条理地作了编排，也收集了当时有传本的中算精华。该书是在康熙亲自主持下，由梅文鼎的孙子梅毂成会同陈厚耀、何国宗、明安图等学者，在清宫内蒙养斋进行编纂的。并以康熙御制的名义颁行全国，因而流传很广，影响很大，是清代学习数学的必读书。①

明安图（1692—1765年）是清朝前期的一位成绩卓著的数学家。他是蒙古正白旗人，幼年入钦天监当官学生，是康熙亲自培养的数学人才，参加了《历象考成》《数理精蕴》的编纂工作。当时，法国传教士杜德美来华，带来了格里哥里三公式，即"圆径求周""弧背求通弦""弧背求正矢"（亦即三角函数展开式和 π 的无穷级数式的公式），但没有介绍证明这三个公式的方法，明安图经长期刻苦钻研，用几何连比例的归纳法，证明了杜德美所介绍的三公式，并进一步推导出另外六个新公式，即"弧背求正弦""弧背求矢""通弦求弧背""正弦求弧背""正矢求弧背""矢求弧背"，总称"割圆九术"。他撰写了《割圆密率捷法》，把三角函数和圆周率的研究提高到一个新水平。

---

① 参见戴逸主编：《简明清史》第2册，人民出版社1984年版，第307—308页。

19世纪初，数学家董佑诚撰《割圆连比例图解》，应用了和明安图不同的方法，同样证明了这些公式。另一数学家项名达，撰《象数一原》，推广了明安图的研究成果，得出用连比例求椭圆周长的公式，其计算程序符合椭圆积分的法则。

雍正以后，由于清政府禁止在中国传播天主教，来华的传教士大大减少，西学的输入也渐趋中断。数学研究便从接受西学转向挖掘和整理古算，贡献最大的是戴震。[①]

戴震（1724—1777年），清安徽休宁（今屯溪）人。他参加《四库全书》的编纂工作，从《永乐大典》中发现和整理出久已失传的许多古典算书。如《海岛算经》《五经算术》《周髀算经》《九章算术》《孙子算经》《五曹算经》《夏侯阳算经》。他又从南宋刻本的毛扆影抄本中抄辑出《张丘建算经》和《辑古算经》两种，连同明刻本的《数术记遗》共计十种。这十部算经于乾隆三十八年（1773年）由孔继涵刻入《微波榭丛书》，正式题名为《算经十书》。戴震还从《永乐大典》中抄辑出宋秦九韶的《数书九章》及杨辉的各种算书。

戴震像

---

① 参见戴逸主编：《简明清史》第2册，人民出版社1984年版，第309页。

《算经十书》和《宋元算书》是我国汉唐以来数学成就的结晶，是我国人民极为珍贵的文化遗产。这些著作在长期失传后，经戴震之手，又复与世人见面。清代学者对戴震"网罗算氏，缀辑遗经"的功劳，十分重视。自此以后，整理、校勘、注释古代天算著作的学风大盛。乾嘉时期，李锐校订注释了元代李冶的《测园海镜》《益古演段》两书，李潢校注了《九章算术》《海岛算经》《辑古算术》，并撰写了详细的解题图说。阮元和罗士琳先后找到了元代朱世杰的名著《四元玉鉴》和《算学启蒙》，罗士琳用了 12 年时间，钻研天元术和四元术，补漏正误，推演订正，写出《四元玉鉴细草》一书，于道光十四年（1834 年）刻印出版，使亡佚了 500 年之久的天元四元术又重放异彩。

我国古代的数学成就激起了清代学者的民族自尊心和深入钻研古算的兴趣。清代数学人才辈出，著作繁多，大约有 500 人写了 1000 多种数学著作，超过了以往任何一个朝代，但因受乾嘉汉学的影响，多集中在对古算的整理、注释方面。在若干领域内，清代学者也作出了创造性的贡献。如陈世仁发展了宋元以来垛积术的研究，即高阶等差级数求和的方法；焦循注释《九章算术》，提出了加减乘除的交换律；还有汪莱和李锐继承宋代天元术和四元术，发展了方程论的研究，对方程根的性质以及根和系数的关系等进行探讨，都获得了很大的成绩。①

---

① 参见戴逸主编：《简明清史》第 2 册，人民出版社 1984 年版，第 309—310 页。

三　清王朝的对外交往

清政府一建立，就从顺治元年（1644 年）到康熙二十三年（1684年）的四十年间，实行了"片板不准下海，片帆不准入口"的海禁政策。康熙二十三年（1684 年），开放海禁，并在广州、漳州、宁波、云台山四个口岸通商。康熙五十六年（1717 年），清政府又颁布禁海令，只保留东洋贸易；允许南洋外人来华，不准中国商人前往。雍正五年（1727 年），清政府曾解除中国商人往南洋贸易的禁令。但到乾隆十二年（1747 年），又恢复了这条禁令。乾隆二十二年（1757 年），清政府关闭了其他 3 个口岸，只留广州一处作为外商来华的通商口岸。还设立了控制对外贸易的公行制度，并禁止浙丝、土丝、湖蚕、绫缎匹的输出。

受封建自然经济的影响，清政府不仅在国内实行重本抑末的政策，而且对海外贸易也极其轻视。清政府的闭关禁海政策在经济上限制了海外市场的发展和资本的原始积累。当时，中国国内市场相当狭小，由于封建经济结构的异常坚固，市场的开拓也十分艰难。而中国商品在海外市场还有很大的潜力。如果能开拓海外市场，不仅对社会经济的发展将开辟一条新路，而且将会给中国的资本原始积累提供重要的来源。当时有人估计，如果在国内贸易得利是一的话，那么将商品运至日本，可得利为五；再从日本载货回国贩卖，又可获利。如果到南洋进行对外贸易，利润更加丰厚，"其利十倍"。

明清之际，西方科学技术正在迅速发展，处于世界的领先地位。明代末叶，西方的许多现代科技知识，像天文、数学、物理、军事技术等曾经不断传入中国。当时日本也要借助汉语译本来学习西方的科学技术。清政府实行闭关锁国的政策，限制了科学技术的发展，使我国的社会生产力长期处于停滞状态，与西方近代工业革命的发展形成巨大的反差。由于禁海，中国的航海业和造船业也由世界领先地位而一落千丈。16世纪前，中国的造船技术仍居世界领先地位，明万历二十五年（1597年），中国的远洋帆船有137艘，清嘉庆二十五年（1820年）前后，行驶东南亚和日本的远洋帆船才为295艘，总吨位为85.2万吨，230多年的时间，船只增长了一倍多。而英国1770年航海船只为70万吨，至1792年，20年间发展到154万吨，也是增长一倍多。[①]

行商制度在清朝政府闭关政策中占着极重要的地位。它一方面是垄断性的商业组织，一切外国进口货物，由其承销，内地出口货物，由其代购，并负责规定进出口货物的价格。另一方面，行商又受政府的委托，执行政治上的职能，外国商人来华贸易，并不直接向粤海关纳税，一律由行商代收代纳，若有漏税欠税，行商负责赔偿。行商又代政府办理交涉事宜，外商不准和官府直接交往，一切命令、文书都由行商转达。所以，行商实兼有商务和外交的两重性质。

闭关政策导致了中国航海业的衰落。在明代以前，中国的航海业居于世界的先进行列。15世纪初，郑和下西洋是世界航海史上的壮举，到明嘉靖十六年（1537年），外国人还见到拥有40艘大帆船的中国商船队航行于南中国海。此后，欧洲殖民主义势力到达远东，

---

① 参见史仲文、胡晓林主编：《中国全史》第17卷《中国清代经济史》，人民出版社1994年版，第84—86页。

世界航海事业突飞猛进；而中国政府却在闭关自守，千方百计限制航海事业。清政府规定：出海商船不得超过 500 石，"如有打造双桅 500 石以上桅式船只出海，不论官兵民人，俱发边地充军"，乘船出海的水手、客商"各给腰牌，刻明姓名、年貌、籍贯，庶巡哨官兵易于稽查"。中国的航海业，受到种种束缚，无法赶上外国。昔日出没于东南亚海面上的大型中国船队遂告绝迹。

闭关政策也严重地打击了中国的对外贸易商人和华侨。中国的商人和华侨很早就在东南亚各地活动。对当地和中国的经济交流作出了贡献。清政府不但不给予支持、鼓励，反而多方阻挠他们出国贸易。如雍正帝对出国的商人和华侨极为歧视，他说："此辈多系不安本分之人，若听其去来任意，伊等益无顾忌，轻去其乡而飘流外国者益众矣。嗣后应定限期，若逾限不回，是其人甘心流移外方，无可悯惜，朕亦不许令其复回。如此则贸易欲归之人，不敢稽迟在外矣"（《皇朝文献通考》卷三十三，第十二页，雍正五年谕）。

中国一直是对外贸易的出超国，有发展贸易的有利条件，18 世纪和 19 世纪初，到广州的外国商人日益增多，贸易规模越来越大。但由于清政府禁令森严，中国的大商人都视远洋贸易为畏途，只有一些小商小贩零星地贩运货物出洋，对外贸易的主动权和高额利润长期由外国商人所垄断。当时也有个别商人，积攒了资本，自造了船只，具有与外商竞争的雄心和一定实力，但在清政府的打击下不能开展业务，反而家破人亡。如康熙时上海的大商人张元隆"广置洋船，海上行走"，"声名甚著，家拥厚资，东西两洋、南北各省，倾财结纳"，张元隆还想打造远洋帆船 100 艘与外国商船竞胜。而当时的江苏巡抚、顽固的理学家张伯行把这样的大商人视为眼中之钉、肉中之刺，竟制造冤狱，诬陷张元隆结交海盗，罗织株连，严刑逼供,夹毙船户 12 人,拖延五年不结案。在这样的封建统治下,中国商人的对外贸易根本无法开展。

闭关政策对中国的社会经济危害极大。如中国出口货物的大宗是茶叶,产于福建、安徽。清政府规定:茶叶必须在内地陆路运输到广州,不准由海上就近运输。经过长途迂回,沿途关卡,层层勒索,不但成本增加,而且运输期长,茶叶易变质。嘉庆年间,有人请求准许福建茶叶在厦门出口,清廷"传旨申饬",说是"明系由奸商怂恿,冒昧陈请",顽固地坚持长途运输茶叶的旧政策,说什么"虔受约束,为法甚善,必应永远遵行"。类似这种不合理的规章制度严重地阻碍了生产的发展和人民生活的改善。

闭关政策也妨碍了中国人学习世界先进的思想文化和科学技术。17 世纪和 18 世纪,西欧走出了中世纪的牢笼,文化思想和自然科学迅速发展,放射出光辉异彩。而中国知识界闭目塞聪,沉溺于理学、八股、考据、词章之中,踏步不前。清政府十分害怕中外文化的交流,把外国文化科学视为离经叛道的邪说,限制外国书籍、文字的流传。康熙时,北京和各地方有一批外国耶稣会传教士,他们带来某些科学知识,但由于中国的社会条件和政府禁令,这点有限的科学技术知识也得不到传播、推广,不可能在中国生根、开花和结果。康熙末,清朝和罗马教廷发生争执,限制了传教活动。雍正初,完全禁止天主教,这就像把脏水和孩子一起倾倒掉一样,掐断了中西文化仅有的一点薄弱联系。中国被紧密地封闭着,知识界不但不可能向外国学习,也根本不了解中国以外的情况。资本主义的欧美诸国日新月异,而封建的中国停滞不前,依然故我,越来越落后下去。①

---

① 参见戴逸主编:《简明清史》第 2 册,人民出版社 1984 年版,第 519—524 页。

四　巩固封建专制

（一）秦朝：专制主义中央集权制度的建立

公元前221年，秦王政（前246—前210年在位）统一六国，结束了长期的诸侯割据局面，建立了一个以咸阳为首都的幅员辽阔的国家。这个国家的疆域，东至大海，西至陇西，南至岭南，北至河套、阴山、辽东。秦王政兼采传说中三皇五帝的尊号，宣布自己为这个国家的第一个皇帝，即始皇帝，后世子孙代代相承，递补称二世、三世皇帝。他认为帝王死后以其行为为谥的制度，是"子议父，臣议君"，有损于帝王的尊严，所以宣布取消。他规定皇帝自称"朕"，并制定了一套尊君抑臣的朝仪和文书制度。这些都为了显示皇帝的无上权威，表示秦的统治将万世一系，长治久安。

周代以来封国建藩的制度，与专制皇权和统一国家是不相容的，所以必须加以改变。秦始皇二十六年（前221年），丞相王绾请封诸皇子为燕、齐、楚王，得到群臣的赞同。廷尉李斯力排众议，主张废除分封诸侯的制度，全面推行郡县制度。秦始皇接受了李斯的建议，把全国分成三十六郡，以后又陆续增设至四十余郡。这些郡完全由中央和皇帝控制，是中央政府辖下的地方行政单位。中央集权的制度从此确立。秦始皇二十八年（前219年）的峄山刻石辞说："追念乱世，分土建邦，以开争理"；"乃今皇帝，壹家天下，兵不复起"。这说明秦始皇认为废分封行郡县是消除各地兵争所必需的。

秦始皇以战国时期秦国官制为基础，把官制加以调整和扩充，建成一套适应统一国家需要的新的政府机构。在这个机构中，中央设丞相、太尉、御史大夫。丞相有左右二员，掌政事。太尉掌军事，不常置。御史大夫是丞相的副贰，掌图籍秘书，监察百官。丞相、太尉、御史大夫以下，是分掌具体政务的诸卿，其中有掌宫殿掖门户的郎中令，掌宫门卫屯兵的卫尉，掌京畿警卫的中尉，掌刑辟的廷尉，掌谷货的治粟内史，掌山海池泽之税和官府手工业制造以供皇室的少府，掌治宫室的将作少府，掌国内民族事务和外事的典客，掌宗庙礼仪的奉常，掌皇室属籍的宗正，掌舆马的太仆等。丞相、太尉、御史大夫与诸卿议论政务，皇帝作裁决。

地方行政机构分郡、县两级。郡设守、尉、监（监御史）。郡守掌治其郡。郡尉辅佐郡守，并典兵事。郡监司监察。县，万户以上者设令，万户以下者设长。县令、长领有丞、尉及其他属员。郡、县主要官吏由中央任免，县下有乡，乡设三老掌教化，啬夫掌诉讼和赋税，游徼掌治安。乡下有里，是最基层的行政单位。里有里典，后代称里正、里魁，以"豪帅"即中强有力者为之。此外还有司治安、禁盗贼的专门机构，叫做亭，亭有长。两亭之间，相距大约十里。

早在秦献公十年（前375年），秦国就建立了以"告奸"为目的的"户籍相伍"制度。……秦王政统治时期，户籍制度趋于完备。……秦始皇统一六国以后，以秦律为基础，参照六国，制定了全境通行的法律。秦律经过汉朝的损益，成为唐以前历代法律的蓝本。

维持一个大国的统一，还需要强大的军队，秦军以灭六国的余威，驻守全国，南北边塞是屯兵的重点。秦制以铜虎符发兵，虎符剖半，右半由皇帝掌握，左半在领兵者之手，左右合符，才能调动军队。这是保证兵权在皇帝手中的重要制度。秦军是一支前所未有的巨大的震慑力量。近年发掘的秦始皇陵侧的兵马俑坑，估计其中两坑有武士俑 7000 件，战车百乘，战骑百匹。武士俑同真人一样高大，所持武器都是实物而非明器。这种车、步、骑兵混合编组的大型军阵，其规模之大，军容之盛，是秦军强大的表征。

秦始皇像

秦始皇不但建立了一套专制主义中央集权的统治机构和制度，而且还采用了战国时期阴阳家的终始五德说，以辩护秦朝的法统。终始五德说认为，各个相袭的朝代以土、木、金、火、水等五德的顺序进行统治，周而复始。秦得水德，水德尚黑，所以秦的礼服旌旗等都用黑色；与水德相应的数是六，所以符传长度、法冠高度各为六寸，车轨宽六尺。水德主刑杀，所以政治统治力求严酷，不讲究"仁恩和义"；与水德相应，历法以亥月即十月为岁首；等等。秦始皇还确定了一套与皇帝地位相适应的复杂的祭典以及封禅大典，择时进行活动。秦始皇在咸阳附近依照关东诸国宫殿式样营建了许多宫殿，并于渭水之南修造富丽宏伟的阿房宫。咸阳宫殿布局取法于天上的紫微宫，俨然是人间上帝的居处，天下一统的象征。秦始皇还在骊山预建陵寝，墓室中以水银为百川、江河、大海，机相灌输，上具天文，下具地理。他采取这些措施，和他采用皇帝的名号一样，是要表示他在人间的权力与上帝在天上的权力相当，从而向臣民灌输皇权神秘的观念。皇权神秘观念，是专制主义中央集权制度的思想基础。

皇权的加强和神化，郡县制的全面推行，体现专制皇权的官僚机构和各种制度的建立，法律的完备和统一，皇帝对军队控制的加强等，这些就是专制主义中央集权制度的主要内容。专制主义中央集权制度，在当时的条件下是维持封建统一所不可少的条件。但是这种政治制度对百姓的束缚极大，而且它对经济文化发展的促进作用也可以转变为阻滞作用，这在封建社会后期更为显著。①

（二）宋朝：专制主义中央集权制度的完善

在消灭各封建割据政权的同时，宋太祖、宋太宗还逐步加强了专制主义中央集权制的统治。安史之乱以来，藩镇之所以能够与中央皇室对抗，主要在他们"既有其土地，又有其人民，又有其甲兵，又有其财赋"，掌握和控制了地方的各种权力。为改变这种情况，宋太祖采取如下措施：

（1）削夺其权。为削弱节度使的行政权力，把节度使驻地以外的州郡——"支郡"直属京师。同时派遣中央政府的文臣出任知

宋太祖像

---

① 参见周一良、邓广铭等编：《中国历史通览》，东方出版中心 1994 年版，第 167—170 页。

州、知县，"列郡各得自达于京师，以京民权知"。这一制度逐步推行后，到宋太宗初年，西北边境州郡也都换上了文官。宋代虽然保留了节度使的名义，但在北宋初年，事实上已降为某一州郡的长官，后来更徒具空名，而不到节度使驻地赴任。即使如此，宋太祖仍恐州郡长官专权，一面采取三年一易的办法，使州郡长官频频调动，一面又设置通判，以分知州之权，利用通判与知州之间的相互制约，使一州之政不致为知州把持，防止偏离中央政府的统治轨道。

（2）制其钱谷。宋初于各路设置转运使，将一路所属州县财赋，除"诸州度支经费"外，全部运输至宋统治中心开封。前此藩镇以"留州""留使"等名目而截留的财物，一律收归中央。

（3）收其精兵。宋太祖继承了周世宗的许多做法，派遣使臣到各地，选拔藩镇辖属的军队，"凡其材力伎艺过人者，皆收补禁兵，聚之京师以备宿卫"。藩镇的兵权也逐步被剥夺净尽。与此同时，在次第削平南方诸国后，下令拆毁江南、荆湖、川峡诸地的城郭，于是可能被藩镇用来抗拒中央的城防也被撤除了。

在上述变革之下，全国各地的"兵也收了，财也收了，赏罚刑政一切收了"，从而极大地加强了中央政府的统治力量。就宋代行政体制看，"收乡长、镇将之权悉归于县，收县之权悉归于州，收州之权悉归于监司，收监司之权悉归于朝廷"，"以大系小，丝牵绳连，总合于上"，把中央集权制强化到空前未有的程度。前此那些藩镇割据势力被完全铲除。在宋朝统治的300余年中造成一个"无腹心之患"的统一的政治局面。

军队和官僚机构是维护和运转中央集权制的两个重要工具，宋太祖、太宗采取种种防微杜渐的政策和措施，极力使这两个工具适应专制主义的需要，从而表现了皇帝权力的空前加强。范浚在《五代论》中指出："兵权所在，则随以兴；兵权所去，则随以亡。"这段话揭示了唐末五代以来，在政治局面变换中，兵权所起的决定性作用。

此外，在设官分职、科举考试制度等方面，也都体现了专制主义中央集权的加强。

宋太祖、太宗建立的一些制度，大大加强了宋朝的专制主义中央集权，造成了统一的政治局面，为经济、文化的高度发展创造了良好条件。但是由于"以防弊之政，作立国之法"，一些强化专制主义中央集权制的政策和措施，转化成为它的对立面，"冗长""冗官"和"冗费"与日俱增，使宋封建国家陷于积贫积弱的局势中。①

（三）明朝：专制主义中央集权制度的发展

（明朝）中央机构的设置最初沿袭元朝制度。洪武十三年（1380年）胡惟庸案发后，废丞相不设，使吏、户、礼、兵、刑、工六部直隶于皇帝，并令后代不得再置丞相。明初设大都督节制中外诸军事，但因其权太重，也于同年废除，改由前、后、左、中、右五军都督府分领全国各卫所，并使其与部分权。后部有出兵之令而无统兵之权，五军都督府有统兵之权而无出兵之令，军权自此也被分割。……洪武十四年到十五年（1381—1382年），明太祖又设立都察院和大理寺两个机构，与刑部合称为"三法司"。刑部受天下刑名，都察院纠察百官，大理寺司驳正，最后由皇帝裁决。洪武九年（1376年），明朝政府即在中央设置通政使司，接纳天下臣民的章

---

① 参见周一良、邓广铭等编：《中国历史通览》，东方出版中心1994年版，第492—496页。

奏。这样，就使政、军、法集中于皇帝一身。

地方官制最初也沿袭元代制度，置行中书省或中书分省，有平章政事、参知政事等官，平章政事总揽一行省中的兵、刑、钱、谷等事，职权甚重，中央极难驾驭。洪武九年（1376年），明朝政府改行中书省为承宣布政使司，与提刑按察使司和都指挥使司合称三司，布政使掌民政和财政，提刑按察使掌刑，都指挥使掌兵，分三衙门互不统属，分别隶属于朝廷各部院。边方各地则执行都指挥使司或由宣慰使司、宣抚使司统管。无论内地或边方，都须分别听命于朝廷。

明太祖为了加强监察机构的职能，改御史台为都察院，设都御史、副都御史、佥都御史等官，下属十二道或十三道监察御史。都御史、副都御史或尚书、侍郎，永乐后多挂衔出使，为地方的巡抚或总督，事毕撤除。监察御史虽为七品小官，但可访风问俗，提调复审冤案，罢黜官吏，一般事皆可自决，大事可直奏皇帝，为天子耳目之臣。这种

明太祖像

制度，起到了加强朝廷控制地方的作用。

明朝政府设置了比唐、宋更为完备的科举和学校制度，以培养封建政权的候补官僚。学校分为府州县和国子学两种，国子学后改名国子监，在府州县学读书的学生称生员，在国子学读书的学生称监生，监生大多数是地方官僚的子弟，其中还有一部分是土司的子

弟。府州县生员可入国子学读书，也可以通过考举人、进士得官。国子学结业后则可直接做官，或经科举做官。……永乐后，学校和荐举并存，但科举最为通行，仕途日狭。

为了加强封建国家的武装力量，明太祖仿唐府兵制，参以元法，颁行卫所制度。军队的来源有从征、归附、谪发、垛集，主要是靠垛集，即征兵，军士别立户籍，叫做军户。军户出正军，但防守或屯种也由其出余丁供给。遇国家有事，兵部派遣都督充总兵官统领，事罢撤除。这样，兵部、都督府、总兵官都不能独专兵权。

明太祖提倡法制，刑用重典。他和他的臣属用了二三十年的时间来制定《大明律》。该律在佃农、雇工、奴婢对田主的人身依附关系方面虽比以前略有松弛，但更重要的是明朝政府为维护地主阶级国家的统治，在新的历史条件下，把地主阶级的特权在法律上重新巩固下来。明律简于唐律，严于宋律。所规定的擅专铨法、纠集朋党者斩等律令均为首创。明太祖在明律外，又颁布《大诰》《大诰续编》《大诰三编》和《大诰武臣》，记载了很多有关打击豪强、惩治贪污以及防止人民流亡的事例和法令。凡《大诰三编》所列，凌迟、枭首、族诛成千上百，斩杀不下万数。

洪武十五年（1382 年），设专门从事特务工作的锦衣卫，其下有镇抚司，设有法庭、监狱和各种残酷的刑具。锦衣卫由皇帝直接派人率领，职能是侍卫皇帝，司仪仗，特别是专门镇压京师地区劳动人民的秘密结社组织和反抗活动，同时也侦察、逮捕那些企图反叛皇帝的勋臣和官僚。镇抚司的法庭、监狱叫"诏狱"，俗称"天牢"，仿自前代，刑罚最为凶残。明朝酷政之一的廷杖，在洪武时已开其先。

专制主义中央集权政治的加强还表现在对人民和土地的严格控

制上。洪武十四年（1381 年），明朝政府在洪武三年制定的户贴的基础上，经过长期的户籍调查，在各地编制了赋役黄册。二十四年（1391 年）准奏攒造赋役黄册格式。黄册以户为主，详细登录各户人丁、事产及其变动的情况，每隔十年要重新编造一次。洪武二十年（1387 年），明朝政府又经过普遍丈量土地，在各州县编制了鱼鳞图册，以土地为主详细记载了每乡每里每户土地的类别、亩数和方圆四至，有的鱼鳞图册在地主土地项下还附有佃户的姓名。明朝统治者通过黄册和鱼鳞图册来掌握和控制户籍和土田，进行赋税和徭役的剥削。

明朝政府还设立了里甲制和关津制。里甲是与黄册同时规定的，是一种役法，按丁多少分为上、中、下三等户，以 110 户为一里，推举有钱有势的十家地主轮流担任里长，其余百户分为十甲，每甲十户。各设甲首一人，里长和甲首各十年轮充一次。每里设老人一名，司教化，劝农桑，平诉讼，止流亡。里甲内不得隐藏人口，亦不得任意流徙，否则四邻都要连坐。关津制系里甲的补充，是在全国冲要去处，分设巡检司盘查行人。明律规定，出行百里外，没有州县卫发给的路引（通行证）者，民以逃民论，军以逃军论。里甲和关津把农民牢固地管束起来，强制他们屈从于地主和封建国家的统治。

明太祖在加强专制集权政治过程中，对某些地区的豪强地主进行了打击，他曾经籍没苏州、嘉兴、松江、湖州等地豪族富民的土地，并把全国各地近两万户的富民强行迁徙到临濠和南京，避免他们为害地方，也为借其力量，充实和繁荣京师。为制止严重的贪污行为，明太祖对贪官污吏实行苛刑峻法。在洪武十五年（1382 年）的空印案和十八年（1385 年）的郭桓案中，数百名官吏被处死刑，下狱达数万人，追赃达数万石。加强中央集权的统治和肃清吏治方面有积极作用。明太祖还两次兴起大狱，打击功臣和官吏、富豪，十三年（1380 年）丞相胡惟庸案，牵连被杀者达 30000 人，公侯伯坐死者 20 余人；二十六年（1393 年）蓝玉案，被杀者亦有 15000 余人，公侯伯坐死者 15 人。两案初为解决统治阶级内部相权与君权的矛盾而兴，后发展为明皇室与功臣之间的矛盾斗争。"胡蓝之狱"其实是朱元璋为加强中央集权、提高皇权而使用的手段，但杀戮太过，株连甚众，给明朝政权的巩固带来了严重的后果。[①]

（四）清朝：封建专制主义皇权的加强

清朝政权是以满族贵族为主体的满汉地主阶级的联合专政，是专制主义中央集权制度的高度发展形态，皇权是这一政治制度的核心。

清王朝吸取了历代专制统治的经验，从一开始就严密防范可能动摇、侵犯和篡夺皇帝权力的弊端。在历史上，宰相擅权、母后专政、外戚篡夺、宦官横行、大臣朋党、士民结社，几乎与专制皇权的发展形影不离，使得皇权经常发生剧烈的动荡。而清朝专制皇权，除了到清末慈禧太后擅权数十年之外，没有发生像汉、唐、宋、明母后、外戚、宦官、朋党所造成的政治动乱，主要因为清朝统治者采取了种种防范措施。如顺治时就作出太监干政，结纳官员，擅奏外事，凌迟处死的规定，特立铁牌，世世遵守。太监受内务府衙门的严格管理，不能形成自身的权力系统，各级官吏可以监督外出的太监。乾隆时，一个很低微的热河巡检张若瀛杖责不法太监，受到

---

① 参见周一良、邓广铭等编：《中国历史通览》，东方出版中心 1994 年版，第 712—715 页。

奖励，特旨擢升七级。又如对于朋党问题，清初就严厉禁止，在各地的府学、县学内设立卧碑。顺治十七年（1660 年）上谕："士习不端，结社订盟，把持衙门，关说公事，相煽成风，深为可恶，著严行禁止。"同时借奏销案、科场案、通海案、明史案，对江南地主阶级知识分子大肆镇压，明朝以来结社分党的风气逐渐收敛。以后清朝的几个皇帝都再三禁止朋党。康熙说："人臣分立门户，私植党羽，始而蠹国害政，终必祸及身家。"（《东华录》康熙朝，卷二十）雍正痛恨朋党，因此写了一篇《朋党论》，告诫百官，以维护专制皇权集于一身。①

　　清朝的俸禄制度，存在重大的缺陷，主要是官员的俸禄很低而不足以维持官吏本人和家属生活，这不啻是驱使各级官吏对人民进行勒索和掠夺的原因。一个七品知县岁俸银仅 45 两，即使是总督、巡抚这样的封疆大吏，每年俸银也只有 150~180 两，这戋戋之数，还不够大官僚们一衣和一餐之费。当国家财政困难的时候，还要在官吏的俸禄上打主意，要他们减俸、捐俸。还有地方上存留的公费，本属地方办公开支，数额本就很少，清初因军需孔亟，一再裁减。……这样，官吏们不但生活费无保证，连办公费用也予以克扣，因此不得不从老百姓身上进行搜刮。这种体制实际上就是鼓励各级官吏的层层朘削。上谕中也承认："今部中每遇事，辄令地方官设法料理，皆掩饰美名。实则加派于地方耳"（《清圣祖圣训》卷四《圣德》，康熙四十九年十月）；有的官吏也说："远则西征之雇车，北口之运米（指征讨噶尔丹时的后勤供应），近则修葺城垣，无不责令设法"（宋荦：《西陂类稿》卷三十八《条陈畿东十事》）。所谓

---

① 参见戴逸主编：《简明清史》第 1 册，人民出版社 1984 年版，第 267—269 页。

"设法"就是贪污勒索的别名。

康熙时，官场贪污之风已极盛。当时掌握权力的大官僚都敛财纳贿，如索额图"贪侈倾朝右"，明珠"簠簋不饬，货贿山积"（《清史稿》卷二六九《索额图》《明珠》）。还有徐乾学、高士奇等也是贪赃不法，声名狼藉，"徐健庵乾学昆仲（指徐乾学、徐秉义、徐元文兄弟）与高江村（士奇）比昵，时有'九天供赋归东海（指徐乾学），万国金珠献澹人（指高士奇）'之谣。上知之，惟夺其官而已。尝谕近臣曰：诸臣为秀才，皆徒步布素，一朝得位，便高轩驷马，八驺拥护，皆何所来，可细究乎？"（昭梿：《啸亭杂录》卷一《优容大臣》）

康熙也曾有志于整饬吏治，煞住贪风。他把治河与惩贪当作两项要政，希望做到"河清"与"官清"。他一度惩办了一批贪官污吏，并表扬了于成龙、彭鹏、张伯行、张鹏翮等，作为清官的榜样。可是在实践过程中，他逐渐懂得在封建的政治体制之内，是不可能根绝贪污行为的。所以康熙晚年不再强调澄清吏治，对官吏的贪污纳贿行为多加宽容，睁一眼闭一眼不作深究。……由于康熙的放纵宽容，各级官员肆无忌惮地勒索攘窃，吏治更加败坏，"各省库项亏空，动盈千万"（《清实录》雍正朝，卷三，雍正元年正月）。

雍正上台，锐意改革积弊，整顿吏治，限期各省补足藩库的亏空银两，并严厉打击贪污犯，追赃索赔，查抄家产。例如川陕总督年羹尧和吏部尚书隆科多的得罪，虽有其他政治原因，但列举的罪状中贪污是很重要的原因。年羹尧的92条罪状中，贪黩罪达33条；隆科多的41条罪状中贪黩罪也达16条。雍正为了清理财政，杜绝贪污，也从赋税和俸禄制度的改革入手，实行"耗羡归公"。……"耗羡归公"是雍正时的一项重要改革，这一措施集中了征税的权力，减轻了人民的负担，对整顿吏治，减少贪污，起了一定的作用。当然，这并不是根本的办法，乾隆以后，贪污之风又恶性发展，吏治废弛，官常大坏。①

五　独尊儒术，禁锢思想

清朝在思想文化上，把儒学提高到无以复加的地位，特别用力倡导程朱理学，执行"独尊儒术"的文化政策。一方面引导知识分子以朱子的注释为准则钻研儒家经典，另一方面采取高压政策，大兴文字狱，从而禁锢了人的思想，禁锢了人的创造性。使当时中国的思想文化领域万马齐喑，如一潭死水般的沉寂。

（一）倡导理学，编纂书籍

清朝是以满族亲贵为核心的满汉地主阶级的联合专政，它一方面采取种种军事和政治措施，镇压汉族及各族人民的反抗斗争；另一方面又十分注意利用汉族儒学、藏族蒙古族的喇嘛教，在意识形态领域中加强控制，以巩固自己的统治。清王朝竭力吸取并利用汉族和其他民族思想文化，以服从于自己的统治需要。在这方面，它比历史上各少数民族建立的其他王朝花费了更多的精力，也收到了更大的成效。

清朝入关以后，很快就举行科举考试，大力提倡尊孔读经。给孔子上尊号，称"大成至圣文宣先师"（后又称"至圣先师"），大修孔庙，每年举行祭孔典礼，给孔子的后裔衍圣公以种种荣耀和特

---

① 参见戴逸主编：《简明清史》第 2 册，人民出版社 1984 年版，第 370—372 页。

权，给孔府增拨土地、赏赐财物。康熙南巡，过曲阜，谒孔庙，召集官吏儒生，讲论经义，甚至以天子之尊，向孔子行三跪九叩首之礼。对历代重要的儒家代表人物都优礼有加，为他们建祠庙，立牌坊，赐匾额。"先儒"的后裔都世袭五经博士，倍加荣宠。康熙九年（1670年），根据儒家学说，制定和颁发了"圣谕"十六条，作为人们的行为准则，其内容是：敦孝弟以重人伦，笃宗族以昭雍睦，和乡党以息争讼，重农桑以足衣食，尚节俭以惜财用，隆学校以端士习，黜异端以崇正学，讲法律以儆愚顽，明礼让以厚风俗，务本业以定民志，训子弟以禁非为，息诬告以全良善，诫窝逃以免株连，完钱粮以省催科，联保甲以弭盗贼，解仇忿以重身命。雍正又给这"十六条"做了注释发挥，称之为《圣谕广训》。它是宗法社会中封建专制统治者对被统治者的政治和道德训诫，典型地表现了儒家的社会理想和生活信条。雍正二年（1724年），将《圣谕广训》颁发全国，广为宣传。吏部通知各省督抚，在各地遴选秀才，进行宣讲，"句诠字释，阐发音义，毋得虚应故事"。例如，直隶获鹿县"每月朔望为讲约期，于西门外为讲约所，上供圣谕牌，设讲案于中间，令生员一人，以为讲约正，再选二人以为值月。是日清晨，县官率僚属士民齐集讲所行礼，令约正宣讲圣谕十六条。……各乡村则于居民稠密之处，或就义学相近，设讲约所。本乡所举约正与文学师会同宣讲"（寿颐：《光绪获鹿县志》卷八，学

《康熙字典》

校）。清政府千方百计把儒家思想贯彻到全国的每一个角落里去。

清朝对程朱理学，尤其用力提倡。康熙特别尊崇朱熹，他说："宋儒朱子，注释群经，阐发道理。凡所著作及编纂之书，皆明白精确，归于大中至正，今经五百余年，学者无敢疵议。朕以为孔孟之后，有裨斯文者，朱子之功，最为宏钜"（《东华录》康熙朝，五十一年二月）。又说朱熹的"文章言谈之中，全是天地之正气，宇宙之大道。朕读其书，察其理，非此不能知天人相与之奥，非此不能治万邦于衽席，非此不能仁心政施于天下，非此不能外内为一家"（《御纂朱子全书序言》）。对朱熹的推崇，达到无以复加的程度。并且，把朱熹从孔庙两庑的先贤中抬出，放在大成殿四配十哲之次，成为第十一哲。清代科举，考四书五经要以朱熹的注释作为准则。因此，程朱理学成为官方哲学，炙手可热。善于拍马屁的大臣李光地揣摩皇帝的心意，遂鼓吹道统说，他说朱熹承接了尧舜禹汤文武周公孔孟的道统，"五百年必有王者兴"，"自朱子而来，至我皇上，又五百年，应王者之期，躬圣贤之学。……伏维皇子承天之命，任斯道之统，以升于大猷"（李光地：《榕村全集》卷十《进读书笔录及论说序记杂文序》）。李光地吹捧康熙接儒学道统，而且把道统与治统结合在一起。康熙听了，非常高兴，说"知光地者莫若朕，知朕者莫若光地"。在清廷的奖励提拔下，除李光地外，还有大批信奉程朱的"理学名臣"，如魏裔介、熊赐履、汤斌、张伯行等都位居极品，很受重用。清朝之所以大力尊崇孔子，倡导儒学，目的是用以巩固封建秩序，加强专制统治。雍正帝有一段话说得很清楚，"若无孔子之教……势必以小加大，以少陵长，以贱妨贵，尊卑倒置，上下无等，干名犯分，越礼悖义，所谓君不君，臣不臣，父不父，子不子，虽有粟，吾得而食诸？其为世道人心之害，尚可胜言哉"（《东华录》雍正朝，五年七月）。

为了笼络汉族知识分子，表示"稽古右文，崇儒兴学"之意，清政府招罗大批知识分子，大规模地搜集、编纂和注释古代典籍，属于儒家经典的四书五经，自然最受重视。一大批"御纂"和"钦定"的注经作品连续出版。顺治时有御注《孝经》，康熙时有御纂《周易折中》《日讲四书解义》及钦定《诗经传说汇纂》《书经传说汇纂》《春秋传说汇纂》等。雍正时有御纂《孝经集注》。乾隆时有御纂《周易述义》《诗义折中》《春秋直解》以及钦定《周官义疏》《仪礼义疏》《礼记义疏》，又修明史、续三通、编方略。此外，又编纂《古今图书集成》，此书由陈梦雷主持编纂，分列门类纲目，荟萃群书，是一部大型的类书，从各种典籍中按类采择摘录，汇编成书，但每种书籍不是完整地著录保存。《古今图书集成》分六汇编，32典，全书10000卷，历康熙、雍正两朝，全书才编印完竣。

最大规模的编书是乾隆朝所编的《四库全书》。这是我国历史

文津阁

上最大的一部丛书。它把我国古代重要的典籍首尾完整地抄录下来，分编于经、史、子、集四部44类之下，共收图书3457种，79070卷，包罗宏大，丰富浩瀚，为我国古代思想文化遗产之总汇。编纂工作从乾隆三十八年（1773年）正式开设四库馆起，至乾隆五十二年（1787年）《四库全书》缮写完毕止，历时15年。以后又

检查书籍内容，校对错误缺漏，并补充一批书籍入四库，直至乾隆五十八年（1793年）编纂工作才完全结束。《四库全书》共缮写7部，另有副本1部，分藏于北京故宫文渊阁、圆明园文源阁、沈阳文溯阁、承德避暑山庄文津阁、扬州文汇阁、镇江文宗阁、杭州文澜阁，副本藏于北京翰林院。参加编纂工作的有360名官吏和知识分子，集中了当代的大批名流学者，其中出力较多、名声较高的有于敏中、金简、纪昀、陆锡熊、任大椿、陆费墀、戴震、邵晋涵、程晋芳、周永年、朱筠、姚鼐、翁方纲、王念孙等。四库著录的书除小部分御制作品和奉旨撰述的官书之外，都是从全国搜罗来的历代典籍，其来源：有的是内廷藏书，有的是从各省采进，有的是各地官吏和藏书家私人进献，也有的是从明代《永乐大典》中辑出的已散佚的古书。在编纂过程中，纪昀等作《四库全书总目提要》，共200卷，对著录的3457种书籍以及未著录而存其目的6766种书籍都作了介绍和评论，简要地叙述每部书籍的内容，评论其优劣得失，探讨其学术源流和版本同异。阮元评论说："高宗纯皇帝命辑《四库全书》，公（纪昀）总其成。凡六经传注之得失，诸史记载之异同，子集之支分派别，罔不抉奥提纲，溯源彻委。所撰定总目提要，多至万余种，考古必衷诸是，持论务得其平"（阮元：《揅经室三集》卷五《纪文达公集序》）。《四库全书》在我国学术

《钦定四库全书》

文化史上占有很重要的地位。我国古代的书籍，在战乱和社会动荡之中，损失严重，清政府投入大量的人力物力，搜集全国图书，辑录已佚书籍，保存下许多有价值的古代典籍。乾隆帝趁编纂《四库全书》的机会，对全国书籍作了一次大规模的检查，查禁、销毁和删改了许多所谓"悖逆"和"违碍"书籍。就在开设四库馆征求天下遗书的第二年，即乾隆三十九年（1774 年）上谕中提出，"明季末造，野史甚多，其间毁誉任意，传闻异词，必有诋触本朝之语。正当及此一番查办，尽行销毁，杜遏邪言，以正人心而厚风俗，断不宜置之不办"（《东华录》乾隆三十九年八月）。此后，各地"刊刷誊黄，遍贴晓谕"，劝令呈交"违碍"书籍。一方面，官府派人各处查访，对各类书籍进行甄别，将查交的禁书送往北京；另一方面四库全书馆从采进本中查寻禁书。这两方面的书籍都送到军机处，然后由翰林院详细审查，将"悖谬"之处写成黄签，贴在书眉上，由乾隆帝过目批准后，将书籍烧毁。违禁书籍的范围越来越大，"初下诏时，切齿于明季野史。其后，四库馆议，维宋人言辽金元，明人言元，其议论偏谬尤甚者，一切拟毁……隆庆以后，至于晚明，将相献臣所著，靡有孑遗矣"（章太炎：《哀焚书》第五十八）。明末清初时，黄道周、张煌言、袁继咸、钱肃乐、顾炎武、黄宗羲、孙夏峰诸人的著作，均干例禁。后来稍稍放宽，有些人的著作，只要"改易违碍字句，无庸销毁。但对钱谦益、吕留良、屈大均、金堡以及戴名世、王锡侯、尹嘉铨诸人的作品，查禁特别严厉。乾隆时被销毁的书籍将近三千余种，六七万卷以上，种数几与四库现收书相埒"（孙殿起辑：《清代禁书知见录·自序》）。①

---

① 参见戴逸主编：《简明清史》第 2 册，人民出版社 1984 年版，第 227—232 页。

（二）文字狱

清朝除了销毁、篡改不利于自己统治的书籍之外，还大兴文字狱，以达到消灭异端，禁锢思想的目的。所谓文字狱，就是以文字作品定罪，绝大多数的文字狱都是望文生义，捕风捉影，任意罗织罪状的。文字狱是封建社会中没有政治民主和言论自由的必然产物，也是专制皇帝用以震慑官吏、知识分子的重要手段。在中国两千多年封建社会里，文字狱屡见不鲜，而清朝的文字狱，次数之频繁、株连之广泛、处罚之残酷，超过以往的朝代。

清代文字狱是从康熙朝开始的。

清朝最早的文字狱是对清初十分流行的民族思想和反清意识的一种反应，是清廷为了阻遏反清复明思潮而采取的严酷措施。但康熙一朝，文字狱还不多，最大的案件是庄廷钺的《明史》案和戴名世的《南山集》案。这两大案件，都是由于作品中有眷念明朝的民族意识而引起的。

《明史》案发生在康熙二年（1663 年）鳌拜当权的时候。浙江富户庄廷钺购得明末人朱国桢所撰《明史》，攘为己作，并补写了崇祯朝和南明史事，其中奉南明弘光、隆武、永历的正朔，又有指斥清朝的词句，被人告发，酿成大狱。时庄廷钺已死，剖棺戮尸，诛其弟廷钺。此案株连甚众，"名士伏法者二百二十一人，庄、朱（指南浔人朱佑明，牵连在此案内）皆富人，卷端罗列诸名士，盖欲借以自重。故老相传，二百余人中，多半不与编纂之役，甚矣，盛名之为累也"（陈康祺：《郎潜纪闻》卷十一）。

《南山集》案发生在康熙后期，翰林院编修戴名世著《南山集》，其中有根据方孝标所作《滇黔纪闻》来议论南明史事，用南明诸帝

吕留良像及手稿

年号，触犯忌讳。康熙五十年（1711年），左都御史赵申乔告发戴名世"妄窃文名，恃才放荡……私刻文集，肆口游谈，倒置是非，语多狂悖"。康熙处理此案，最初也追根刨底，雷厉风行，除戴名世、方孝标两族外，牵连甚众，为《南山集》作序的、刊刻的、贩卖的，与戴名世交往的很多人，均得罪被捕，其中有名士方苞、王源等。但结案时还算宽大，除戴名世外，其他许多人得以宽释。

雍正时，案件数目增多，罪名苛细，吹毛求疵，故意罗织成狱。许多案件，并不单纯由于文字内容获罪，而是雍正以文字为借口，打击政治上的异己势力。例如大将军年羹尧恃功骄纵，雍正蓄意诛杀他，给年羹尧制造了很多罪状，其中重要的一条是年羹尧在奏折内将"朝乾夕惕"错写成"夕惕朝乾"，雍正指责"年羹尧非粗心办事之人，直不欲以朝乾夕惕归于朕耳。……观此，年羹尧自恃己功，显露不臣之迹，其乖谬之处，断非无心"（《东华录》雍正三年三月），这分明是罗织罪状。汪景祺写《西征随笔》，因其中有讥讪康熙的字句，被处决；钱名世是当时名士，雍正很讨厌他，给他一块"名教罪人"的匾额羞辱他，因为汪、钱二人都是年羹尧的党羽，汪是年的记室，钱则在诗文中吹捧了年，这是他们得罪的真实原因。考官查嗣庭，出了"维民所止"的试题，被认为是将"雍正"二字砍去了脑袋。

雍正帝开了很恶劣的先例，他大兴文字狱，以之作为控制思想、打击政敌、提高自己权威的手段。从此以后，清政府经常以文字罪人，而且都以大逆不道论处，治罪重，株连众。乾隆朝，文字狱成了家常便饭，案件比康熙、雍正两朝合计增加四倍以上。康熙、雍正时的文字狱，主要打击对象是具有反清思想的士大夫或政治上的反对势力，获罪的大多是官吏和上层知识分子，尽管也是随意罗织罪状，但多少还抓了点治罪的理由；乾隆时的文字狱，更是望文生义，捕风捉影，硬加上莫须有的罪名，获罪的人有很多是下层知识分子。除了几起追查清初人著作中的反清思想之外，乾隆朝的绝大部分文字狱并没有反清抗清的政治倾向，纯属滥杀无辜。它的唯一作用就是在知识分子中造成严重的恐怖气氛，显示皇帝生杀予夺的专制淫威。

18世纪，中国的知识分子处在如此的文化专制主义的统治下，缀文命笔，动辄得咎，因此大家都提心吊胆，不敢议论当代的社会问题，也不敢编写历史，脱离实际，逃避现实，埋头于故纸堆中，养成了烦琐的学风，窒息了思想，摧残了人才。……直到18世纪80年代，大约乾隆四十七年（1782年）以后，文字狱才较为放宽。①

---

① 参见戴逸主编：《简明清史》第2册，人民出版社1980年版，第233—240页。

长夜无歌

"康乾盛世" 100 多年的中国社会, 由于清朝极端的闭关, 拒绝开放, 把中国与西方之间的距离大大拉开。

一　工业

(一) 大机器工业

大机器工业对于 18 世纪的中国来说自然是遥远的事情。传统手工业生产的发展只能是老牛拉破车似的前进。

纺织业, 不论是西方还是中国, 都是工业生产的重要部门。在西方, 随着工业革命的开展, 机器的采用, 生产率成十倍百倍的增长, 而此时中国的纺织业却仍然是元明水平。"棉纺为纱, 纺车所架只一锭, 抽绪只一条, 每人日可五六两"。又"纺者日查得纱四五两"。"阿尔 (弹棉) 日一筐, 小姑 (纺纱) 日五两"。这种是指单锭手摇车, 大约平均每个工作日 (10—12 小时), 纺纱五两, 可视为常例。[①]

17 世纪 70 年代初, 英国每年加工制作的棉花仅 500 万公斤,

---

① 参见郝侠君等主编:《中西 500 年比较》, 中国工人出版社 1989 年版, 第 252—253 页。

到 19 世纪 30 年代末，则一跃而为 5 亿公斤，增加了 100 倍。

法国工业革命的发展和科学技术的繁荣，极大地提高了法国的社会生产率。法国一向是世界精美丝绸的供应者，丝绸业中机器的使用使它的丝织品生产更上一层楼，有将近一半输出国外。毛织业由于 20 年代发明了较完善的剪毛机和毛纺机，剪毛机一台机器可以代替 60 个人的工作，使毛纺织品生产得到迅速发展，毛纺织品开始出口，并很快在出口贸易中占据第一位，成为英国的主要对手。[1]

（二）交通

工农业生产的迅速发展，推动着交通运输业的重大革新和发展。"工农业生产方式的革命，尤其使社会生产过程的一般条件即交通运输手段的革命成为必要。……工场手工业时期遗留下来的交通运输手段，很快又转化为具有狂热的生产速度和巨大的生产规模、经常把大量资本和工人由一个生产领域投入另一个生产领域并具有新建立的世界市场联系的大工业所不能忍受的桎梏"[2]。因此，在这些工业革命兴起的国度里，随着工业生产的迅速发展，随着火车的发明、铁路的通行和轮船的启航，整个交通运输业产生巨大改观。

18 世纪末，在欧洲就有一些人试图用瓦特蒸汽机去推进船舶。19 世纪初，利用蒸汽推动的木船，几乎同时在美国和英国制造出来。第一只下水试航成功的载客汽轮，是 1807 年美国人富尔顿首先建成的。但英国人很快就利用了这项发明。1812 年，英国第一艘汽轮

---

① 参见郝侠君等主编：《中西 500 年比较》，中国工人出版社 1989 年版，第 248—249 页。

② 《马克思恩格斯全集》第 44 卷，人民出版社 2001 年版，第 441 页。

"彗星号"下水。接着就又制成了蒸汽推动的铁制海轮。很快，在商业范围内，英国就成了使用汽船担任世界运输的先驱国家。美国自20年代起，汽船便在各大河流上定期开航。1840年，在密西西比河流域交通中，汽船所占的比重即达4/5。德国的第一艘汽船于1824年开始在莱茵河上航行，1825年成立了普鲁士莱茵汽船公司。1847年则成立了汉堡至美洲汽船公司，汉堡成为海运业的中心。

火车的发明似乎比轮船的发明还要早几年。1804年，一个名叫特里维希克（Richard Trevithick，1771—1833年）的人制造出了第一台实用性轮轨蒸汽机车，能拖10吨铁。1814年，一个煤矿工人的儿子斯蒂芬森（George Stephenson，1781—1848年）制成了牵引用的蒸汽机车，几经改进，到1821年，机车趋于完备。1825年，英国建成了世界上第一条铁路，长56公里。这一年，斯蒂芬森驾驶着由他设计和指导制造的"旅行号"机车，牵引着载客450人和货物90吨的列车在这条铁路上试车，净运行两个小时，成功地到达目的地。1829年10月，斯蒂芬森又驾驶着他的"火箭号"机车，牵引列车在火车的比赛中获得第一名，引起更多人的重视，从此，火车正式登上历史舞台，开辟了陆路运输的新纪元。

英国的蒸汽船"大东方号"

随着火车的出现，铁路建筑业蓬勃兴起。英国继1825年修建第一条铁路后，到30年代，便出现了兴建铁路的狂潮，从1834年到1836年，短短两年间，投入铁路建筑的资金就达7000万英镑，很快形成了全国铁路网。美国于1828年开始修建第一条铁路，1830年有13英里的线路开始通车，到1840年，美国铁路的总长达2818英里。法国1831年开始修筑第一条铁路，长39公里，但到1848年，铁路总长就达1931公里。德国于1835年修成了纽伦堡至费耳特的第一条铁路，长约12公里，接着开始修筑连接全国各主要城市的铁路干线，到1848年，德国的铁路干线就达2500公里，世界铁路在1840年共约9000公里。西方进入了铁路和汽轮时代。①

蒸汽船和火车的速度和力量，象征着工业革命期间的时代精神，"开动蒸汽""铁路速度"，扫除了中世纪留下的悠闲懒怠的贵族习气，代之而起的是紧张、忙迫的新鲜气息。"蒸汽和新的工具机把工场手工业变成了现代的大工业，从而把资产阶级社会的整个基础革命化了。工场手工业时代的迟缓的发展进程转变成了生产中的真正的狂飙时期。"②工业生产的成倍增长、农业经济的空前繁荣、交通运输的巨大改观，使19世纪初年西方各国呈现出一派欣欣向荣的景象。③

自从1814年英国人斯蒂芬森发明了铁路机车之后，铁路在各大洲陆地上的扩展同工业革命向全世界各地的扩展几乎是同步进行的。铁路延伸到哪里，哪里的新资源就被开发，所有过惯了慢节奏低效

---

① 参见郝侠君等主编:《中西500年比较》，中国工人出版社1989年版，第250—252页。

② 《马克思恩格斯全集》第25卷，人民出版社2001年版，第381页。

③ 参见郝侠君等主编:《中西500年比较》，中国工人出版社1989年版，第252页。

率生活的人们就被火车这个铁的庞然大物拖到商品经济的浪潮中，社会原来的经济秩序被破坏，这也自然会引起社会政治生活的动荡和改观。

中国近代铁路的铺设和发展，是这个古老帝国从古代迈向现代时艰难步伐的最好的写照。

1865 年，英国商人在北京修了一段 1 公里的铁路试跑火车，清廷以"观者惊骇"为由，限期拆除。1876 年，英国商人在上海和吴淞口之间修了一条长 20 公里的窄轨铁路，中国官员坚决反对，最后以 28 万两的银子买下拆除，并在上海一端的车工站原址上修建了一座天妃宫。

英、法经第二次鸦片战争，把中国的大门打得更大了。中国土地广袤，交通闭塞，为了便于深入内地，扩展势力，从 19 世纪 60 年代起，西方列强开始向清政府提出修筑铁路的要求，最先提出这种要求的，是英国驻广州领事馆翻译梅辉立（William Frederick Mayers，

来往于口外的经商车队

清政府出卖铁路主权的漫画

1831—1878 年）。他于 1862 年，向广东当局提议修筑广东至江西的铁路，并至大庾岭踏勘。以后，西方的外交官、商人又多次提出修路之请，均被清政府所拒。①

至于交通运输业，嘉道年间中国仍然是一派旧时的风貌：古老的帆船，原始的牛车，狭窄泥泞的乡间古道。19 世纪 30 年代一个外国人在考察了中国的帆船业之后就曾经这样写道："中国帆船的构造与设备极为落后，中国人除知道使用罗盘以外，不谙航海技术。"火车、轮船、铁路，这些近代化的交通运输工具，对于 19 世纪前期的中国来说，仍然是遥远且闻所未闻的事情。②

李鸿章乃清朝高级官员中主动提出修铁路的第一人。列强见清政府拒修铁路，自己又未获在华修路之权，在已发展成中国最大通商口岸的上海擅修铁路。

---

① 参见李占才编：《中国铁路史》，汕头大学出版社 1994 年版，第 82 页。
② 参见郝侠君等主编：《中西 500 年比较》，中国工人出版社 1989 年版，第 257 页。

为便利吴淞口与租界（由美英租界合并而成）的陆上交通，美驻副领事奥立维·布拉特福（OliverBradford）开始筹备筑路事宜，后因筑路事繁费巨，路工转交经济实力雄厚的英商怡和洋行。1876年，该行将铁路器材谎称"马路"器材，蒙混进口……12 月 1 日，江湾至吴淞镇段建成，全线通车。吴淞铁路全长 14.5 公里，单线，轨距 0.762 米，机车自重仅 15 吨，牵引小型客货车，时速为 24～32 公里。吴淞铁路虽未能保存下来，但它毕竟是古老的中华大地上出现的首条铁路，产生了轰动效应。[①]

（三）冶炼

18 世纪末 19 世纪初中国的铁产量是极低的。直到鸦片战争前，清代最先进的炼铁炉，仍是广东明末遗制的瓶形高炉，这种高炉的最高产量一昼夜应是 3600 斤。广东是清代冶铁业最发达的地区，嘉庆四年（1799 年），有材料说，广东共有高炉 25 座；到道光时，大约 20 座，亦说有 30 座。据嘉庆二年（1797 年）的一个材料，广东高炉每座年产生铁在 80 万~90 万斤。高时按 40 座计，年产量在 3500 万斤左右；低时按规定 5 座计，在 2000 万斤左右。又清代广东的铁课，高时达 714 万斤，低时 589 万斤，按二八抽计，产量高时达 3570 万斤，低时 2940 万斤。比明代最高产量，高时亦不过增加 25% 强，低时反有减少。陕西原有铁矿开采，嘉庆以后大兴，成为一个大铁产区。据记载，这时有炉 100 余座。陕西高炉属中型，每炉日产 700 斤，每年生产按 180 天计，每炉年产量在 126000 斤，总计 10 炉，年产共 1200 余万斤。与陕西相邻的是四川，四川冶铁

---

① 参见李占才编:《中国铁路史》，汕头大学出版社 1994 年版，第 63—65 页。

发展于乾隆年间，也是清代一个重要的铁产区，据统计，乾嘉年间，四川省铁炉亦不下 70~80 座。四川铁炉都属小型，每炉年产量为 4800 斤，全省年产量不过 35 万斤，除上述三省外，其余各省有数可查的铁炉约 144 座。考虑到未全数字，若湖南、云南、山西、安徽等省共有 250 座炉，均按四川小型炉计，每年产量共约 120 万斤。折合吨位 20000 吨左右，最多时不到 25000 吨。这个数字不及法国的 1/10，不及英国的 1/40，仅相当于德国的 1/10。如果按人口平均计，其悬殊就更大了。①

英国工业革命的完成和科学技术的发展，使英国社会生产率空前提高。1770 年到 1840 年间，英国工人每天工作的生产率提高了 20 倍。1790 年英国的生铁产量只有 7 万吨，到 1835 年则一跃为 102 万吨，使英国从生铁输入国变成了输出国。随着生产产品的迅速增长，英国主要工业生产指数也大大增加：钢铁工业 1800 年为 0.9，1940 年上升为 7.8；棉纱 1800 年为 2.4，1840 年为 21.1；棉织品 1800 年为 2.4，1840 年为 17；国民收入 1740 年为 64 万英镑，1840 年增加到 515 万英镑，增长了近 8 倍。英国工业的发展，阔步走在其他国家前面，成了世界工厂。1820 年英国采煤总量占全世界的 75%，1839 年则比法国、比利时、普鲁士的总和还多 3 倍。生铁产量则占世界的 40%。在 19 世纪中期，英国的机器与车床制造业，在世界上居于垄断地位。②

---

① 参见郝侠君等主编：《中西 500 年比较》，中国工人出版社 1989 年版，第 254 页。

② 参见郝侠君等主编：《中西 500 年比较》，中国工人出版社 1989 年版，第 248 页。

二 军事

清朝入关以前和入关之初，八旗兵是一支强悍善战的军队，但仅仅过了一代人的时间，八旗兵已渐腐败，战斗力大大削弱。康熙时平定三藩之乱，八旗兵军纪废弛，士无斗志，上谕中指出："用兵地方，诸王将军大臣于攻城克敌之时，不思安民定难，以立功名。但志在肥己，多掠占小民子女。或借名通贼，将良民庐舍焚毁，子女俘获，财物攘取。"这些军队只知烧杀抢劫，蹂躏平民，作战中屡次败绩。[①]

八旗骑兵在入关后，日以征服者自居，养尊处优，武备废弛，变成了寄生阶级。[②]

清朝在入关前最初不会制造和使用火器，攻克沈阳、辽阳后，缴获了大批明军的火器，但没有加以重视和利用，只作为信炮使用。

清朝入关后，在康熙年间火炮的制造和使用又有新的发展。为平定三藩之乱，康熙起用比利时传教士南怀仁制造的火器，清代火器制造到康熙朝，共铸各种火炮 987 尊。

康熙中叶以后，随着国内局势的稳定，火炮的研制停滞不前。自雍正、乾隆以后，制炮技术没有什么发展，而且制造的数量也很少，嘉庆一朝仅铸炮 55 尊。直到鸦片战争爆发，使用的仍是清初的

---

① 参见戴逸主编：《简明清史》第 2 册，人民出版社 1984 年版，第 378—379 页。

② 参见刘子明：《中国近代军事史研究》，江西人民出版社 1993 年版，第 14 页。

过时炮。①

清朝时期，中国的火器没有任何重大的改进，甚至放弃了明代的不少发明，主要以骑兵起家的清王朝以鸟铳和冷兵器装备步骑兵，大炮的重量尽管增大了，其质量反而比明末降低了。随着乾隆后期战事的减少，军队的训练已不如以前严格，军队的战斗力一直趋于降低。

正当西方国家军队全部装备火器的时候，清廷还坚持"枪箭并重，不可偏废"的迂腐观念，远远落后于时代发展，使清军远远落后于西方国家军队。②

道光皇帝在紫禁城阅兵的情景

① 参见史仲文、胡晓林主编：《中国全史》第17卷《中国清代军事史》，人民出版社1994年版，第209—210页。

② 参见刘子明：《中国近代军事史研究》，江西人民出版社1993年版，第14页。

三 科学技术

（一）明朝和明朝以前

我国是矿冶技术发展最早的国家之一。春秋末期已能炼生铁，先于欧洲 1700 多年。战国时期的冶炼技术达到世界最高水平，到明代，我国矿冶技术也有了较大的发展，仍然处于世界的先进行列。

首先，从冶金设备来看，冶金主要设备是炼铁炉和鼓风机。我国早在汉代已有适合不同用途的 6 种开头的炼铁炉和椭圆形高炉，发明了水力鼓风机。到了明代，炼铁炉得到了较大改进，一般用"盐泥"砌成。遵化的炼铁炉深一丈二尺，可容矿石 2000 多斤，每天能炼 6 次，每次出铁 200 斤。佛山的炼铁炉更大，每天能炼 20 多次，每次出铁 300 斤，每天产 6000 多斤。明代发明了活塞式风箱，有一人高，风压可达 300 毫米水银柱。西欧人到 12 世纪才从阿拉伯人那里得到炼金术。开始是较小的熔炼炉，到 15 世纪中叶，西欧炼铁炉的数量大大增加，16 世纪末，英国已经有 800 座每周平均生产 3 吨至 4 吨的炼铁炉。在德意志、法兰西等地出现了鼓风炉，这使欧洲冶金业开始发生技术变革。

其次，在冶炼工艺技术方面，明代发明了生熟连续生产法，生铁出炉后，凭经验撒入适量的"潮泥灰"搅拌而成硬度随意的熟铁，炼铁燃料已大部分用煤，达到煤炭居 17、木炭居 13 的程度。西欧这时期冶炼工艺也达到了一定水平，炼铁燃料德国有的地方开始用煤。但是总的来说欧洲直到 18 世纪才主要用煤作为冶炼的燃料。

最后，采矿方面，这个时期中西方采矿的技术水平都比较低。

铁矿大都是露天矿，采矿工具基本上都是锤头、锄镐、铲子等，运载工具也多半是筐装袋背。几乎是在同一个时候中西方在采矿方法上都发明了"烧爆法"，即火烧水淋，利用矿石热胀冷缩，发生爆裂进行开采。但是这个时期西欧有少数国家，如德国开始逐渐实现采矿业的机械化。德国学者波义耳曾详细描述当时比较复杂的矿井设备，他还提到用一个水轮同时带动捣矿机、粉碎机和搅拌机三部机器等。英国在矿井排水中开始利用空气泵，这对采矿业的发展是一个很大的促进。

这个时期的机械制造业，中西方各有自己的优势。明代的造船技术先进于西欧。当时广东、福建、江南的造船厂拥有世界的头等水平，开始向大型化、高速化方面发展。所造的大型海船，不仅供国内使用，而且出口，广船、福船驰名于世界。郑和七次下西洋，每次都有"巨舶百艘"，最大的宝船长48丈，宽18丈，船队的舵手、各种工匠、水手、办事、医师、翻译、士兵等总数达27000人。此后60年，当哥伦布驶往美洲的时候，他所带领的是载着88人的3只小船，最大的"圣玛丽号"才5丈长，1丈8尺宽。这两次著名的远航，再次说明直到15世纪，西欧国家的造船技术仍比我国落后。但是这个时期，西方国家金属加工机械制造业则比明代兴旺，出现了许多专门化的制造部门。同时，西欧出现了比较简单的旋床、钻床、磨床，以及拔丝机、压延机、起重机，甚至出现了1～2吨的重力锤，能生产带锤的齿轮时钟，铁和铜已被抽成丝，能生产许多精良的武器，步枪出现了，佛罗伦萨已经生产了铁铸的大炮。这意味着西方国家的金属机械制造业达到了一个较高的水平。

可见，15、16世纪中国和西欧国家在手工业生产和技术方面也是各有优势，总的来说，两者也是处在同一个水平线上。[①]

明代以至中国古代的生产和技术的发展具有鲜明的独创性。中国是一个富于创造性的国家。明代以至中国古代社会生产和科学技术几乎都是中国人民自己独创出来的。正是这个独创的成就的长期发展和历代继承，才形成了中国气派的社会生产和科学技术体系。明朝以前，在世界古代社会生产和科学技术各个领域中，属于中国首创之项，其量之多，水平之高，是当时世界上任何一个国家和民族所不及的。据 1975 年出版的《自然科学大事年表》记载，明朝以前，世界上的重要的发明和重大的科学成就大约 300 项，其中中国 175 项，占总数的 57% 以上，世界各国才占 42% 多。英国剑桥大学凯厄斯学院院长李约瑟博士通过 30 多年对中国古代社会生产和科学技术历史发展的研究后指出，中国的发明和发现，远远超过同时代的欧洲，特别是在 15 世纪之前更是如此，关于这一点可以毫不费力地证明。

中国科学技术的重大发明和创造从公元 11 世纪开始，也呈下降的趋势。据 1975 年《世界自然科学大事年表》记载，公元前 6 世纪至 11 世纪，世界上的重要的科学成就、发明或创造共 231 项，其中我国有 135 项，占总数的 58.4%；从 11 世纪到 16 世纪，世界上的科学成就、发明或创造有 67 项，其中我国有 38 项，占 54%。可见这个时期比前个时期下降 4.4%。西欧恰恰相反，重大的科学成就、发明或创造，绝大部分是在 10 世纪至 16 世纪期间取得的，呈明显上升的趋势。[②]

[①] 参见郝侠君等主编：《中西 500 年比较》，中国工人出版社 1989 年版，第 6—8 页。

[②] 参见郝侠君等主编：《中西 500 年比较》，中国工人出版社 1989 年版，第 9、11—12 页。

（二）清朝

中国科学技术的落后早在 16、17 世纪即已开始。但是，如果说 16、17 世纪中国科学技术的落后还仅仅是表现在某些方面的话，那么经过整个 18 世纪的发展，到了 19 世纪初年，中国科学技术的落后就不再是某些方面的了，在封建主义的严重障碍下，呈现在历史面前的，是整个科学技术的全面落后。

数学的落后：在古代，我国的古代数学成就曾名列世界前茅，明清之际，在吸取西算的基础上又有了新的发展，在某些方面还开始了由传统数学向近代数学的转变。但是到了乾嘉年间，这一发展中断了，在封建文化专制主义的禁锢下，中国数学转向了挖掘和整理古算，数学工作者大多投入了对古算的整理工作。如果说数学家们还进行某些探求，那就是探求更准确的圆周率、三角函数、数字级数求和法及方程理论等。尽管在这些方面也取得许多成就，如嘉庆二十四年（1819 年）刊行的董佑成的《割圜比例图解》等，是这一时期数学研究的重大成果。但同西方数学的微积分、级数展开式、交易学、椭圆函数论相比，那就大为逊色了。

天文学的落后：明末清初，在吸取西方古典天文学和数学知识的基础上，中国传统的天文学也有新的发展，如前述顺治二年（1645 年）颁行的《时宪历》以及以后编纂的《历象考成》和《历象考成后编》，这都是明清之际中国传统天文学发展的标志。然而，也就到此为止。来到中国的传教士，囿于宗教偏见或限于科学水平，并没有把当时欧洲最革命的哥白尼的天文学系统地传到中国来，中国学者们只能跟着传教士们在欧洲古典天文学的圈子里转来转去。中国封建社会对天文学的需要是制定历法，传教士带来的天文知识对于制历已经够用了，故而没有动力和条件继续进行新的探索和提高，再加上乾嘉统治者对于一切新的思想都视为异端邪说，发展的道路被完全堵塞了，这样到了 18 世纪末 19 世纪初，天文学方面的更新成果就完全看不到了。乾隆二十五年（1760 年）法国传教士蒋友仁献《坤舆全国》，向我国介绍哥白尼的日心说和开普勒的行星运动三定律，这竟然引不起清政府和学者们的兴趣。阮元曾是这一时期中国著名的学者，竟也攻击哥白尼"其为说至于上下易位，动静倒置，则离经叛道，不可为训，固未有若是甚焉者也"。至于继哥白尼之后进一步发展的康德和拉普拉斯关于太阳系起源的星云假说，就更是鲜为人知了。18 世纪末 19 世纪初，中国天文学的发展陷入停滞状态。

明末清初，西方的一些机械制造原理和日用技术也传到中国，曾引起知识分子和手工艺人的极大兴趣，仿制者不断出现，并取得了许多成就。如清初江苏的一位青年科学家黄履庄曾经根据西方机械学原理，制造和仿制了许多自动机械和仪器，机械自行车、望远镜、显微镜、体温表、温度计、瑞光灯以及多级螺旋水车等，他发明的瑞光灯，大者口径五六尺，夜以一灯照之，光射数里，可是，到雍正以后，这些发明就大都被当作雕虫小技，不受重视，很快失传了。嘉庆年间，华亭诸生徐朝俊精于天文学，曾试制龙尾车，作灌溉之用，一车以一童运之，进水退水，无立踏坐踏之劳，但因此时的中国仍在封建制度下，农村又有大量人口，劳动力过剩，不需要新技术。因此，这类农业生产工具的零星改革旋生旋灭，都未能推广。

除上述外，还有化学、地质学、生物学等这些研究高级运动形式的近代科学，对于 18 世纪末 19 世纪初的中国来说，就更是无从谈起了。化学，中国的炼丹术在明亡以后，日渐式微，直到鸦片战争以后，近代化学才从欧洲传入中国。地质学，直到鸦片战争前，在许多领域里仍无科学可言。如我国的探矿技术，长期以来一直停留在凭经验识别地势、地貌和地质物等传统的找矿方法上，在嘉道年间，这种方法几乎不见任何新的发展。道光年间成书的吴其濬《滇南矿厂图略》一开始即说：山有葱，下有银；山有磁石，下有铜若金。后名还是引用《管子·地教篇》的说法，其实磁石和铜并无关系，又把铜的硫化物混为金了。至于书中所载，踩厂之人必相山势，与堪舆家卜地相等，要求势壮气雄，重关紧锁，以聚财宝，以及金为水母，贵阴忌阳等说法，亦大都无科学根据，最多不过是些经验而已。生物学，直到鸦片战争爆发还未形成一个独立的学科。至于研究的方法，则仍然停在传统的基础之上，表现为经验的总结，现象的描述，猜测性的思辨以及某些直观的、零散的原理或结论。而且这些原理或结论，在叙述时还往往是以伦理上或政治上的论证面目出现，而不是作为科学理论体系本身的建立。

　　总之，综观18世纪末19世纪初的中国科学技术，就是这样，在近代科学的园地里仍然是空白一片；在传统科学的发展中，则由于中西文化交流的中断而陷入停滞。至于中国长期积累起来的诸多科研成果、发明创造，则在封建专制主义的高压政策下，或被埋没，或被扼杀，或被人遗忘。整个中国科学技术在封建专制主义的严重束缚下，走进了死胡同。在西方科学技术普遍繁荣的年代，中国科学技术却陷入了停滞状态，这对中国历史的发展，就不能不是一个极大的悲剧。①

---

① 参见郝侠君等主编：《中西500年比较》，中国工人出版社1989年版，第244—247页。

马克思、恩格斯及西方思想家
对 17、18 世纪中国的评述

一　马克思、恩格斯对中国的评论

　　资本主义以前的、民族的生产方式具有的内部的坚固性和结构，对于商业的解体作用造成了多大的障碍，这从英国人同印度和中国的通商上可以明显地看出来。在印度和中国，小农业和家庭工业的统一形成了生产方式的广阔基础。此外，在印度还有建立在土地公有制基础上的村社形式，这种村社在中国也是原始的形式。在印度，英国人曾经作为统治者和地租所得者，同时使用他们的直接的政治权力和经济权力，以便摧毁这种小规模的经济公社。如果说他们的商业在那里对生产方式产生了革命的影响，那只是指他们通过他们的商品的低廉价格，消灭了纺织业——工农业生产的这种统一的一个自古不可分割的部分，这样一来也就破坏了公社。但是，就是在这里，对他们来说，这种解体工作也是进行得极其缓慢的。在中国，那就更缓慢了，因为在这里直接的政治权力没有给予帮助。因农业和手工业的直接结合而造成的巨大的节约和时间的节省，在这里对大工业产品进行了最顽强的抵抗；因为在大工业产品的价格中，会加进大工业产品到处都要经历的流通过程的各种非生产费用。同英国的商业相反，俄国的商业则没有触动亚洲生产的经济基础。①

　　1800 年，输入中国的鸦片已经达到 2000 箱。在 18 世纪，东印度公司与天朝帝国之间的斗争，具有外国商人与一国海关之间的一切争执都具有的共同点，而从 19 世纪初起，这个斗争就具有了非常突出的独有的特征。中国皇帝为了制止自己臣民的自杀行为，下令同时禁止外国输入和本国人吸食这种毒品，而东印度公司却迅速地把在印度种植鸦片和向中国私卖鸦片变成自己财政系统的不可分割的部分，半野蛮人坚持道德原则，而文明人却以自私自利的原则与之对抗。一个人口几乎占人类 1/3 的大帝国，不顾时势，安于现状，人为地隔绝于世界并因此竭力以天朝尽善尽美的幻想自欺。这样一个帝国注定要在一场殊死的决斗中被打垮；在这场决斗中，陈腐世界的代表是激于道义，而最现代的社会的代表却是为了获得贱买贵卖的特权——这真是任何诗人想也不敢想的一种奇异的对联式悲歌。②

　　中国连绵不断的起义已经延续了 10 年之久，现已汇合成了一场惊心动魄的革命；不管引起这些起义的社会原因是什么，也不管这些原因是通过宗教的、王朝的或民族的形式表现出来，推动这次大爆发的毫无疑问是英国的大炮，英国用大炮来强迫中国输入名叫鸦片的麻醉剂。满族王朝的声威一遇到英国的枪炮就扫地以尽，天朝帝国万世长存的迷信破了产，野蛮的、闭关自守的、与文明世界隔绝的状态被打破，开始同外界发生关系，这种关系从那时起就在加利福尼亚和澳大利亚黄金的吸引下迅速地发展起来。同时，这个帝

---

① 参见《马克思恩格斯全集》第 25 卷，人民出版社 1974 年版，第 372—373 页。

② 参见《马克思恩格斯选集》第 1 卷，人民出版社 1995 年版，第 716 页。

国的银币——它的血液——也开始流向英属东印度。

在 1830 年以前，中国人在对外贸易上经常是出超，白银不断地从印度、英国和美国向中国输出。可是从 1833 年，特别是 1840 年以来，由中国向印度输出的白银，几乎使天朝帝国的银源有枯竭的危险。因此皇帝下诏严禁鸦片贸易，结果引起了比他的诏书更有力的反抗。除了这些直接的经济后果之外，和私贩鸦片有关的行贿受贿完全腐蚀了中国南方各省的国家官吏。正如中国皇帝通常被尊为中国人的君父一样，皇帝的官吏也都被认为对他们各自的管区维持着这种父权关系。可是，那些靠纵容私贩鸦片发了大财的官吏的贪污行为，却逐渐破坏着这一家长制权威——这个广大的国家机器的各部分间的唯一的精神联系。存在这种情况的地方，主要正是首先起义的南方各省。所以几乎不言而喻，随着鸦片日益成为中国人的统治者，皇帝及其周围墨守成规的大官们也就日益丧失自己的统治

马克思 (1818—1883 年)

恩格斯 (1820—1895 年)

权。历史好像是首先要麻醉这个国家的人民，然后才能把他们从世代相传的愚昧状态中唤醒似的。

中国过去几乎不输入英国的棉织品，英国毛织品的输入也微不足道，但从 1833 年对华贸易垄断权由东印度公司手中转到私人商业手中之后，这两种商品的输入便迅速增加了。从 1840 年其他国家开始参加和中国的通商之后，这两项输入增加得更多了。这种外国商品的输入，对本国工业也发生了恰似过去对小亚细亚、波斯和印度所发生的那种影响。中国的纺织业者在外国的这种竞争之下受到很大的损害，结果社会生活也受到了相应程度的破坏。

中国在 1840 年战争失败以后被迫付给英国的赔款，大量的非生产性的鸦片消费，鸦片贸易所引起的金银外流，外国竞争对本国工业的破坏性影响、国家行政机关的腐败，这一切造成了两个后果：旧税更重更难担负，旧税之外又加新税。因此，1853 年 1 月 5 日皇帝在北京下的一道上谕中，就责成武昌、汉阳南方各省督抚减缓捐税，特别是在任何情况下均不准额外加征；否则，这道上谕中说，"小民其何以堪？"又说："……庶几吾民于颠沛困苦之时，不致再追呼迫切之累。"这种措辞，这种让步，记得在 1848 年我们从奥地利这个日耳曼人的国家同样听到过。

所有这些同时影响着中国的财政、社会风尚、工业和政治结构的破坏性因素，到 1840 年在英国大炮的轰击之下得到了充分的发展；英国的大炮破坏了皇帝的权威，迫使天朝帝国与地上的世界接触。与外界完全隔绝曾是保存旧中国的首要条件，而当这种隔绝状态通过英国而为暴力所打破的时候，接踵而来的必然是解体的过程，正如小心保存在紧密封闭棺材里的木乃伊一接触新鲜空气便必然要解体一样。可是现在，当英国引起了中国革命的时候，便发生一个问题，即这场革命将来对英国并且通过英国对欧洲产生什么影响？这个问题是不难解答的。①

美洲的发现、绕过非洲的航行，给新兴的资产阶级开辟了新天地。东印度和中国的市场、美洲的殖民化、对殖民地的贸易、交换手段和一般商品的增加，使商业、航海业和工业空前高涨，因而使正在崩溃的封建社会内部的革命因素迅速发展。②

美洲金银产地的发现，土著居民的被剿灭、被奴役和被埋葬于矿井，对东印度开始进行的征服和掠夺，非洲变成商业性地猎获黑人的场所：这一切标志着资本主义生产时代的曙光。这些田园诗式的过程是原始积累的主要因素。接踵而来的是欧洲各国以地球为战场而进行的商业战争。这场战争以尼德兰脱离西班牙开始，在英国的反雅各宾派战争中具有巨大的规模，并且在对中国的鸦片战争中继续进行下去，等等。③

由于世界各国机器劳动不断降低工业品的价格，旧的工场手工业制度或以手工劳动为基础的工业制度完全被摧毁。所有那些迄今或多或少置身于历史发展之外，工业迄今建立在工场手工业基础上的半野蛮国家，随之也就被脱离了它们的闭关自守状态。这些国家购买比较便宜的英国商品，把本国的工场手工业工人置于死地。因此，那些几千年来没有进步的国家，例如印度，都已经进行了完全的革命，甚至中国现在也正在走向革命。事情已经发展到这样的地步：今天英国发明的新机器，一年之后就会夺取中国千百万工人的

---

① 参见《马克思恩格斯选集》第 1 卷，人民出版社 1995 年版，第 690—693 页。

② 参见《马克思恩格斯选集》第 1 卷，人民出版社 1995 年版，第 273 页。

③ 参见《马克思恩格斯选集》第 2 卷，人民出版社 1995 年版，第 265 页。

《德意志意识形态》手稿

饭碗。这样，大工业就把世界各民族互相联系起来，把所有地方性的小市场联合成为一个世界市场，到处为文明进步做好了准备，使各文明国家里发生的一切必然影响到其余各国。①

在中国进行的战争给古老的中国以致命的打击。闭关自守已经不可能了；即使是为了军事防御的目的，也必须铺设铁路，使用蒸汽机和电力以及创办大工业。这样一来，旧的小农经济的经济制度（在这种制度下，农户自己也制造自己使用的工业品），以及可以容

---

① 参见《马克思恩格斯选集》第 1 卷，人民出版社 1995 年版，第 234 页。

纳比较稠密的人口的整个陈旧的社会制度也都在逐渐瓦解。千百万人将被迫离乡背井，移居国外；他们甚至会移居欧洲，而且是大批的。而中国人的竞争一旦规模大起来，就会给你们那里我们这里迅速造成极端尖锐的形势，这样一来，资本主义征服中国的同时也将促进欧洲和美洲资本主义的崩溃。①

二 伏尔泰对中国的评述

伏尔泰（Francois Marie Voltarie，1694—1778 年），法国伟大的作家、哲学家，重要的启蒙思想家。生于巴黎一个中产阶级家庭。中学时酷爱戏剧与文学，毕业后不顾父亲的反对，决心献身文学事业。1718 年发表第一部悲剧《俄狄蒲斯王》，一举成名。1726 年因与权贵发生冲突，被投入巴士底狱。后又被放逐，流亡英国两年。这段经历对其思想有重大影响。1834 年完成《哲学书简》，十分推崇英国的政治制度、商业和文学。这部书因反对现行宗教和政治体制而立即遭到查禁，伏尔泰也几乎因此被捕入狱。1742

伏尔泰像

---

① 参见《马克思恩格斯选集》第 4 卷，人民出版社 1995 年版，第 737 页。

年，路易十五秘密派其赴柏林，争取普鲁士国王腓特烈二世的支持。此后成为路易十五的宠信，被任命为史官和法兰西学院院士。1750年受腓特烈二世之邀去柏林，在此期间，倡导开明君主专制。1753年迁居日内瓦，一面从事写作，一面结交各方知名人士，积极参加针对教会的社会斗争，同欧洲各国人士广泛通信。伏尔泰对政治思想最突出的贡献是阐述了宽容与人权问题，反对暴政。大革命爆发后，其遗体于 1791 年被移至先贤祠。他在各方面均有很多著作，主要代表作有：《路易十四时代》《风俗论》《天真汉》《哲学辞典》《历史哲学》以及多部戏剧。

伏尔泰《风俗论》对中国评论的摘录：

如果说有些历史具有确实可靠性，那就是中国人的历史。正如我们在另一个地方曾经说过的：中国人把天上的历史同地上的历史结合起来了。在所有民族中，只有他们始终以日食月食、行星会合来标志年代；我们的天文学家核对了他们的计算，惊奇地发现这些计算差不多都准确无误。其他民族虚构寓言神话，而中国人则手中拿着毛笔和测天仪撰写他们的历史，其朴实无华，在亚洲其他地方尚无先例。

我不想在这里研究已能认识并运用一切有益于社会的智慧的中国人，为什么今天在科学方面没有同我们一样取得长足进步。我承认，中国人今天跟 200 年前的我们和古希腊人、古罗马人一样都是并不高明的物理学家；但是他们完善了伦理学，伦理学是首要的科学。

当我们还是一小群人并在阿登森林踯躅流浪之时，中国人的幅员辽阔、人口众多的帝国已经治理得像一个家庭，国君是这个家庭的父亲，40 名公卿大夫则被视为兄长。

当他们已经有单纯、明智、庄严、摆脱了一切迷信和野蛮行为的宗教时，我们的德洛伊祭司把小孩装在大柳筐里作为牺牲来祭祀的托达泰斯（按：托达泰斯是高卢人所信奉的最高神灵）还没有出现哩！

中国皇帝每年两次亲自用收获物来祭玉皇，祭"上帝"，祭天，祭"万有之本元"。而且，用的是什么收获物呢？是皇帝亲手播种的东西。这种习惯一直保持了 4000 年，即使是动乱时期和极严重的灾年，也不例外。

皇帝和官员们的宗教从未受到伪善者的玷污、政教之争的干扰和乖谬的革新教派的诬蔑。革新教派常以同等乖谬的论据互相攻讦，结果是狂热信徒在叛逆者的引领下彼此兵戎相见。中国人特别在这方面胜过世界上任何其他民族。

他们的孔子不创新说，不立新礼；他不做受神启者，也不做先知。他是传授古代法律的贤明官吏。我们有时不恰当地把他的学说称为"儒教"，其实他并没有宗教，他的宗教就是所有皇帝和大臣的宗教，就是先贤的宗教。孔子只是以道德谆谆告诫人，而不宣扬什么奥义。在他第一部书中，他说为政之道，在日日新。在第二部书中，他证明上帝亲自把道德铭刻在人的心中；他说人非生而性恶，恶乃由过错所致。第三部书是纯粹的格言集，其中找不到任何鄙俗的言辞，可笑的譬喻。孔子有弟子 5000 人，他可以成为强大的党派的领袖，但他宁愿教育人，不愿统治人。

中华帝国从它存在之时起，就比查理帝国幅员广阔；如果把中国人当时的藩属高丽和安南包括在内，就更是如此。中国面积大约横跨 30 经度，纵跨 24 纬度。我们已经指出，这个国家已有 4000 多年光辉灿烂的历史，其法律、风尚、语言乃至服饰都一直没有明显变化。

中国的历史，就其总的方面来说是无可争议的，是唯一建立在天象观察的基础之上的。根据最确凿的年表，远在公元前 2155 年，中国就已有观测日食的记载。这次日食观测业经前几个世纪派往这个陌生国度的一些西方传教士数学家验证。这些数学家对这个民族赞佩不已，并且向他们传授了有关知识。宋君荣神甫核对了孔子的书中记载的 36 次日食，他只发现其中两次有误，两次存疑。这有怀疑的两次日食确曾发生过，但是从人们所假设的该观察者所在地，不可能观测到。但即使这样，也足以证明当时中国的天文学家已能测算日食，因为他们只有两次计算有误。

中国在查理曼时代和在此很久以前都不仅疆域辽阔，而且人口众多。据我们所知的最后一次在中国本土 15 个省进行的人口统计，能打仗的男人多达 6000 万人，老兵，60 岁以上的老人、20 岁以下的青少年、官员、和尚、大批的士人都不算，妇女更不计在内。而妇女的数目，根据更为准确地统计世界人口的人的观察，到处都与男人相等，至多相差不过 1/15 或 1/16。按这一计算，中国的人口似乎不会少于 1.5 亿；而我们欧洲的人口，法国 2000 万、德国 2200 万、匈牙利 400 万、整个意大利直至达尔马提亚（按：今克罗地亚共和国的一个区，濒临亚得里亚海）1000 万、大不列颠和爱尔兰 800 万、西班牙和葡萄牙 800 万、俄国欧洲部分 1000 万或 1200 万、波兰 500 万、土耳其欧洲部分和希腊及列岛也是 500 万、瑞典 400 万、挪威和丹麦 300 万、荷兰及邻近的低地国家约 400 万计算，总共不过 1 亿多一点。

在波斯铸造大流克金币以前很久，中国人便已有铸造的金币和银币。康熙皇帝收集了 3000 枚这样的硬币，其中有许多来自印度。这是亚洲人工艺历史悠久的另一个证据。但是很久以来，在中国，金子已不再是一种通用的支付手段，黄金在中国就像在荷兰一样是商品；银子也不再是货币，而按重量或成色作价。人们只造铜币，在这个国家，只有铜币才具有法定价值。政府在困难时期以纸币支付，就像以后不少欧洲国家做的那样。但中国从来没有官办的银行，这种银行可通过信贷增加国家的财政收入。

中国得天独厚，有着几乎所有已经移植于我们欧洲的以及许多我们还没有的果木。小麦、稻子、葡萄、蔬菜、各种树木布满大地。但他们只是在最近才酿造葡萄酒，因为他们满足于用大米酿制的相当强烈的烧酒。

能吐丝的蚕原产于中国。很晚以后，蚕才跟织造丝绸的技术一道传到波斯。这种丝绸在查士丁尼（按：查士丁尼，东罗马帝国皇帝，527—565 年在位）时代还是如此稀有，所以从前欧洲丝绸的价格等于黄金。

中国人早在上古时代便造出洁白柔细的纸张。他们用煮烂的竹浆造纸。至于瓷器以及欧洲开始仿造而且赶上其水平的优美的漆器始于什么年代则不清楚。

他们制造玻璃已 2000 年，但不及我们的美观和透明。

与此同时，他们发明了印刷术。我们知道，这种印刷术是在木板上刻字，就像古登堡 15 世纪在美因茨首先采用的方法。在中国，在木板上刻方块字的工艺更为完善。我们使用的活字和铸字比他们优越得多，但未被他们采用，因为这样便须使用字母而他们却从来都不愿放弃他们的象形文字；他们就是这样迷恋着他们的一切古老方法。

他们在上古时代便使用大钟，而我们法国直到 6 世纪才有大钟。他们从未成为优秀的物理学家，但他们致力于化学，发明了火药；不过他们只拿火药来制造烟火，用于节日。在这方面，他们胜过其他民族。几个世纪以前，教他们使用火炮的是葡萄牙人，而教会他们铸造大炮的则是耶稣会士。中国人没有致力于发明这些毁灭性工具，但不应因此称颂他们的德行，因为他们的仗并没有少打。

他们深入研究天文，但只是把天文学作为眼睛的科学而靠耐心取得成果。他们孜孜不倦地观天，注意一切天象，并将观察的结果传之后代。跟我们一样，他们把地球绕日的行程分为 365 又 1/4 部分。他们知道两分（春分、秋分）两至（夏至、冬至）的岁差，但是比较模糊。可能最值得注意的是他们在上古时代便把一个月分成几个星期，每个星期 7 天。印度人是这样做的，迦勒底人也应用此法，这方法后来又传至小国犹太国，但希腊没有采用。

北京有一座装有许多测星仪和浑天仪的天文馆，那些仪器的精确度实际上不如我们，但却是中国人胜过亚洲其他民族的驰名于世的实证。

他们有指南针，但并未真正用以指引船舶航行。他们只是在近海航行。他们的土地能提供一切，用不着像我们这样奔赴天涯海角。罗盘，就像发射用的火药一样，对他们来说，只是纯粹的玩物，他们也不因此感到可惜。

奇怪的是，这个有发明能力的民族在几何学方面从没有超出基本知识的范围。确实，中国人比希腊的欧几里得在亚历山大城撰写几何学原理前好几个世纪已经具有这方面的基本知识。康熙皇帝曾告诉御前的最博学、最明达的传教士之一帕尔南神父，3960 多年前，禹帝曾利用直角三角形的原理来测定一个省的地理位置；帕尔南神父本人还引证过一本公元前 1100 年写的书，表明在西方认为是毕达哥拉斯发现的那个著名的理论是中国人很久以前便已熟悉的一个定理。

人们要问，既然在如此遥远的古代，中国人便已如此先进，为什么他们又一直停留在这个阶段；为什么在中国，天文学如此古老，但其成就却又如此有限；为什么在音乐方面他们还不知道半音？这些与我们迥然不同的人，似乎大自然赋予他们的器官可以轻而易举地发现他们所需的一切，却无法有所前进。我们则相反，获得知识很晚，但却迅速使一切臻于完善。他们由于轻信，总是把他们占星术中的错误跟天文学的真正知识混淆在一起，这是不足为奇的。这种迷信是一切人所共有的，我们纠正这一谬误为时也并不久，可见谬误似乎是人类所固有的东西。

如果要问，中国既然不间断地致力于各种技艺和科学已有如此遥远的历史，为什么进步却微乎其微？这可能有两个原因：一是中国人对祖先留下的东西有一种不可思议的崇敬心，认为一切古老的东西都尽善尽美；另一原因在于他们的语言的性质——语言是一切知识的第一要素。[①]

三　莱布尼茨对中国的观点

莱布尼茨（Gottfried Wilhelm Leibniz，1646—1716 年）是近代德国哲学的先导者，也是近代德国思想家中对中国文化倾注了最大的兴趣和耗费了最多精力的人。

---

① 参见〔法〕伏尔泰著，梁守锵译：《风俗论》上册，商务印书馆 2017 年版。

莱布尼茨与中国文化联系过
程中的主要事件有：

17 世纪 60 年代，他阅读了
克察（A. Kircher）的《中国文物
图志》（1667 年版）和斯比拿斯
（Th. Spicelius）的《中国文学》。

1666 年，作《结合论》一
书，其中提到了中国文字，以此
为例说明了自己的观点，后来
他回忆，这一思想的产生还更早
些，在十八九岁的时候。

莱布尼茨像

1669 年，起草《关于奖励艺
术及科学德国设立学士院制度论》一文，以肯定的口吻提到了中国
的医学等。

1675 年，写信给法国宰相柯尔贝尔（Jean-Baptiste Colbert，1619—
1683 年），说道，"欧洲传教士的几何学，正确得惊动了中国官吏"。

1676 年 2 月，在巴黎作日记，设想包括异教徒的世界教会，最
先网罗世界的全部知识，编纂百科全书辞典，并设想通过俄皇彼得
大帝，从西伯利亚方面与中国接近。

1676 年 3 月 26 日，写作的文章中又说到了中国文字。

1676 年，在汉诺威图书馆，研究了孔子的学说。

1679 年，对柏林教会会长米勒（Provost Andreas Müller of
Berlin）印刷中国经典（即《中国孔门哲学》）的计划，发生了很大
兴趣，从有关书信中可知，他的中国知识已经相当可观。

1687 年，《中国之哲人孔子》一书出版，他给茵黑森的伊伦斯

特（Landgrave Ernst of Hessen-Rheinfels）写信，称之为"在巴黎刊行的中国哲学之王——孔子的著作"，明白表示已细心地阅读过此书。

1689 年，游罗马，与刚从中国返回的耶稣会士闵明我邂逅，两人交往达 8 个月。以后闵明我回中国，两人书信往来频繁。这是莱布尼茨认识和研究中国文化的一大转折。

1697 年，刊行《中国新论》，这本书用拉丁文出版，副题为："现代史的材料，关于最近中国官方特许基督教传道之未知事实的说明，中国与欧洲的关系，中华民族与帝国之欢迎欧洲科学及其风俗，中国与俄罗斯战争及其缔结和约的经过"。全书 174 页，均为在华耶稣会士的通信，莱布尼茨写了导论《致读者》，长达 24 页，是莱氏中国文化观的纲领性文字。

1697 年 10 月 18 日，白晋由中国返归巴黎，第一次与莱布尼茨通信，并附赠所著《康熙皇帝传》一书（该著后由莱氏从法文译成拉丁文，收入 1699 年《中国新论》第 2 版，并附康熙皇帝肖像）。

1697 年 12 月 2 日，莱布尼茨在汉诺威复函感谢白晋的通信和赠书。以后两人多有书信往返，到 1702 年 12 月，计有 7 次。这些书信表明莱布尼茨对中国文化的研究卓有成效。

1697 年 12 月 12 日，致书东方学者罗道福（Ludolf），希望俄皇能使欧洲与中国相结合，竭力计划在法、德、奥、俄设立学士院，其中均设中国研究部门。

1700 年，普鲁士学会在莱氏的促成下成立。4 年后维也纳学会也诞生，这些学会几年中就出版了不少关于中国文化的书籍，而且从事桑蚕培养。

1715 年 4 月 1 日，莱布尼茨致法国当时的摄政顾问向德雷蒙（M. de Remonde）写一长信，全面阐述他对中国哲学中"理""气"

题的看法，驳斥耶稣会士龙华民和方济各会士栗安当的观点。

由上可知，莱布尼茨从不到 20 岁至临死前一年，始终对中国文化极为关注。他从思想和文化交流的角度对中国文化表达了如下主要观点：

中国文化对于西方文化具有互补作用。莱布尼茨一般从两个方面说明这一作用：第一方面，由于中国文化的古老，莱布尼茨写道："中国是一个大国，它在版图上不次于文明的欧洲，并且在人数上和国家的治理上远胜于文明的欧洲。在中国，在某种意义上，有一个极其令人赞佩的道德，再加上有一个哲学学说，或者有一个自然神论，因其古老而受到尊敬。这种哲学学说或自然神论是自从约三千年以来建立的，并且富有权威，远在希腊人的哲学很久很久以前。"第二方面，由于中国文化在实践方面，如政治、道德等方面优于欧洲文化，莱布尼茨说："在实践哲学方面，换言之，即生活与人类实际方面之伦理及政治的纲领里面，我们实在相形见绌了（这是必须忍受的屈辱）。"他特别提到了康熙皇帝，并以此为典范。所以，为了使人类文化互相交流和补充，莱布尼茨对传教士的行为表示了很高的赞赏，说："它可以将中国数千年努力的结果输入欧洲，同时又将欧洲所有的输入中国。"他甚至希望中国也能派出传道士去欧洲。对于中国文化，莱布尼茨并没有流于一概否定和全盘肯定的时俗，只不过，从文化交流和互补的需要出发，他更倾向于多多介绍中国文化的优点，他觉得："如果能够给它以一种正确的意义，那将是非常合理的。"他自信："我给中国官方权威的信条以合理的意义，而从中抽出来的东西是更为可靠的，并且很好，可能被视为恭维之辞。"

中国思维和西方思维有同构性。最令人惊叹不已的是莱布尼茨发明的二进制和中国古代易学中的八卦图的一致。我们知道莱布尼茨一直在追求一种明晰简便、精巧严密的思维方式，去表达深奥纷繁的哲学思考，这是当时不少理性主义思想大师所追求的境界，这也是和当时各种自然科学，特别是数学、几何学成就互为因果的现象。莱布尼茨为此在数学、逻辑学和语言学等领域中作了大量研究，提出了著名的"普遍文字说"，即用一种新文字（莱氏很希望能从伏羲画卦得到的文字学意义上的启示）作为哲学符号，来表示抽象的必然的真理，这将有利于消除各民族间的语言隔膜。在 17 世纪 70 年代，莱氏就提出了二进制，并用它来改进了帕斯卡发明的加法器（被认为是计算机的鼻祖），使之能作乘除法运算。17 世纪末和 18 世纪初，他在与白晋往来信件中共同讨论了《易经》卦爻的二进位制，并发现六十四卦图之数字的配列顺序，与他当年发明的二元算术在思维建构的方式上完全相同：两者都采用了两个符号交错使用的方法，来表示不同的事物和数字；两者都引进了"位"的概念，以增大两个简单符号的容量；两者都用"位"数的增加来表示量的增加，而且是呈二倍递增。当然，莱布尼茨的二进制和中国易学中的二分法还是有很多的不同处，最根本的不同在于两者建立的基础不同，前者是欧洲近代科学发展的产儿，后者则是人类猜想和附会的结果。但是，东方与西方、古人与今人的共同努力，并且取得了令人叹服的类似的结果，却明白不过地表明了人类思维有着何等深刻的共通性。难怪，莱布尼茨要自豪地自称是第一个能懂得《易经》的德国人，并认为，如果没有他发明的二进制，那么什么六十四卦体系，什么伏羲易图，都是不可理喻的。

中国的理与西方的实体一致。莱布尼茨以赞成的口吻来论证"中国人的理就是我们在上帝的名称之下所崇拜的至上实体"。他写道："我并不想知道中国人的祭祀礼节可以谴责或原谅到什么程度，我只是要研究他们的学说。我认为（总的来说）他们古代圣贤的意图是尊敬理或至上的理性。"①

四　孟德斯鸠对中国的观点

孟德斯鸠（Charles Louisde Secondat Montesquieu，1689—1755年）是法国启蒙运动中最早和最重要的思想家之一。由于家境的优裕，使得他得以在多方面接受教育，涉猎知识，特别是他一度跻身法国政界，后又周游列国，使他受到了双重的感染：法国封建主义和专制主义的腐朽与欧洲大地新的社会形态和意识形态的魅力。孟德斯鸠是继意大利人维柯之后又一个从大文化的角度，去研究各民族各社会阶段的历史、生活、风俗习惯等方面的人的精神的底蕴的。不过维柯重文化艺术，而孟德斯鸠重政治法律；维柯重初民社会，孟德斯鸠重古今社会；维柯把被笛卡儿抛弃的人类历史纳入科学，孟德斯鸠在笛卡儿区分神学与科学之后，进一步区分了上帝和人；维柯的思想理论意味渊深些，孟德斯鸠的思想实践意义强烈些。尤其在 18 世纪的法国，也许是天时、地利、人和的缘故，在对中国文化的认识、研究和见解上孟德斯鸠与法国启蒙运动思想界巨子们都胜过了维柯。在孟德斯鸠之前，大概只有莱布尼茨可以和他匹敌，不过莱布尼茨具有德意志式的教授气，而孟德斯鸠却有典型的法兰西式的凡俗味。

1748 年，孟德斯鸠出版了其一生辛勤研究的最后成果——《论

① 参见忻剑飞：《世界的中国观》，学林出版社 1991 年版，第 172—178 页。

孟德斯鸠像

法的精神》。这是一本引起轰动的书，不到两年就印行了22版，并有了许多外文译本。但也引起了包括耶稣会在内的各派教会会士的嫉恨和攻击。因此，1750年，孟德斯鸠又匿名发表了《为〈论法的精神〉辩护与解释》一文。《论法的精神》中所阐述的社会演变论和理性论，提出的关于政体分类的学说，分权说、君主立宪说、地理环境说，以及许多法律理论、经济理论，对后人产生了巨大的影响。美国独立宣言、法国人权宣言，包括我国民国时代的宪法和法制，等等，无不包含了《论法的精神》的精髓。

从中外文化交流史的角度看，孟德斯鸠在《论法的精神》一著中写下了大量的讨论中国历史、政治、经济、宗教、习俗、环境，以及国民性等社会文化问题的文字。

关于中国的政治和法律。孟德斯鸠指出，法律和风俗是有区别的，法律主要是规定"公民"的行为，风俗主要规定"人"的行为；风俗和礼仪又有区别，风俗主要是关系内心的动作，礼仪主要是外表的动作。但是，在中国立法者们那里，这三者是混淆的；不仅这三者，而且道德也与之混淆。而在法律、风俗、礼仪、道德中，道德更具主导性和代表性。统治者制定了最广泛的"礼"的原则，文人用之以施教，官吏用之以宣传。而中国人把整个青年时代用在学习这种礼教上，并把整个一生用在实践这种礼教上。孟德斯鸠认为这种礼即法、礼即风俗的道德化倾向，对内，隐饰了人的邪恶的一面，强化了人与人之间的依赖关系，造成了社会生活的平静；对外，可以抵御征服者的同化，因为征服者的风俗、习惯、法律、宗教都不是一个东西，所以要同时改变中国人上述四方面难，分别地改变征服者的这四个方面易，这就在历史上造成了"中国并不因为被征服而丧失它的法律"，反之，"改变的一向是征服者"。其实，在中国传统文化中，并没有近代西方意义上的法律，即便有一些名义上的法律，也是早被道德浸透了的，不大有正义、平等、自由的内涵，有的只是刑事和罚的意义，至多也讲一点"公正"罢了。然而，与高居于一切人之上的法律不同，刑或罚毕竟是一部分人对另一部分人的专政，此所谓"刑不上大夫"。具有典型意义的是所谓"大逆罪"，即任何人对皇帝不敬就要处死刑。孟德斯鸠认为，因为没有明确规定什么叫不敬，所以任何事情都可以拿来作借口去剥夺任何人的生命，去灭绝任何家庭。看来，法律上的含糊不清，也是东方专制主义的特产，孟德斯鸠指出，如果大逆罪含义不明，便足以使一个政府堕落到专制主义中去。专制主义恰是中国政制的根本性质。孟德斯鸠在另一处又评述，在中国，人们曾经想使法律和专制主义并行，但任何东西和专制主义联系起来，便失掉了自己的力量。中国的专制主义，在祸患无穷的压力之下，虽然曾经愿意给自己带上锁链，但却徒劳无益；它用自己的锁链武装了自己，而变得更为凶暴。既然中国的法律湮没于道德之中，那么如何理解中国的道德呢？在中国，以儒学为核心的礼教，把纲常名分作为宣传和教育的主要内容，实际上是把这一套作为伦理原则去规范、约束人们的言行。但众所周知，这恰是家族化、伦常化的道德，是家与国的混同，是对义务的强调。而与中国的道德相对应的西方的自然法，同样具有道德体系的特征，同样有着伦理价值的标准，但都表现为一种政治正义论，乃是社会化、政治化的道德，是家与国的分离，是对权利的重视。孟德斯鸠也看到了这一点，他尖锐地指出，这个政府与其说是管理民政，毋宁说是管理家政。他举出中国式道德最极端也是最常见的例子：为妻的品行。孟德斯鸠看到中国等东方国家实际上实行的是多妻制，他认为在多妻的场合，家庭越失去单一性，法律便越应该把那些支离分散的部分团结在一个共同的中心。这个中心便是"单纯地对家庭的依恋"，这是依靠幽闭来实现的，财产越多，就越有能力把妻子严禁在深闺里，并防止她再进入社会。但是，由于这样，东方治家的方式就不是妻子掌管家政，而是把家政交给别的人，如阉人。这种状况，使人想到皇宫中的太监。孟德斯鸠认为在中国的历史上，我们看到许多剥夺太监一切文武官职的法律，但是太监们却老是又再回到这些职位上去，东方的太监似乎是一种不可避免的祸患。孟德斯鸠还从历史发展的角度谈到了中国的政制和法律，总的说来，孟德斯鸠认为是"今不如昔"。他赞赏了中国最初立法者由于创造一种宽和的政治环境和根治了洪水，所以，建设了中国的江南（即今江苏、安徽两省和浙江），于是帝国版图上便出现了这两个"最美丽的省份"。但并不是中国所有地方都如此了，它甚至到孟德斯鸠的时代成为一种假象——给欧洲人一个印象，仿佛这个大国到处都是幸福。他还肯定了中国曾有几个朝代规定由皇帝的兄弟继承大统，而不由他的子女继承，批评有一些著者曾把这些兄弟看作是帝位的篡夺者，但是这些著者的判断是以中国的法律思想为依据的。可见，中国的法律思想，从根本上说还是一种以伦常化的道德为掩饰的家长式的专制主义政治体制的附庸。

关于中国的家教。孟德斯鸠的前提是：最真实、最圣洁的教义，如果不同社会的原则联结在一起的话，可能产生极恶劣的后果；反之，最虚伪的教义，如果同社会的原则发生关系的话，却可能产生美好的后果。据此，他这样评价中国的儒、释、道三教。他说，道教和佛教相信灵魂不死，但是从这条这样神圣的教义却引申出一些可怕的结论来。稍作分析，便可知孟德斯鸠并没有赞赏中国的任何一个教派，他不过指出了在中国占统治地位的"孔教"，与中国的社会原则结合得很好这一事实。而中国的社会原则，不过是东方专制主义的原因，在这个意义上，我们才能理解何以孟德斯鸠有时赞赏中国立法者的明智，因为他们不是从人类将来可能享受的和平状态去考虑人类，而是从适宜于履行生活义务的行动考虑人类，所以他们使他们的宗教、哲学和法律全都合乎实际。在我们看来，这种只强调义务的思想，无非是家族化、伦常化的道德实践罢了，正如它如此深扎于中国社会实践的土壤之中，才使割除它的工作变得特别繁难。孟德斯鸠还分析了外来宗教进入中国的情况。孟德斯鸠是天主教的猛烈抨击者，但他仍是一个宗教的保存论者，他主张宗教的多元化，并更倾向于新教。所以，他不相信耶稣会士关于中国的奇妙的报道，他发问，是不是我们的教士们被秩序的外表所迷惑了呢？是不是因为在那里，不断地行使单一的个人意志，使他们受到了感动了呢？这就是说，由于耶稣会士习惯于罗马教皇单一个人统治，所以他们也欣赏起中国皇帝的专制统治来，而且他们到那里去的使命只是要提倡巨大的变革，那么要说服君主们使君主相信自己什么都能够做，总比说服人民使人民相信自己什么都能忍受，要容易些。但是，要在中国建立基督教，几乎是不可能的事，因为专制主义把一切，特别是妇女们，隔离开来；而基督教的各种仪式却

"似乎要求一切都要在一起",这就从根本上"推翻这个国家的风俗和习惯,同时也触犯它的宗教和法律"。相反,伊斯兰教在中国的情况则要好得多。

关于中国的经济生活。孟德斯鸠批评中国的商贸,赞赏中国的农垦。前者或许是欧洲资本主义初期重商主义的产物,后者则成为后来的法国重农学派的先导。孟德斯鸠指出,中国内部的贸易比整个欧洲的贸易还要庞大。如果欧洲的对外贸易没有增加欧洲的内部贸易的话,情况可能就是如此。孟德斯鸠还记录了有的商人和旅行家的观感:向中国人买东西,要自己带秤,因为,中国商人每人有三杆秤,一种是买进用的重秤,一种是卖出用的轻秤,还有一种是准确的秤,这是用于那些有所戒备的买者的。孟德斯鸠赞赏了中国古代对江南的开发,他指出,有关中国的记述谈到了中国皇帝每年有一次亲耕的仪式,这种公开而隆重的仪式的目的就是要鼓励人民从事耕耘,不但如此,中国皇帝每年都要知道谁是耕种上最优秀的农民,并且给他八品官做。他在这一节使用了"中国的良好风俗"的标题。孟德斯鸠还讨论了中国的奢侈和节俭问题,他认为这首先要"考察那里的人口数目和谋生的道路二者间的关系",他举出唐高祖、明永乐帝和建文帝等一系列诏令的事例说明在中国,奢侈是有害的,必须有勤劳和俭约的精神。不过,这些往往都是开国或开国不久的皇帝,他们是在战争的艰苦中成长起来的,他们推翻了耽于逸乐的皇室,当然是尊崇品德,害怕淫佚。但是,三四代之后,后继的君主便成为腐化、懒惰、逸乐的俘虏,终于,奢侈导致了灭亡,然后,又起来一个新的皇室,如此循环不已。

关于中国的国民性。这是一个现代的字眼,但孟德斯鸠当年确实讨论过与此类似的问题。孟德斯鸠的基本理论是,人类受多种事物的支配，就是气候、宗教、法律、施政的准则、先例、风俗、习惯，结果就在这里形成了一种一般的精神，在每一个国家里，这些因素中如果有一种起了强烈的作用，则其他因素的作用便将在同一程度上被削弱。由此，他指出"中国人受风俗的支配"。按照孟德斯鸠的定义，风俗被规定为"人"的行为，在那里还没有法律上的"公民"的范畴，而且风俗又主要是关系内心的动作，与关系外表的礼仪也有区别，可知，中国人的一般精神是建筑在初民的自身向内的行为基础上的，而且宣传和教育又一再强化这种精神，甚至把法律和礼仪也与之拴在一起，成为仍然是注重内省修养的"礼教"，礼教构成了国家的一般精神。在这种情况下，民气可以是淳朴憨厚的，但同时也可以是刁钻奸猾的。孟德斯鸠主要持批评态度。他认为中国人的生活空气以礼为指南，但他们却是地球上"最会骗人"的民族，这特别表现在他们从事贸易的时候。接着，他就讲了上述三杆秤的情形。他认为"礼"和"骗人"并不矛盾，在中国，一切用暴力行为获得的东西都是禁止的，一切用术数或狡诈取得的东西都是被许可的。孟德斯鸠认为各民族的不同性格都是品德与邪恶的混合，是好的和坏的品质的混合。混合得好还是坏关系甚大。然而在中国，这是一种坏的混合，中国人生活得不稳定，使他们具有一种不可想象的活动力和异乎寻常的贪得欲，所以没有一个经营贸易的国家敢于信任他们。看得出，孟氏对中国的国民性没什么好感，他是耶稣会士的反对者，比较倾向于相信商人和旅行者的说法。孟德斯鸠对"礼教"给予民气的消极影响和把中国国民中的劣根性放到初民风俗的水准上去检视，也是具有相当的尖锐性的。

关于种种中国文化现象之因。孟德斯鸠作为一个自然神论者，他抛弃了上帝对人世间种种现象的控制和解释，把探根溯源的目光投向客观的自然的因素，从而形成了他那著名的"地理环境说"。其实，他除了十分突出地理的原因之外，同样很重视各种人化自然的原因，所以，更准确地，倒不如称孟氏的这方面理论为"环境说"。对上面提到的中国文化的各种表现，孟德斯鸠也充分地运用他的"环境说"去解释之。

气候。"亚细亚是没有温带"的，这是孟德斯鸠的结论。这一结论导致另一个结论"在亚洲，自由没有增加过"。因为，在孟氏看来，包括中国在内，亚洲是严寒地区与炎热地区紧接着的，所以一边是强国（寒冷地区），一边是弱国（炎热地区），一边是征服者，一边是被征服者。他还说过，在中国"北方人比南方人勇敢"。当然，如前所述，在中国，常常是被征服者同化了征服者。孟德斯鸠显然过于偏爱他的气候说了。他甚至认为这就是欧洲之所以强而有自由，亚洲之所以弱而受奴役的重要原因，还颇为自得地说"这个原因，我不知道曾有人指出过没有"。气候还影响到道德，孟氏认为有的地方因气候关系，自然的冲动极强，道德几乎是无能为力的，倘若让一个男人和一个女人单独在一起，诱惑将带来堕落，必然会有进攻而不会有抵抗，这些国家，不需要铁窗门闩。他举例说，中国古书中曾把一个男人在偏僻的房屋内遇到一个女人，而不逞暴行，看作是了不起的德行。

土壤和疆域。按孟德斯鸠的说法，土地肥沃，宜养成人的依赖性，最常见个人的统治。而土地硗薄则使人勤勉，不过，他似乎并不认为中国的土壤完全属于贫瘠之例，因为他称赞过古时江南"土地肥沃异常"。但是他也承认中国老百姓是具有勤劳和俭约精神的，而中国的政制却又是专制主义的。孟德斯鸠的这些理论本来说远非天衣无缝。不过，他还是提出了一些其他因素弥补土壤说的矛盾。

他认为：中国疆域过于辽阔，这一方面可以说明还有许多地方并不及江南地区那么富庶；另一方面更表明，中国只能适宜于专制统治，因为，帝国幅员辽阔会"发生各种恐怖"，最甚者是出现割据局面。从历史上看，在最初的那些朝代，疆域没有这么辽阔，政府的专制精神也许稍微差些。

人口。孟德斯鸠对此相当重视。他指出，人口增加使中国的君主"只能像尼禄一样，希望全世界的人只有一个领袖"。但同时，中国的人口将永远地繁殖下去，并战胜暴政。为什么？因为，人口这样众多，如果生计困乏便会发生纷乱，所以，腐败的统治便收到急遽的显著的警告。然而，在经济上却常常出现人民繁衍了，而饥馑摧毁了他们的情形。另外，由于中国人口天天在增加，所以需要辛勤劳动，使土地生产足以维持人民的生活。中国统治者的亲耕，重农都源于此，特别是这种状况还造成了中国统治者把民政当作家政来管理的倾向。这就是关于中国家与国的关系的又一种别开生面的说法，可以聊备一说。

文字。孟德斯鸠是继莱布尼茨以后又一个关注中国文字的大思想家。他认为"礼教"何以能那么容易地铭刻在中国人心灵和精神里，首要的原因就是中国文字的作用。他指出，中国的文字的写法极端复杂，学文字就必须读书，而书里写的就是礼教，结果中国人一生的极大部分时间，都把精神完全贯注在这些礼教上。

实用原则。除文字外，第二个对"礼教"的深入人心发生重大影响的是：礼教里面没有什么精神的东西，而只是一些通常实行的规则而已，所以比智力上的东西容易理解，容易打动人心。这种情况我们权且称为"实用原则"。其实也是以家政、家事、家务为出发点的传统的中国式政治、经济、文化的一个表现。孟德斯鸠对此看得很清楚，曾经多次讲过类似的话，他指出在表面上似乎是最无关紧要的东西却可能和中国的基本政制有关系。这个帝国的构成，是以治家的思想为基础的，孟德斯鸠把这一点看作中国人如何实现宗教、法律、风俗、礼仪的结合的基本法则，看作中国国家的一股精神。这实际上是说出了中国传统文化的根本问题。这些话出自200 多年前的一位西方思想家之口，不能不令我们敬佩和叹佩。①

孟德斯鸠《论法的精神》有关中国问题章节的摘录：

一些国家因特殊原因，要制定节约法。气候能让人口大大膨胀，但也能让这些人谋生的方法充满变数，因此有个很好的应对方法就是让所有人都参与农业生产。奢侈在这种国家中很危险，要有极为严格的节约法。所以要先关注人口数与生计难度的关系，然后才能了解对奢侈应持何种态度，是鼓励还是禁止。英国的土地产出的粮食数目，比农民和服装制造者需要的数目多得多，所以当地出现了一些生产时尚产品的艺术门类，奢侈也随之发展起来。法国的小麦产出用于满足农民和工人的需求绰绰有余。而外贸又能用大量生活必需品交换时尚产品，因此奢侈不会让法国人感到畏惧。

中国却刚好相反，女性有着非常强大的生育能力，人口迅速膨胀，再怎样开垦土地都只能勉强维持生计。中国跟所有共和国一样②，需要勤俭节约的精神，奢侈会为其带来害处。一定要避开那些只能提供享乐的工艺，参与创作生活必需品的工艺。

中国历朝历代的皇帝在诏书中体现的精神就是如此。唐朝有位

① 参见忻剑飞：《世界的中国观》，学林出版社 1991 年版，第 188—196 页。

② 共和政体一直禁止奢侈。——原注

皇帝在诏书中表示："我们的先人告诫我们，只要有一个男人不耕田，一个女人不织布，帝国就会有人挨饿受冻……"他据此颁布命令，拆掉了大量寺庙①。

第二十一个朝代的第三位皇帝②掌权期间收到了别人进贡的宝石。由于宝石不能为百姓提供食物和衣服，皇帝不想将百姓的劳动浪费在这种东西上，于是下旨将出产这些宝石的矿山关闭了。

建文帝曾表示③："连平民百姓不得不卖出的女儿都穿着绣花鞋，我们居然奢侈到了这种地步。"莫非要满足很多人的穿衣需求，就要让一群人给一个人做衣服？要满足很多人的食物需求，就要让十个人给一个人耕田？④

…………

在说到面积广阔的中华帝国时，我们的传教士表示其政体让人惊叹，其原则兼具恐惧、荣誉、美德。如此说来，我提出的对三种政体原则的划分就变得毫无意义了。

一个国家只有靠暴力才能让人民工作，其口中的荣誉是什么，我搞不清楚。⑤

而从我们的商人口中，基本感受不到传教士提到的那些美德。

---

① 考杜赫德《中华帝国全志》第二卷的一篇诏书。——原注

② 参考杜赫德《中华帝国全志》第一卷对中国第二十一个朝代第三位皇帝的记录。——原注

③ 杜赫德《中华帝国全志》第二卷第48页。——原注

④ 参见〔法〕孟德斯鸠著，欧启明译：《论法的精神》，译林出版社2016年版，第85—86页。

⑤ 杜赫德神父说过，中国靠大棒维持统治。——原注

商人们对中国官员欺骗抢掠的描述[1]，倒是可以听一听。

另外还能让了不起的安森勋爵[2]来作证。

巴多明神父的信件中记录了皇帝惩处了几名亲王，因为他们信奉了基督教，令皇帝不悦，从中能看出贯穿始终的暴政和对人性的无情伤害，后者被当作再正当不过的事。

德美朗先生与巴多明神父同样留下了讨论中国政府的信件。那些让人惊叹的地方，在读过几个合情合理的问题及解答后荡然无存。

传教士可能是被表面的秩序迷惑了，可能是一个人连续行使个人意志让他们难以忘却，毕竟他们同样被一个人的意志统治，他们还极力想在印度诸王的朝廷中寻觅这种连续行使的个人意志。他们就是为了掀起一场大变革才到那儿去的，相较于让平民相信自己能容忍一切，让君主相信自己能做到一切要简单很多[3]。

但某些真实却经常存在于错误中。中国的政体因为一些特殊状况或独有状况，并未腐坏到其应有的程度。该国的道德原因被大部分建立在气候基础上的物质原因压抑，由此产生了各种奇迹。

中国的气候对人口增长极为适宜。中国女性的生殖能力超过了其他任何地区。哪怕是最残酷的暴政，也无法减慢人口增长的速度。中国皇帝不能效仿法老，说："我们想个聪明的法子镇压他们吧！"中国皇帝只能像尼禄一样，希望全世界的人只有一个领袖。暴政不能阻止气候让中国的人口不断增长，最后击败暴政。

---

① 例如朗科（18 世纪早期曾担任俄国驻华商务代表）的记录。——原注

② 18 世纪英国皇家海军上将，曾在环球航行途中经过中国，之后在《环游世界航行录》中记录了这段经历。——译注

③ 杜赫德神父的作品中谈到，利用康熙的权力，传教士让那些再三表示外国人在中国设立宗教违背了中国法律的官员，不敢再提出抗议。——原注

中国跟一切水稻产国一样①，时常会出现灾荒。快要饿死之际，人们便到处寻找食物。这些人沦为盗匪，在各地成群结队，其中大多都被消灭了，余下的小部分规模不断扩大，可最终还是要被消灭。但有那么多个省距离京城十分遥远，免不了会有几个团伙发展壮大起来，成了军队，攻破京城，由首领来做新皇帝。

自然性质导致中国的坏政府迅速遭到惩处。当大批百姓难以谋生时，就会突然出现混乱局势。所以其他国家很难消除弊病，因为弊病的影响无法让人感知，中国君主能接收到快速、清晰的预警，这些国家的君主却接收不到。

我们的君主明白，若治理不好国家，今生就得不到多少权力与财富，来生也很难获得幸福。中国的君主却不一样，他们明白若治理不好国家，帝国便会覆灭，自己也将丧命。

中国的人口持续增长，即便经常有遗弃婴儿的事件发生，也没能改变这一点②，所以为了从土地中获得维持生计的粮食，一定要辛勤耕作。这要求政府予以高度关注。政府要让所有人都能放心耕作，不用担心自己的劳动成果会被别人抢走。这样一个政府，说其在管理民事，倒不如说在管理家政更准确。

饱受议论的各类法律制度，就是由此诞生的。曾有人想让法律和专制主义共存，可专制主义能消除一切与其有所牵涉的事物的力量。在数不清的灾难打击下，专制主义一度尝试给自己戴上枷锁，结果却因这种枷锁的武装更加令人恐惧，白白浪费了这番心机。

因此中国是一个专制国，以恐惧为原则。最开始的几个朝代，

---

① 参考本书第二十三章第十四节。——原注

② 参考《耶稣会士书信函汇总》第二十一辑，记录了一名总督倡导开荒。——原注

疆土不及现在广阔，专制精神也可能稍逊于现在，但时至今日，情况已非过去所能比拟。①

…………

中国的立法者做了更多②。他们将宗教、法律、风俗、礼仪融合成为伦理、美德。所谓礼仪，便是跟宗教、法律、风俗、礼仪相关的劝诫。对礼仪的严格遵守，是中国政体如此成功的原因所在。中国人早年学习礼仪，之后将一生都用于礼仪的实践。读书人传授礼仪，官员宣传礼仪。礼仪存在于大大小小一切事务之中，因此一旦找到了一种方法，能严格遵守礼仪，就能很好地治理中国。

有两种原因导致礼仪轻而易举地在中国人的内心和精神生活中占据了重要地位。首先，中国的文字非常难写，因此中国人要将一生之中相当一部分时间倾注于礼仪的学习中③，因为读书才能认识字，礼仪又充斥了所有书。其次，礼仪完全是朴素的日常行为准则，不带有半点宗教成分，因此相较于智力方面的事物，礼仪更容易让人信服、感动。

有些君主治理国家不靠礼仪，而靠刑罚，想用刑罚建立好的礼仪，事实上，在这方面，刑罚根本发挥不了任何作用。刑罚当然可以把一个因抛开好的礼仪而犯罪的人驱逐出去，但要是所有人都抛开了好的礼仪，刑罚还能将其重建吗？刑罚不能铲除弊端，只能阻止一般的弊端造就的种种后果。因此只要中国抛开政体原则，丧失

---

① 参见〔法〕孟德斯鸠著，欧启明译：《论法的精神》，译林出版社2016年版，第106—108页。

② 参考杜赫德神父帮我们从中国古代经典中挑选出的精彩片段。——原注

③ 这使得他们积极进取，战胜懒惰，推崇知识。——原注

道德，就会马上陷入无政府状态，引发革命。①

…………

中国的立法者治理国家的最大目标是国家稳定。服从是他们心目中维持国家稳定的有效方法。他们据此判断，应鼓励人们尊重父亲，并竭尽所能促成此事。为了在父亲生前、死后表示对其的尊重，他们制定了无数礼仪和礼法。若父亲生前得不到子女的尊重，那死后也不能得到子女的供奉。祭祀已故的父亲跟宗教有更紧密的关联，奉养在生的父亲跟法律、风俗、礼仪有更紧密的关联。但这都属于一部法典，只是分属于不同的部分。

尊重父亲必会关系到对一切能等同于父亲的人，如长辈、师长、官员、皇帝的尊重。尊重父亲就表示父亲要回馈给子女以关怀。而长辈回馈给晚辈以关怀，官员回馈给下属以关怀，皇帝回馈给臣民以关怀，也是一样的道理。全部这些组成了礼仪，礼仪又组成了民族普遍精神。我们会感受到，表面看来最不重要的事物，实际却关系到中国的基本政体。中华帝国以治家的思想作为建立的基础。对父权，甚至是彰显对父权敬重的礼仪的削减，都不逊于削减对被视为父亲的官员的尊重，官员本应将百姓视为子女，现在却不再关怀他们了，君主和臣民的彼此关怀也逐渐不复存在。削减其中之一就能动摇整个国家。原本儿媳妇是不是每天早上都要去照料婆婆并不重要。但是想到这些生活细节不停地在唤醒一种务必要铭记在心的感情，而中华帝国的治国精神便是由所有民众内心的这种感情共同

---

① 参见〔法〕孟德斯鸠著，欧启明译：《论法的精神》，译林出版社 2016 年版，第 262 页。

形成的，便会明白这些具体的做法全都很有必要。[①]

············

中国人的生活完全遵守礼仪，但中国人却是全世界最狡猾的民族，这让人非常惊讶。在商贸活动中，这种现象格外突出，虽然商贸活动最能顺理成章地刺激人的诚信，却对刺激中国人的诚信毫无作用。生意人要自己准备秤[②]，中国所有生意人都有三种秤，买入时用重秤，卖出时用轻秤，对有防备的人则用精确的秤。面对这种矛盾，我想我能给出解释。

中国的立法者有两项目标：一是民众要服从、安稳，二是民众要勤劳、苦干。中国民众因气候、土壤的原因，生活非常不安稳，要得到生活保障，只能依靠勤劳苦干。

国家在所有人都服从、肯干时一片繁荣。中国人可能是因为必要性或气候的原因，导致所有人都贪心到了无法想象的地步，但法律却没有从中阻止。法律禁止了所有依靠暴力获利的做法，却没有禁止所有依靠手段或奸诈获利的做法。不要比较中国人和欧洲人的道德。所有身处中国的人都一定要留意对自身有利的东西。若骗子已在密切留意自己的利益，那容易受骗的人也应留意自己的利益。在斯巴达，偷盗是被准许的；而在中国，欺诈是被准许的。[③]

---

① 参见〔法〕孟德斯鸠著，欧启明译：《论法的精神》，译林出版社2016年版，第263—264页。

② 朗科：《北方地区旅行记》第八卷，"1721年至1722年日记"。——原注

③ 参见〔法〕孟德斯鸠著，欧启明译：《论法的精神》，译林出版社2016年版，第264页。

五　亚当·斯密对中国的观点

亚当·斯密（Adam Smith，1723—1790 年）的主要著作《国民财富的性质和原因的研究》（又译名《国富论》），发表于 1776 年。

在《国民财富的性质和原因的研究》一书关于中国和中国文化的论述中，亚当·斯密早于我们近 200 年提出了一个问题。这个问题即悠久而灿烂的文明古国，何以会长期落伍，落后至此？

亚当·斯密写道："中国一向是世界上最富的国家，就是说，土地最肥沃，耕作最精细，人民最多最勤勉的国家。然而，许久以来，这似乎就停滞于静止状态。今日旅行家关于中国耕作、勤劳及人口稠密状况的报告，与 500 年前视察该国的马可·波罗的记述比较，似乎没有什么区别。"

根据亚当·斯密的经济学理论：社会财富来自劳动，与启蒙

亚当·斯密像

经济学者配第不同，他撇开了自然的因素，所以，所谓中国"土地最肥沃"，并不是现实的社会财富；社会财富的增长，不单是取决于参加生产的劳动者，而更重要的是取决于更大的劳动生产率，所以，"人民最多而且最勤勉"未必是提高生产率的决定性因素。而且，亚当·斯密打破了重农学派所设定的农业劳动那个狭窄的圈子，把

劳动更一般化了，这样，仅仅"耕作最精细"，就远远不够了。可见，亚当·斯密把中国看成世界上最富的国家，同时又认为这个国家已处于停滞状态了，这并没有陷入自相矛盾，相反，却是对重商主义者耻笑中国"贫穷"，和重农主义者推崇中国的"富裕"的双重批评。他指出，中国许久以来就停滞于静止状态，既是基于"今日旅行家"的报告与马可·波罗的记载这两种实证材料间的比较，更是依据他自己的经济学理论。因为，亚当·斯密关心的是创造中的财富，而不是固有的财富。亚当·斯密列举了许多事例来说明中国的这种停滞状况，如：中国劳动工资低廉和劳动者难以赡养家属；中国技工为乞求工作而不断在街市东奔西走；广州附近数千百户水上家庭争食欧来船舶弃船外的最污秽废物；各大都市每夜总有若干婴孩被遗弃街头巷尾，或者是像小狗一样投在水里……不过，"中国虽可能处于静止状态，但似乎还未曾退步。"为什么？根据亚当·斯密的理论，劳动和财富处于这样一种关系之中，即前者生产了后者，国民财富获得和增加的源泉在于一国国民的劳动；后者又促进了前者，国民财富的增加必然会刺激对劳动的需求。对劳动的需求，实际上增加了对工资劳动者的需求，提高了工资劳动者的价值，所以，劳动报酬的优厚，是国民财富增进的必然结果，同时又是国民财富增进的自然征候。反之，贫穷劳动者生活维持费不足，是社会停滞不进的征候，而劳动者处于饥饿状态，乃是社会急速退步的征候。此外，既然对劳动者的需求状况表明了一个国家或社会是处于发展还是静止，抑或后退的状况，那么，对劳动者的需求也就是对人口的需求，所以，这一需求可以通过人口的生产状况看出来。根据这种"自然征候"，于是，在亚当·斯密的世界经济的视界中，出现了三种状况：第一种是欧美式的前进状态，因为使劳动工资增高的，不是庞大的现有国民财富，而是不断增加的国民财富，因此最高的劳动工资不在最富的国家出现，而却在最繁荣、即最快变得富裕的国家出现。这正是欧美国家，特别是 18 世纪英国的情况。第二种是一些英属殖民地的退步状态，那里劳动工资被减低到极悲惨极贫困的生活水准。即便如此，还有大量的失业者，所以，终至国内居民减少到经过苛政或为祸而硕果仅存的收入和资本所能容易维持的人数。第三种就是中国式的静止状态，与第二种状态比较，那里没有被居民遗弃的城市，也没有听其荒芜的耕地。每年被雇用的劳动，仍是不变，或几乎不变。因此，指定用来维持劳动的资金也没显然减少。所以，最下级劳动者的生活资料虽很缺乏，但还能勉强敷衍下去，使其阶级保持着原有的人数。但与第一种状态相比较，则中国下层人民的贫困程度，远远超过欧洲最贫乏国民的贫困程度。就生活资料价格说，中国与欧洲有很大差异，而就劳动货币价格说，则有更大的差异。这是因为欧洲大部分处在改良进步状态，而中国似乎处在停滞状态，与中国的过去情况相比，居民的收入和资本，几乎"数世纪不变"，人口也"不增不减"，这进一步证明了亚当·斯密的论断。亚当·斯密感叹：一国尽管非常富有，如若长久陷于停滞状态，我们就不能希望在那里找到极高的工资。其实，停滞不前也就是落后、落伍，陶醉于悠久的历史、古老的文化、前人的成就，实在是最昏聩、最有害的思想和心理。

亚当·斯密不仅提出问题，而且力图解答问题。他大体从这样三个方面分析中国社会长期停滞的原因：

第一，停滞于农业和农业的停滞。亚当·斯密认为，一个国家的产业会按照这样一个顺序发展：农业——工业——国外贸易。所以，任何一种学说，如要特别鼓励特定产业，违反自然趋势，把社会上过多一部分的资本拉入这种产业，或要特别限制特定产业，违反自然趋势，强迫一部分原来要投在这种产业上的资本离去这种产业，那实际却和它所要促进的大目的背道而驰。那只能阻碍，而不能促进社会走向富强的发展；只能减少，而不能增加其土地和劳动的年产物的价值。亚当·斯密指的这种学说，就是重农主义的学说，而被重农学派作为范例的中国经济状况也理所当然地被亚当·斯密用来作为批评重农主义的一个典型。亚当·斯密充分估计了中国在农业方面的有利因素，他不仅看到中国较墨西哥或秘鲁等新大陆更为富裕，而且看到中国亦有明显优于欧洲之处。这主要就是在于中国土地的耕种和劳动的年产物是难以匹敌的。但亚当·斯密又毫不客气地指出：中国就是一个特别注重而且只是特别重视农业的国家，在中国，每个人都是想占有若干土地，或是拥有所有权，或是租地。中国政府的政策，也是特别爱护农业。亚当·斯密用这一观点，解释了曾为不少西方学者、传教士、旅行家所赞赏的关于中国政府十分重视公路、通航水道等公共设施的建设的情况，他认为，这也是中国政府重视农业的一个例证，因为，土地税或地租几乎是中国君主收入的唯一源泉，为了使土地生产物又丰盈又有价值，必须使国内各地方的交通既极自由，又极方便，极便宜。这对于不是主要依赖于土地税和地租的欧洲各国，就不那么重要了。但是，中国对农业的特别鼓励，"却归根到底实际上妨害了它们所爱护的农业"，停滞于农业的国策，带来的却是农业的停滞的结果。比如：中国政府和君主特别关心土地的耕作和改良，关心国内水道和陆路交通的扩展，是由于在中国实行的是一种可变额土地税，中国帝王的主要收入，由帝国一切土地生产物的 1/10 构成。这种地税或地租，像欧洲的什一税一样，包含一定比例的土地生产物（据说是 1/5），或由实物交付，或估价由货币交付，随各年收获丰歉的不同，租税也一年不同于一年。这种税制使君主和政府能够坐享地主和农夫改良和精心耕作土地的利益，却抑制和挫伤了土地经营者和耕作者的积极性，所以，这种税具有"破坏性"，是一种"恶税"（Destructive Tax）。当然，问题的症结远不在于税制，而是使这种税制带有必然性的理论和政策。亚当·斯密认为，这是一种"极微妙"同时又是"立足于形而上学的议论上"的学说，这首先是指重农主义，但也是指中国的政策。这种政策又从另一面得到了强化。

第二，对工业和商业的轻视。亚当·斯密并不一概否定中国制造业和商业，他曾指出，中国东部的几个省，在极早的时候就有了农业和制造业的改良，而且那里的一些大江大河，分成许多支流和水道，相互交通。直到近代，中国的工艺和制造业也远较南美洲国家进步；与欧洲比，也相差不远。所以，古代的埃及人和近代的中国人似乎就是靠耕作本国土地、经营国内商业而致富的。但是，中国对工业和制造业的轻视，却也是由来已久的事实。据他说，中国和印度农村劳动者的地位与工资，都比大多数技工和制造工人高。在谈到中国农民的贫困之后，亚当·斯密写道：中国技工的状况就更恶劣，欧洲技工总是漫无所事地在自己工场内等待顾客，中国技工却是随身携带器具，为搜寻，或者说，为乞求工作，而不断在街市东奔西走。中国对商贸，尤其是对外贸易的忽视，更是"冰冻三尺，非一日之寒"。亚当·斯密感慨，令人奇怪的是，古代埃及人、印度人和中国人，都不奖励外国贸易。如果说在古代由于种种原因还有可以理解之处，那么到了近代，仍停留在古人那里，无疑是作茧自缚。亚当·斯密记载了这么一段轶事：当俄国公使兰杰来北京请求通商时，北京的官吏以惯常的口吻对他说："你们乞食般的贸易！"这种政策必然带来严重后果：从经济上说，制造业和商贸是密切相关的，所以，亚当·斯密对中国在广东的国内市场之外，没有能自觉地利用和扩大国外市场，不无遗憾。他认为：假使情况正相反，那么更广大的国外贸易，必能大大增加中国制造品，大大改进某制造业的能力。如果这种国外贸易有大部分由中国经营，则尤有这种结果。从技术上说，这使中国人在今日中国的情形下，他们除了模仿他们的邻国日本以外，却几乎没有机会模仿其他外国的先例来改良他们自己。重农和抑商，成为中国封建社会的经济政策的一对怪胎，谁是真正的致畸者？亚当·斯密追究到了中国的法律制度。

第三，中国的法律制度已到了极限。一国的停滞和静止，可以是由于自然资源、领土、资本的局限或饱和等情况，但亚当·斯密认为"没有一个国家的财富曾经达到中国这种程度"。所以对中国的情况，亚当·斯密一再指出，也许在马可·波罗时代以前好久，中国的财富就已完全达到了该国法律制度所允许的发展程度。中国似乎长期处于静止状态，其财富也许在许久以前已完全达到该法律制度所允许有的限度。对于中国的法律制度，亚当·斯密谈得不很具体。他通过亚洲各国常有藏匿财产的现象，分析出这是一种专制和暴虐下的产物；他谈到中国鄙视国外贸易，实际上是对其他法制国家的不宽容，甚至是出于使邻国陷于贫困境况的目的；他抨击了中国造成了一批从事非生产性劳动的人员，这不仅对创造国民财富不利，而且导致了贫富的严重分化和对立，大鱼吃小鱼的现象在执行法律的借口下堂而皇之存在着，隶役（家仆）制度、高利贷制度都远甚于欧洲，特别是形成了一大批营私舞弊、敲诈勒索的官吏阶层，这些人都在征收实物的税收制度（惯例）下，成为社会的蛀虫、人民的压迫者和陈规陋习的维护者。所以，亚当·斯密假设：在中国若易以其他法制，那该国土壤、气候和位置所可允许的限度，可能比上述限度大得多，当然，这谈何容易。因为，法律制度并不是一种外在的东西，而是与文化传统维系在一起的。其实，亚当·斯密也看到了这一点，如他曾从人与人、国与国之间的平等观念出发，抨击了中国法律制度。

从《国民财富的性质和原因的研究》一书关于中国和中国文化的论述中，可以体会到他的另一个思想，就是作为经济学家和思想家的亚当·斯密对东西方文化传统之异的一些见解。

亚当·斯密详细地观察了欧洲农、工、贸三大产业的兴衰和演革史。按照他的观点，任何国家，都是最先发展农业的，这是出于人类的需要和天性，可称之为一种人的"原始目标"和"原始职业"。但是即便在遥远的古代，地中海地区已经由于初期航海的便利，而成为开化最早的地方，当然在尼罗河流域、恒河流域和中国东部的大江大河地区，由于水运的方便（但主要是内河运输和国内通商），也成为文明最早发达的地方。可见，历史已开始在东西方分岔。但是，亚当·斯密更注重政治、经济等社会生活的现实的运动。他认为，欧洲社会走上都市优于农村，贸、工、农逆向发展的关节点，在于古罗马帝国的崩溃。这是一次现实社会生活运动的巨大破坏，同时也是巨大的变革。从土地所有者一方说，少数民族的侵扰，长男继承法和限嗣继承法的推行，使土地兼并情况十分严重，从土地耕作者一方说，先后出现了奴隶耕作者、分益隶农（对分佃农）以及一定的租期内缴纳了一定数额地租后，可以自由耕种的"真正的农民"。在这种状况下，长时期来，欧洲的法律和政策是不利于农业和农村的，土地所有者和土地耕作者双方都没有改良土地和改进耕作的积极性。只有后起的、亚当·斯密所谓的"真正的农民"有所不同，不过，围绕他们而产生的政策（如定额土地税）和法律（如改佃诉讼法）已经是在起一种"促进现代英格兰伟大光荣的作用"了。而这种新的情况出现，恰又是罗马帝国崩溃以后，都市的勃兴和进步所带来的。都市的勃兴在政治上造成了市民政府和市民阶层，他们是抗衡封建领主的主要力量；在经济上造成了自由市民和自由商人，甚至吸引了许多农民逃往都市，还促进了制造业的兴旺（尤其在近海地区）；特别是都市的勃兴最终促成了农村的改良与开发。亚当·斯密指出，在欧洲大部分地方，城市工商业是农村改良与开发的原因，而不是它的结果。上面提到的围绕"真正的农民"所出现的一系列的政策和法律就是突出一例。当然，欧洲历史的这一发展过程，并不完全符合亚当·斯密关于农、工、贸三者顺序发展的规律，所以，他称之为"反自然的退化的秩序"。对亚当·斯密来说，更合于理想的是北美的英属殖民地的状况，因为在北美，才真正体现了这三大产业的发展的合理过程，所以，欧洲是"缓慢进步"，而北美则是"急速的进步"。

显然，中国的历史进程既不同于欧洲式的"反自然的退化的秩序"，也没有沿着北美式的"自然顺序"走下去，而是停滞在那种把农业看作"原始目标"和"原始职业"的状态，后来的政治和法律只不过是强化了这种原始状态，使之变畸，更无法向其他产业作重点转移，这种历史过程的巨大差异，必然造成民族心理的差异，即东西方文化传统的差异。

这些差异表现在许多方面。在人与自然的关系方面，停留在"原始目标"和"原始职业"状态下的农业，只会继续和强化对自然的依附。亚当·斯密在谈到古埃及、古印度、古中国主要擅长农工业，国外贸易并不繁盛的情景时，指出了在这些国家人民中存在的对海洋"有一种迷信的畏惧心"。这种没有从自然中超拔出来的人，尽管有相当的判断力、思辨力、理解力（亚当·斯密认为在这一点上农村下级人民要比都市下级人民优秀），但终究斗不过觉醒的主体的自觉行动。如：农民往往在都市居民和商人自觉自由的行动下，受到挫败。所以，欧洲反自然的"退化的顺序"倒赢得了一个重要的副产品：人的主体性力量的自觉和运用。

在人与人的关系方面，亚当·斯密指出了商业的繁盛对于公众幸福所造成的"一种极重要的革命"，尽管完成这一革命的大领主和商人工匠本身并没有使公众幸福的动机，但他"只为一己的利益行事"的举动，客观上造成了一种竞争的环境、气氛。在商业国，即使有极严厉的法规取缔挥霍浪费，长期富裕的家庭仍属罕见，但在商业不盛的国家即使没有法规取缔，亦多长富之家。这种竞争的状况又与商业上的平等和贸易上的自由是连在一起的。一旦平等和自由在现实生活中成为司空见惯的东西，就必然带来自由和平等的人际关系，培养出一种根本上区别于农业社会的文化心理，这甚至比外在的自由和平等的政治法律的制度还重要。在国家内，各个人为改善自身境遇自然而然地、不断地所作的努力，就是一种保卫力量，能在许多方面预防并纠正在一定程度上是不公正和压抑的政治经济的不良结果。这段话是在批判重农主义时候说的，与魁奈相比，把自由平等看作人的内在的东西，是亚当·斯密在哲学上高于魁奈的地方。正是从这一哲学思想出发，亚当·斯密特别看重欧洲历史上通过都市的勃兴来促成农村的改良的深层意义，这就是：使农村居民从向来的对其邻人的战争和对其上司的依附状态中转向"有秩序，有好政府，有个人的安全和自由"。亚当·斯密指出在他之前有休谟看到了这一点，而这却是"最重要的"。当然，中国没有这种历史进程，也就没有这种同时向外在的和内在的平等自由转变的机会。

在国与国的关系方面，这是人与自然的关系和人与人的关系的延伸。画地为牢，以邻为壑，其实是束缚人的主体性和在人际关系中缺乏自由平等的态度的一种放大了的表现。亚当·斯密在分析中国轻视国外贸易时，一方面对中国的法律制度和对待外国的心理状态进行了批评；同时，也看到了世界公民和世界文化的意识和观念，只有在一定的现实生活的历史演变中才会出现和被接受。显而易见，中国当时并没有走这一步。这种历史造成的文化传统，甚至还在影响中国以后的历史，使后人肩上创造历史和更新文化的担子变得十分沉重。①

---

① 参见忻剑飞:《世界的中国观》，学林出版社 1991 年版，第 223—242 页。

清朝皇帝简介

清朝入关前后共有 12 个皇帝，现略作简介。

一　清太祖爱新觉罗·努尔哈赤（1559—1626 年）

大金（后金）开国君主，清朝奠基人。满族，庙号太祖。他早年丧母，离家从戎，投到明辽东总兵李成梁部下，屡立战功。他还勤奋好学，精通汉文，受汉文化的影响很深。

努尔哈赤的先祖许多人受明朝册封，担任指挥使等官职。他的祖父觉昌安为建州左卫都指挥，父亲塔克世为建州左卫指挥，但被明军误杀。后努尔哈赤袭父职回建州，任建州左卫指挥。于是他打起为祖、父报仇的旗号，以"遗甲十三副"起兵，开始了统一女真各部的事业。经多次征战，很快成为女真诸部

清太祖努尔哈赤像

中最强大的力量。他推行"远交近攻之术",一方面拉拢蒙古,团结朝鲜,与明朝仍然保持臣属关系,以取得明廷的信任;另一方面对邻近的女真各部,采取恩威并行,顺者以德服,逆者以兵临的武力统一办法。这些推动并加速了女真各部统一的进程。万历十一年(1583 年),努尔哈赤打败了仇敌尼堪,攻占图伦城,首先控制了整个苏克素护部。然后用了 30 多年的时间,东伐西讨,南征北战,统一了建州女真和海西女真的全部,以及"野人"女真的大部,从而结束了自元明以来女真社会长期分裂和动乱不安的局面。

万历二十七年(1599 年),他命额尔德尼和噶盖,以蒙古文字母与女真语音创制满文,称为老满文,作为本民族文字开始应用推广。万历四十三年(1615 年),又在原有女真狩猎的"牛录"组织的基础上,建立八旗制度,成为兵民合一的社会组织形式。接着又置理政听讼大臣、扎尔固齐(断事官),与八旗旗主共同佐理政务。

万历四十四年(1616 年),努尔哈赤在赫图阿拉称汗,建立"大金"(史称后金),改元天命。天命三年(1618 年),努尔哈赤以"七大恨"誓师统兵攻陷明抚顺、清河等地,后金由防御转入进攻,从此改变了辽宁省的形势。六年(1621 年)二月,率领大军相继攻占沈阳、辽阳等 70 余城,辽河以东尽为后金所有。于是,由萨尔浒城迁都到辽阳,后又迁至沈阳。努尔哈赤进入辽沈地区以后,实行"计丁授田",使原来的汉族农民沦为农奴,又下令实行"编丁立庄",把汉民编入汗、贝勒的庄中,使汉人遭到更残酷的剥削。

天命十一年(1626 年)正月,努尔哈赤统率大军进攻宁远(今辽宁兴城),被宁远守将袁崇焕击败,损失惨重。这是努尔哈赤对明战争以来第一次遭受挫败,他满怀仇恨返回沈阳。七月身患毒疽,八月十一病死。

二 清太宗爱新觉罗·皇太极（1592—1643 年）

后金第二代君主，大清创建者。清太祖第八子，在位 17 年，庙号太宗。天命十一年（明天启六年，1626 年）在沈阳继后金汗位。次年改元天聪。他对内大力推行封建化的改革，加强中央集权；对外相继征服了蒙古和朝鲜，并对明朝频频用兵，步步进逼，将西部边界扩张至锦州、宁远一线。天聪十年（1636 年）四月改元崇德，改国号大清，正式称帝。

皇太极即位后不久就废除了与大贝勒俱南面坐、共理政务的旧制，取得了汗的独尊地位。同时仿照明制，逐步建立和完善国家统治机构，以取代八旗制度所行使的国家权力。建立了由满汉知识分子组成的“文馆”、设立六部，分掌国家行政事务。天聪十年（1636 年），又将“文馆”扩充为“内三院”，负责撰拟诏令、编纂史书、颁布制度等。稍后，又建立了都察院，改蒙古衙门为理藩院。皇太极通过这套政权机构，把权力集中到自己的手中。

在经济上，使大量汉族奴隶取得了“民户”地位，成为后金政权下的个体农民。注意体恤民力，凡有妨碍农务的工程，一律不复兴筑，使百姓能“专勤南

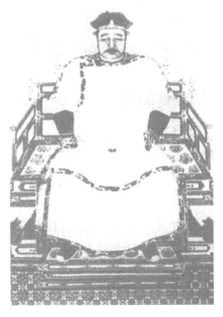

清太宗皇太极像

亩，以重本务”。经过几年的努力，农业有了较大发展，社会矛盾得到缓和。

天聪元年（1627 年）一月，皇太极不宣而战，命阿敏、济尔哈朗、阿济格等人，率三万大军进入朝鲜，迫使朝鲜签订《江都和约》。崇德元年（1636 年），皇太极又亲率十万大军入侵朝鲜。国王李宗投降，称臣纳贡，允诺与明朝断绝往来，并将王子送沈阳为人质。对蒙古，首先争取受察哈尔林丹汗欺凌的科尔沁、喀喇沁等部的归附。天聪九年命多尔衮等率精骑一万人渡黄河西进，至托里图，俘获了林丹汗子额哲及其部众 1000 余户，统一了漠南蒙古。并且采取联姻、赏赐、封王封爵等手段，赢得了蒙古诸部的支持和效忠。

皇太极对汉族地主知识分子和明朝降官降将采取招降收买政策。逐步建立蒙古八旗和汉军八旗，大大增强了军事力量。

天聪十年（1636 年）四月，皇太极在沈阳称帝，从此全力以赴地对明朝发动进攻。连年发兵入关，攻城略地，虏获人畜。自崇德五年（1640 年）三月起，发动了锦州战役。皇太极亲临前线指挥作战，大败明军。七年（1642 年）二月，松山城陷，洪承畴被俘，祖大寿在锦州投降。至此，明朝在关外仅剩宁远一座孤城。

崇德八年（1643 年），皇太极在宫中猝然病死，葬沈阳昭陵。

三 清世祖爱新觉罗·福临（1638—1661 年）

清朝入关后的第一代皇帝。清太宗第九子，母孝庄文皇后。年号顺治，习称顺治帝，庙号世祖，在位 18 年。

崇德八年（明崇祯十六年，1643 年）八月，年仅 6 岁的福临在沈阳继帝位，由济尔哈朗、多尔衮辅政。次年，多尔衮统兵入关，进占北京。九月，福临诏告天下，君临全国。福临名为皇帝，而大权完全落到多尔衮手里。顺治八年，福临宣布亲政。执政期间，在推行汉化方面，他既胜过他的父辈，又深刻影响到他的后代。

面对全国出现新的抗清高潮，顺治采取"抚"重于"剿"的策略：一方面向郑成功和各地抗清力量颁发诏书，宣布实行

顺治皇帝像

"招降弭乱"的怀柔政策；另一方面重新起用老谋深算的洪承畴，命他经略湖广。

清初因长期战乱，流民遍地，农田荒芜。顺治十年（1653年），他采纳范文程等人的建议，设立兴屯道厅，推行屯田。十四年（1657年），又积极鼓励地主、乡绅招民垦荒。对地方官员制定《垦荒考成则例》，按垦荒实绩，分别予以奖惩。同年，编成《赋役全书》，颁布天下。这些措施使濒于绝境的农业生产，开始有了转机。

顺治对整顿吏治甚为关注，派监察御史巡视各地。十二年（1655年），由顾仁贪赃一案，而惩治了一批贪官污吏。[①]

---

① 参见《中国历史百科全书》，中国大百科全书出版社1994年版。

四 清圣祖爱新觉罗·玄烨（1654—1722年）

清朝入关后第二代皇帝。清世祖第三子，庙号圣祖，八岁继承皇位。次年改为康熙元年（1662年）。二年二月，生母去世，由祖母博尔济特氏（孝庄文皇后）抚育。14岁亲政，在位61年，是清代颇有作为的皇帝，也是中国历史上一位杰出的封建君主。

顺治临终时，遗命内大臣索尼、苏克萨哈、遏必隆、鳌拜四人为辅政大臣，代理国政。在此期间，逐渐形成鳌拜专权跋扈、欺凌幼主、结党擅权的局面。六年（1667年），康熙"躬亲大政"，八年（1669年）五月，清除鳌拜及其同党，开始掌握实权。

康熙亲政后，先后平定"三藩"，统一台湾，并同西北厄鲁特蒙古准噶尔部上层分子的分裂阴谋进行斗争，基本上实现了国家的统一。

清圣祖康熙皇帝像

康熙十分注意恢复和发展生产，与民休养生息。下令停止清初圈地弊政。为招徕垦荒，修订顺治年间的垦荒定例，由原来最高限六年起科，改为"通计十年，方行起科"。又规定地方官能招徕垦荒者升，否则罢黜。实行"更名田"，将明藩王土地给予原种之人，改为民户，承为世业，使耕种藩田的农民成为自耕农。实行蠲免政策。五十一年（1712 年）二月，宣布"滋生人丁，永不加赋"，将全国人丁税固定下来，减轻了农民负担。康熙十分重视对黄河的治理，将"三藩"、河务、漕运列为三大要务。经过几十年的努力，全国垦田面积由顺治末年的 5 亿 5000 万亩到康熙末年超过了 8 亿亩，人口迅速增长，出现了所谓的"康乾盛世"。康熙对汉族官吏、名士及一般士子，分别采取不同措施，罗致了封建统治所需要的人才。

康熙十六年（1677 年），设置南书房，命翰林院、詹事府、国子监官员轮流入值，以笼络汉官。十七年（1678 年），命开"博学鸿儒科"，以网罗负有盛名的硕学大儒，入史馆纂修明史。又吸收大量学者编纂各种图书，著名的有中国最大的一部类书《古今图书集成》。康熙对程朱理学尤其用力提倡，特别尊崇朱熹，在他的奖

狩猎归来的康熙皇帝

励提拔下，大批信奉程朱的"理学名臣"如李光地、魏裔介、熊赐履、汤斌、张伯行等都受到重用。这些措施起到了收揽汉官和汉族士子人心的作用，扩大了满汉地主阶级的统治基础。清代严酷的文字狱也是从康熙开始的。康熙一朝大小文字狱不下十余次，其中牵连较广的大案有庄廷钺《明史》案、戴名世《南山集》案。

其时，沙俄派遣哥萨克远征军侵扰黑龙江流域已达数十年，康熙决心驱逐俄军，收复失地。康熙二十四年至二十六年（1685—1687年），组织了两次收复雅克萨之战。此后，两国通过平等谈判，于二十八年（1689年）正式签订了中俄《尼布楚条约》，在法律上确定了中俄东段边界。这是中国和西方国家签订的第一个条约。康熙命在黑龙江重要处所建城驻兵，设置驿站，制定巡边制度，有力地保障了东北边境的安宁。

康熙自五岁开始读书，一生学习勤奋，亲政后，提倡文学，优容文人。对西方自然科学也有极浓厚的兴趣，对数学特别爱好。

康熙一生勤于政务，他注重实务，宽于驭下。宫中用度也力崇俭约。晚年，诸皇子争夺储位的斗争愈演愈烈，严重地影响了他的身心健康。

五　清世宗爱新觉罗·胤禛（1678—1735年）

清朝入关后第三代皇帝。清圣祖第四子。康熙六十一年（1722年）继位。年号雍正，庙号世宗，习称雍正帝。在位13年。即位后，他在政治上采取多种措施以巩固自己的皇位。首先是消除异己，分化瓦解诸皇子集团，创立了秘密立储制度。施行耗羡归公和养廉银的措施，以此限制、减少官员的贪赃舞弊和横征暴敛。雍正三年（1725 年），世宗以作威作福、结党营私之名，责令抚远大将军年羹尧自尽，同时削隆科多太保，后圈禁致死。七年（1729 年），发生曾静遣其徒张熙策动川陕总督岳钟琪谋反的投书案，牵连到已故理学家吕留良，世宗遂大兴文字狱，以作为控制思想、打击政敌、提高自己权威的手段。同年，为适应西北用兵之需，始设军机房，选亲重大臣协办军务。

清世宗雍正皇帝像

雍正二年（1724 年），开始实行"摊丁入地"的赋役制度，同时宣布取消儒户、宦户，限制绅衿特权。鼓励垦荒，强调粮食生产，反对种植经济作物，并反对开矿和发展手工业。与此同时，实行社会改革。雍正元年（1723 年），下令削除山西、陕西乐籍等各类贱籍。后来浙江绍兴堕民、安徽徽州"伴偕"、宁国世仆、广东疍户、江苏常熟丐户相继开豁为良，从而打击了残存的蓄奴制度。

雍正四年（1726 年），根据云贵总督鄂尔泰的建议，大规模地推行改土归流政策。五年，同俄国订立了《布连斯奇条约》和《恰克图条约》，在划定中俄边界及处理两国通商问题等方面，维护了国家主权。清世宗勤于政务，大力清除康熙统治后期的各种积弊，取得一定成效。但他统治严酷，猜忌多疑，刻薄寡恩，故后世对他颇有争议。

六　清高宗爱新觉罗·弘历（1711—1799 年）

清朝入关后第四代皇帝。为清世宗胤禛第四子。雍正十三年（1736 年）即位，年号乾隆，庙号高宗，习称乾隆帝，在位 60 年。嘉庆元年（1796 年），传位第十五子颙琰（嘉庆），自为太上皇帝，仍掌军国大政，直至去世，实际统治 64 年，是中国历史上掌权时间最长的皇帝。

乾隆在位期间，统一的多民族国家得到巩固发展。乾隆二十年（1755 年），出兵伊犁，平定准噶尔部割据势力。二十二年至二十四年（1757—1759 年），平定了南疆大小和卓之乱。设置总统伊犁等处将军，统辖全疆军政。下置参赞大臣，受命于将军，分统天山南北路。于南疆各城置办事大臣或领队大臣，管理一城之事。于北疆移驻满洲、锡伯、厄鲁特等军兵垦荒屯田，为久驻之计，并移民入疆，陆续建置州县以管民事。明朝以来长期割据之地，从此牢牢置于中央政府直接管辖之下。

乾隆五十三年（1788 年），廓尔喀（今尼泊尔）入侵西藏。五十六年（1791 年）复派兵入侵，乾隆授福康安为将军，率兵入藏将其击退。次年颁布《钦定西藏章程》，集民政、财政、军政、外交大权于驻藏大臣之手。同时规定金瓶掣签之制，大活佛之继承也处于清政府监督之下。从此西藏政局方趋稳定，而中央对西藏之政令也得以贯彻执行。

对云南、贵州、广西、四川、湖南、湖北各土司统治地区，乾隆继续推行改土归流政策。经过两次金川之役，川西南地区也实行改土归流。

乾隆在位时期，西方殖民势力对中国不断进行试探，北方沙皇俄国也虎视眈眈。出于自卫需要，乾隆采取限制贸易、减少接触政策。除留广州一口通商外，其他海口一律禁止贸易。乾隆拒绝英国马戛尔尼使团提出的各项有损中国主权之要求。对沙俄也坚持原定条约，多次断绝恰克图贸易以抑制其非法行动。严格限制对外交往的政策，在国力强盛时虽可保全于一时，但却使中国更加昧于世界大势，远离世界之潮流，日渐落后。

乾隆十分重视文化事业，以国家财力纂修书籍甚多。乾隆三十八年（1773年）开馆编纂《四库全书》，是中国最大的丛书。武英殿所刻书籍甚多，称为"聚珍版"，刊布流传。由于他的喜好，内府所藏珍贵字画、古器、书籍甚富，于古代珍贵文物之保存颇有贡献。但高宗又迭兴文字狱，常以莫须有之罪名加之于人，使人们的思想受到钳制，并且刑戮甚残。

乾隆一生，武功显赫，自诩为十全武功。他巡游无度，土木繁兴，官吏又借机肥私，大大加重了人民负担。中期任用于敏中，官吏贪污之风渐炽。晚年又宠信和珅，大贪污案层出不穷，屡诛不止。加之土地高度集

壮年时的乾隆

中，人口增殖过快，阶级矛盾日渐尖锐。民间流传的带有浓厚政治色彩的秘密宗教迅速发展，最后终于爆发了长达 9 年的川楚白莲教起义。

一生诗文之作甚多，有《乐善堂诗文全集》、御制诗五集、御制文三集等。①

七　清仁宗爱新觉罗·颙琰（1760—1820 年）

嘉庆帝像

清高宗第十五子，庙号仁宗，年号嘉庆，1796—1820 年在位。乾隆间，封嘉亲王，立为皇太子。即位初，朝政由太上皇高宗掌握。嘉庆四年（1799 年），亲政后，剪除权臣和珅，籍没其家产，赐令自尽。十年（1805 年），为解决八旗余丁生计，设养育兵额。十七年（1812 年），令闲散旗丁往吉林垦殖。他在位期间，力图重振朝纲，稳定乾隆以来日益动荡不安的社会局面。但土地兼并日趋激烈、

① 参见《中国历史百科全书》，中国大百科全书出版社 1994 年版。

吏治腐败，农民流离失所十分严重。先是有持续 12 年的湘黔苗民起义，嘉庆十八年（1813 年）又爆发天理教起义，北京的一支甚至攻入紫禁城。东南海上也有起义军在活动。清王朝的统治已走向衰落。二十五年（1820 年），在热河避暑山庄（今河北承德）病死，葬昌陵。

八　清宣宗爱新觉罗·旻宁（1783—1850 年）

清仁宗次子，庙号宣宗。他于嘉庆二十五年（1820 年）38 岁时即位，是清朝入关后的第六个皇帝，年号道光，以第二年（即 1821 年）为道光元年。在位期间，吏治腐败，军备废弛，人民奋起反抗。道光六年（1826 年）爆发了台湾高山族起义，十一年（1831 年）湖南、广东、广西瑶族起义，十五年（1835 年）陕西先天教亦起义。

在此期间，英、美资本主义国家的鸦片大量输入，使清政府"兵弱银涸"。为了摆脱其统治危机，他接受严禁派的主张，于道光十八年（1838 年）派林则徐为钦差大臣前往广州查禁。当禁烟顺利时，他指示林则徐："不患卿孟浪，只患卿畏葸。"道光二十年（1840 年）五月英国发动鸦片战争，七月英国舰队窜抵白河口，他又惊慌失措，急图苟安，听信投降派谣言，将林则徐等革职，另派投

道光皇帝像

降派琦善为钦差大臣到广州求和。道光二十一（1841年）英国代表查理·义律单方面公布割地赔款的《穿鼻草约》，琦善对割让香港一事，表示不敢作主，但答应向道光帝请示，激起广大人民的强烈反对。他又逮捕琦善，命奕山为靖逆将军到广州对英作战。闰三月奕山战败，向英军求和，签订《广州和约》。他以为从此无事，又下令裁撤军备。七月，英国扩大侵华战争，浙江连失三城，他又派奕经为扬威将军，率兵赴浙江反攻。次年二月奕经败后，他又派耆英、伊里布向英军求和，签订了丧权辱国的《中英南京条约》，从此，中国一步一步沦为半殖民地。

九　清文宗爱新觉罗·奕詝（1831—1861年）

咸丰皇帝像

清宣宗第四子，庙号文宗，年号咸丰。1850—1861年在位。道光三十年（1850年）洪秀全在广西桂平金田团营，他即派兵镇压，后太平天国分兵北伐、西征时，他感到光靠八旗兵、绿营兵不足以镇压，遂又下令各省办理团练，依靠湘军、淮军等汉族地主武装，进行抵抗。还任用肃顺、彭蕴章等，采取增收厘金、发行官钞、改铸铅钱、扩大捐资及漕米海运等办法，以解决财政困难并筹集军费。咸丰六年（1856年）九月起，英法侵略军发动第二次鸦片战争。次年十一月，攻陷广州。咸丰八年大沽炮台失陷。他奉行对内镇压人民起义、对外妥协投降的方针，派桂良、花沙纳赶赴天津求和，同英、法、俄、美分别签订《天津条约》，又至上海与英、法分别订立《通商章程善后条约》。咸丰九年（1859年），大沽炮台守军英勇奋起，击退英法联军的进犯，战争复起。次年，英法联军进攻北京，他逃往热河行宫（河北承德避暑山庄），命其弟恭亲王奕訢以全权大臣名义留京向侵略者求和，同英、法、俄分别签订了《北京条约》。咸丰十一年（1861年）七月病死于热河行宫。

十　清穆宗爱新觉罗·载淳（1856—1875年）

清文宗长子，庙号穆宗，年号同治。1861—1875年在位，即位时年仅6岁。初由怡亲王载垣、郑亲王端华、协办大学士户部尚

同治皇帝像　　　　　　　　　慈禧太后像

书肃顺等八人受遗命，总摄朝政，为"赞襄政务王大臣"，辅佐年幼的皇太子为帝。定 1862 年改元祺祥。咸丰十一年（1861 年）十月咸丰帝妃叶赫那拉氏勾结恭亲王奕訢发动政变，废除了大臣辅政。此后由其生母慈禧太后实际掌权，改年号为同治。在位期间，依靠曾国藩、李鸿章等湘军和借助"洋兵"力量，镇压了太平天国起义，又先后镇压了捻军等各地少数民族起义，暂时延续了清朝封建统治。在位期间，洋务运动也开始兴起。旧时常与光绪朝同视为清王朝的复兴时代，誉为"同治中兴"。同治十三年（1874 年）初开始亲政。他无所作为，生活腐朽，却以颐养太后为名，下谕兴修圆明园。光绪元年（1875 年）1 月，19 岁，死于天花。

十一 清德宗爱新觉罗·载湉（1872—1908 年）

光绪皇帝像

清穆宗之弟醇亲王奕譞之子。年号光绪，庙号德宗。同治十三年（1874 年）帝死无嗣，遂得入继。即位时年仅四岁，慈安太后（钮祜禄氏）和慈禧太后（那拉氏）共同"垂帘听政"，实权操慈禧太后之手。光绪十五年（1889 年）太后"撤帘归政"，但行政、用人仍需西太后"允准"才能施行。载湉受时势感召，极想摆脱太后控制，光绪二十年（1894 年）中日甲午战争起，次年订《马关条约》，广东举人康有为发动公车上书，提出"拒和、迁都、变法"的主张。嗣后翁同龢密荐康有为。载湉见康氏《上皇帝第三书》后深受影响，"毅然有改革之志"。光绪二十四年四月二十三（1898年6月11日），他力排众议，下"明定国是"诏，宣布变法。大胆起用康有为、谭嗣同、杨锐、刘光第、林旭等一批维新派人物，罢斥一些顽固派官僚。因他接连下达了一系列除旧布新的变法诏书，顿时引起守旧派的嫉视和恐慌。八月初六（9月21日）慈禧太后发动政变，再次"训政"，他被幽禁于瀛台，直至病逝。

十二 清宣统爱新觉罗·溥仪（1906—1967年）

爱新觉罗·溥仪，字浩然，年号宣统。光绪三十四年十月（1908年11月）继位为帝，时年仅三岁，由其父醇亲王载沣摄政。宣统三年（1911年）辛亥革命爆发，1912年2月12日被迫退位，享受中华民国临时政府议定的清室退位优待条件，保留皇帝称号，仍居北京皇宫内。1917年，张勋曾拥其复辟，未几失败。1924年冯玉祥等发动"北京政变"，废除其皇帝称号，驱逐出宫。次年移居天津日本租界，继续复辟活动。1931年九一八事变后，在日本侵略者的策划下潜往东北，次年成立伪满洲国，任执政。1934年3月改称"满洲帝国皇帝"，改元"康德"。1945年8月日本投降，为苏军俘虏，

年幼的宣统皇帝

解往苏联。1950 年 8 月移交给中国政府，监禁于抚顺战犯管理所。1959 年 12 月 4 日获特赦，先后在北京植物园和全国政协文史资料研究委员会工作。1964 年任第四届全国政协委员。1967 年病逝于北京医院。著有《我的前半生》。[1]

---

[1]　参见《中国历史辞典》，文化艺术出版社 1991 年版。

1644—1840 年中外大事年表

年代	中国	外国
1644 年 清顺治元年	李自成攻克北京，建立大顺国号，明亡。 清军入关占领北京。	英国正值资产阶级革命，克伦威尔率领铁骑军在马斯顿草原战役中战胜王军。
1648 年 清顺治五年	清禁止民间养马及收藏兵器。	欧洲三十年战争结束。 英国第二次内战爆发。
1649 年 清顺治六年	山西、山东、陕西、甘肃义军多为清军所败。	英国宣布为共和国。英国的自由企业得到国家的支持。 据官方财产目录，国王查理一世拥有 139 匹种马和 37 匹母马。 英国第一艘海军快速帆船"康斯坦特·沃里克号"建成。
1651 年 清顺治八年	明鲁王走厦门，依郑成功。	英国颁布"航海条例"。 荷兰人定居好望角。
1652 年 清顺治九年	李定国攻入湖南。 顺治帝召见五世达赖喇嘛。	第一次英荷战争爆发（1652—1654 年）。 荷兰建立好望角殖民地。
1660 年 清顺治十七年	清军攻厦门，郑成功抵御。 清禁官吏私交、私宴、庆贺、馈送。	英国斯图亚特王朝复辟。 英国皇家学会成立。 皇家非洲公司成立，抽水马桶从法国传入英国。
1661 年 清顺治十八年	清世祖卒，子玄烨继位。 郑成功驱逐荷兰人，收复台湾。	日本制定与荷兰通商新令。 俄罗斯与瑞典缔结《加底斯和约》。

续表

年代	中国	外国
1663 年 清康熙二年	文字狱"《明史》案"定罪。	英颁布主要商品法令。 法颁布有关财政、工业和商业改革法令。
1665 年 清康熙四年	令明宗室复旧回籍。	英国法律和政体传入纽约。 新泽西殖民地建立。 伊萨克·牛顿进行引力试验；发明微分学。
1668 年 清康熙七年	清定外国非贡期不许贸易。	英、荷、瑞典缔结三国同盟，共同反法。 英东印度公司获得对孟买的控制权。
1672 年 清康熙十一年	俄商队至北京。	第三次英荷战争爆发（1672—1674 年）。
1683 年 清康熙二十二年	清统一台湾。 清开海禁。	英国航海家威廉·丹皮尔（1652—1715 年）开始环绕世界航行。
1684 年 清康熙二十三年	清设台湾府，归福建管辖。 中、俄雅克萨战争爆发。 康熙巡游南方。	英国牛顿（1643—1727 年）发现万有引力定律和力学的基本定律。
1685 年 清康熙二十四年	英在广州设商馆。 开粤海、闽海、浙海、江海四处对外通商口岸。	印度尼西亚苏拉巴端反荷起义。
1686 年 清康熙二十五年	清政府创设"洋货行"，后称"洋行"。 中、俄第二次雅克萨战争爆发。	荷、奥、西、瑞典、巴伐利亚等结成反法同盟。
1688 年 清康熙二十七年	改定宗室王公将军袭爵法。 噶尔丹攻占喀尔喀地。	英国发生宫廷政变，资产阶级革命结束。

续表

年代	中国	外国
1689 年 清康熙二十八年	中、俄签订《尼布楚条约》。 清令满人考试生员、举人、进士皆试骑射。	英议会通过《权利法案》。 俄国彼得一世（1682—1725 年）亲政。
1696 年 清康熙三十五年	康熙帝亲征噶尔丹。	彼得大帝派送 50 名俄国青年到英国、荷兰、威尼斯学习造船学和筑城学。首家英国财产保险公司建成。
1698 年 清康熙三十七年	疏浚永定河。 清令湖广等九省禁造烧酒。	伦敦证券交易所成立。 彼得一世开始改革。
1705 年 清康熙四十四年	停广东开矿。	英纽可门改制蒸汽机用于矿井抽水。
1712 年 清康熙五十一年	清政府宣布"滋生人丁，永不加赋"。	葡与西、法分别签订《乌特勒支和约》。
1720 年 清康熙五十九年	清政府平定准噶尔军策妄阿拉布坦之乱。	俄、土订立《永久和平条约》。
1721 年 清康熙六十年	台湾朱一贵等起义反清。	俄国宣布为帝国。
1722 年 清康熙六十一年	康熙病逝，雍正即位。	R.A. 雷奥米尔写成关于炼钢的论著《把锻铁变成钢的技术》。
1726 年 清雍正四年	大规模"改土归流"开始。	英国钟表匠约翰·哈里森发明钟摆架。 俄国设立科学院。 中国医士赵相阳到日本传医。
1727 年 清雍正五年	中、俄签订《恰克图条约》。	德同英、法、荷等国签订《巴黎和约》。
1732 年 清雍正十年	清设立军机处。 瑞典人开始到中国通商。	伊朗和俄国签订《勒什特条约》。 伊、土签订《哈马丹和约》。

续表

年代	中国	外国
1733 年 清雍正十一年	各省建立书院。 "大清会典"成书。	英国凯伊发明织布飞梭。 启蒙思想家伏尔泰（1694—1788 年）所著的《哲学通信》出版。
1735 年 清雍正十三年	《明史》修成。 雍正卒，弘历即位。	英国开始用煤炼铁。
1740 年 清乾隆五年	《大清律例》《大清一统志》编成。	奥地利发生王位继承战（1740—1748 年）。
1744 年 清乾隆九年	定各省录科名额。	法国里昂纺织工人罢工。
1751 年 清乾隆十六年	弘历巡游江南。	法国狄德罗（1713—1784 年）的《百科全书》开始出版。
1752 年 清乾隆十七年	允许开垦浙江南海诸岛。	美国富兰克林（1706—1790 年）发明避雷针。 英改用教皇格累戈里的新历法。
1755 年 清乾隆二十年	清军入伊犁，平定达瓦齐叛乱。琉球王尚穆接受清封号。	英、法在北美进行战争。 德国哲学家康德著《自然通史与天体论》出版。 法国摩莱里《自然法典》发表。
1760 年 清乾隆二十五年	广东重建公行。	英国工业革命开始（1760—1830 年）。
1762 年 清乾隆二十七年	中、俄查勘边界。 荷兰在广州设商馆。 清政府在新疆设置伊犁将军。	英国对西班牙宣战，占领西班牙殖民地马尼拉和哈瓦那等地。 卢梭的《社会契约论》出版。
1764 年 清乾隆二十九年	停止在恰克图与俄贸易。 重修《大清一统志》。	英国人哈格里夫斯发明"珍妮纺纱机"。 伏尔泰《哲学辞典》出版。 詹姆斯·瓦特（1736—1819 年）发明凝汽器，向蒸汽机的问世迈开了第一步。

续表

年代	中国	外国
1769 年 清乾隆三十四年	清朝与缅甸讲和。 台湾黄教起义被镇压。	英国瓦特制成第一部蒸汽机。
1770 年 清乾隆三十五年	圆明园建成。 《平定准噶尔方略》成。	波士顿发生屠杀事件。 英国向新西兰殖民。
1773 年 清乾隆三十八年	命设"四库全书"馆。 解散耶稣会。 英国首次向中国贩卖鸦片。	首座铁铸大桥在希罗普郡的考尔布鲁克达尔建造（至1792 年）。
1775 年 清乾隆四十年	禁止广西商民出口贸易。	美国独立战争（1775—1783 年）。
1776 年 清乾隆四十一年	禁止汉人流入辽宁、吉林。 清军平定大小金川叛乱。	北美发布《独立宣言》，宣布建立美利坚合众国。 英国斯密《国富论》出版。
1777 年 清乾隆四十二年	禁止人民使用火器。 禁止洋船运棉进口。	法与英属北美殖民地订立同盟条约。
1779 年 清乾隆四十四年	齐齐哈尔添设官屯。	西班牙对英宣战。 英国工人克朗普顿（1753—1827 年）发明"骡机"。
1782 年 清乾隆四十七年	清政府在广州设立"十三公行"。 第一部《四库全书》编成。	英国瓦特制成联动蒸汽机。
1783 年 清乾隆四十八年	田五领导回民起义。	英、美签订和约，英承认美国独立。
1784 年 清乾隆四十九年	乌鲁木齐实行保甲法。 暹罗派使进贡请封。	英国实行搅拌炼铁法。 美船"中国皇后号"驶进广州。
1789 年 清乾隆五十四年	清军逐廓尔喀入侵军出国境。	法国资产阶级革命爆发（1789—1794 年）。 华盛顿当选美国第一任总统。 法国制宪会议通过《人权宣言》。

续表

年代	中国	外国
1792 年 清乾隆五十七年	福康安率清军击败廓尔喀入侵，对西藏颁行《金奔巴掣签制》。	巴黎人民起义，推翻君主立宪派，废除君主制，法国成立共和国。 奥、普联军武装干涉法国革命。
1793 年 清乾隆五十八年	颁布《钦定西藏章程》。 英使马戛尔尼至京，要求扩大贸易，被拒绝。	俄、奥、普第二次瓜分波兰。 英、普、奥、荷、西等国组成第一次反法联盟（1793—1794 年）。
1794 年 清乾隆五十九年	禁止盐政令商人供应饭食银及杂费银。	第一条电报线出现于巴黎—里尔之间。
1799 年 清嘉庆四年	弘历卒，罪诛和珅，抄其家产。	拿破仑发动"雾月政变"。
1804 年 清嘉庆九年	洋盗蔡牵攻扰台湾鹿耳门。 减各省诸吴盈余税课。	拿破仑称帝，法兰西第一帝国建立。 拿破仑公布"法国民法典"。
1805 年 清嘉庆十年	禁止西方人在华刻书、传教和设立学校。	英、奥、普、俄组成第三次反法联盟。
1813 年 清嘉庆十八年	林清、李文成领导天理教起义。 申禁宗室、觉罗与汉人为婚。	英国废止东印度公司的商业垄断权。
1814 年 清嘉庆十九年	英船侵入虎门。 定整饬洋行及限制外洋商船章程。	反法联军占领巴黎，拿破仑退位。
1816 年 清嘉庆二十一年	英使臣阿美斯德到京。	法国医师勒内·雷奈克（1781—1826 年）发明听诊器。
1828 年 清道光八年	禁止使用外国货币。	德国化学家弗里德里希·维勒（1800—1882 年）因人工合成了尿素，开创了合成有机物的新时代。

年代	中国	外国
1829 年 清道光九年	禁止私货进口和银两出洋。	希腊独立。 塞尔维亚自治。
1830 年 清道光十年	减外国船进口规银。定查禁内地行销鸦片章程。禁止回空漕船夹带私盐。	利物浦 — 曼彻斯特铁路正式通车。
1831 年 清道光十一年	重修《康熙字典》完成。	法国里昂纺织工人起义。 英国科学家法拉第（1791—1861 年）发现电磁感应现象。
1836 年 清道光十六年	英国派人至广东总管本国商人和水手。	德国"正义同盟"在巴黎成立。 英国工人发动宪章运动。
1838 年 清道光十八年	林则徐前往广东查禁鸦片。广州万余群众为抗议英美鸦片烟的暴行举行示威。	阿富汗爆发反英战争（1838—1842 年）。
1839 年 清道光十九年	林则徐在虎门销毁鸦片。	詹姆斯·罗斯和 F.R.M. 格罗泽率领两艘英国船只"厄尔布斯号"和"特罗尔号"开始南极航行。
1840 年 清道光二十年	第一次鸦片战争爆发。	

资料来源：参见《世界七千年大事总览》，东方出版社 1990 年版。

附录 1

插图索引

1. 清圣祖康熙皇帝像

《新编图说世界历史》第 7 册,(台)光复书局,第 64 页。

2. 游猎归来的康熙皇帝

《新编图说世界历史》第 7 册,(台)光复书局,第 62 页。

3. 清世宗雍正皇帝像

《新编图说世界历史》第 7 册,(台)光复书局,第 65 页。

4. 壮年时的乾隆

朱大渭主编:《中国通史图说》(九),九洲图书出版社 1999 年版,彩版五。

5. 清代疆域图

龚延明主编,余丽芬、董建萍、周岩夏撰文,丘玮、马方路等绘画:《绘画本中国通史 第 6 卷 明清》,浙江少年儿童出版社 1991 年版,第 247 页。

6. 布秧

北京历史博物馆主编:《中国近代史参考图片集》上集,教育图片出版社 1958 年版,第 3 页。

7. 灌溉

北京历史博物馆主编:《中国近代史参考图片集》上集,教育图片出版社 1958 年版，第 4 页。

8. 登场

北京历史博物馆主编：《中国近代史参考图片集》上集，教育图片出版社 1958 年版，第 4 页。

9. 冶铁图

北京历史博物馆主编：《中国近代史参考图片集》上集，教育图片出版社 1958 年版，第 9 页。

10. 南方挖煤

北京历史博物馆主编：《中国近代史参考图片集》上集，教育图片出版社 1958 年版，第 10 页。

11. 织锦

北京历史博物馆主编：《中国近代史参考图片集》上集，教育图片出版社 1958 年版，第 6 页。

12. 钱塘江上的茶船

北京历史博物馆主编：《中国近代史参考图片集》上集，教育图片出版社 1958 年版，第 8 页。

13. 东印度公司在澳门设立的商馆

朱大渭主编：《中国通史图说》（九），九洲图书出版社 1999 年版，第 133 页。

14. 葡萄牙入侵澳门

朱大渭主编：《中国通史图说》（九），九洲图书出版社 1999 年版，第 132 页。

15. 英国东印度公司鸦片运输船

朱大渭主编：《中国通史图说》（九），九洲图书出版社 1999 年版，第 134 页。

16. 鸦片烟馆

《新编图说世界历史》第 7 册，（台）光复书局 1991 年版，第 155 页。

17. 英国东印度公司在印度的鸦片仓库

《新编图说世界历史》第 7 册，（台）光复书局 1991 年版，第 154 页。

18. 广东十三行

中国历史博物馆编：《中国古代史参考图录》（清朝时期），上海教育出版社 1991 年版，第 143 页。

19. 清代算筹

中国历史博物馆编：《中国古代史参考图录》（清朝时期），上海教育出版社 1991 年版，第 185 页。

20. 北京观象台·天文仪

中国历史博物馆编：《中国古代史参考图录》（清朝时期），上海教育出版社 1991 年版，第 187 页。

21—22. 清颁行的《西洋新法历书》 地球仪

中国历史博物馆编：《中国古代史参考图录》（清朝时期），上海教育出版社 1991 年版，第 188 页。

23. 清代全图

朱大渭主编：《中国通史图说》（九），九洲图书出版社 1999 年版，第 121 页。

24. 谒见威尼斯首领

《新编图说世界历史》第 5 册，（台）光复书局 1991 年版，第 26 页。

25.凡尔赛宫

《新编图说世界历史》第5册,(台)光复书局1991年版,第72页。

26.伦敦国会议事堂

《新编图说世界历史》第5册,(台)光复书局1991年版,第56页。

27.鸦片战争前北京后门大街的市容

北京历史博物馆主编:《中国近代史参考图集》上册,教育图片出版社1958年版,第13页。

28.苏州网师园全景

中国历史博物馆编:《中国古代史参考图录》(清朝时期),上海教育出版社1991年版,第223页。

29.17世纪的广州

《新编图说世界历史》第7册,(台)光复书局1991年版,第153页。

30.从景山南望紫禁城

单霁翔著,周高亮摄影:《故宫的声音》,故宫出版社2022年版,第17页。

31.曹雪芹像

董乃斌、钱理群主编,刘扬忠等著:《彩色插图本中国文学史》,贵州人民出版社2004年版,第271页。

32—34.黄宗羲像 顾炎武像 王夫之像

中国历史博物馆编:《中国古代史参考图录》,上海教育出版社1991年版,第172—173页。

35. 王翚绘《江南早春图》

中国历史博物馆编:《中国古代史参考图录》(清朝时期),上海教育出版社 1991 年版,彩页第 7 页。

36. 克伦威尔像

南京大学历史系世界历史教研室编:《世界历史教学参考图片集》,上海教育出版社 1991 年版,第 113 页。

37. 华盛顿像

《新编图说世界历史》第 6 册,(台)光复书局 1991 年版,第 24 页。

38. 攻巴士底狱

《新编图说世界历史》第 6 册,(台)光复书局 1991 年版,第 45 页。

39. 亚历山大二世像

《新编图说世界历史》第 7 册,(台)光复书局 1991 年版,第 219 页。

40. 天皇像

南京大学历史系世界历史教研室编:《世界历史教学参考图片集》,上海教育出版社 1991 年版,第 197 页(右)。

41. 哥白尼像

《辞海》第 1 册,上海辞书出版社 1999 年版,第 152 页。

42. 伽利略像

《辞海》第 1 册,上海辞书出版社 1999 年版,第 648 页。

43. 牛顿像

《辞海》第 3 册,上海辞书出版社 1999 年版,第 3896 页。

44.珍妮纺纱机

南京大学历史系世界历史教研室编:《世界历史教学参考图片集》,上海教育出版社1991年版,第152页。

45.1790年的纺纱厂

南京大学历史系世界历史教研室编:《世界历史教学参考图片集》,上海教育出版社1991年版,第153页。

46.由瓦特发明的第一台蒸汽机(联动式)

南京大学历史系世界历史教研室编:《世界历史教学参考图片集》,上海教育出版社1991年版,第154页。

47.瓦特像

南京大学历史系世界历史教研室编:《世界历史教学参考图片集》,上海教育出版社1991年版,第153页。

48.康熙海禁谕

曹大为、郭小凌主编:《历史必修(Ⅲ)文化发展历程》,岳麓书社2004年版,第128页。

49.康熙御制威远将军炮

朱大渭主编:《中国通史图说》(九),九洲图书出版社1999年版,第252页。

50.马戛尔尼像

朱大渭主编:《中国通史图说》(九),九洲图书出版社1999年版,第128页。

51.英国使团赴避暑山庄觐见乾隆皇帝图

朱大渭主编:《中国通史图说》(九),九洲图书出版社1999年版,第129页。

52.传教士汤若望像

《新编图说世界历史》第 7 册，（台）光复书局 1991 年版，第71 页。

53.戴震像

朱大渭主编：《中国通史图说》（九），九洲图书出版社 1999 年版，第 301 页。

54.秦始皇像

《辞海》第 4 册，上海辞书出版社 1999 年版，第 4354 页。

55.宋太祖像

《辞海》第 2 册，上海辞书出版社 1999 年版，第 2718 页。

56.明太祖像

《辞海》第 3 册，上海辞书出版社 1999 年版，第 3739 页。

57.《康熙字典》

朱大渭主编：《中国通史图说》（九），九洲图书出版社 1999 年版，第 294 页。

58.文津阁

朱大渭主编：《中国通史图说》（九），九洲图书出版社 1999 年版，第 296 页。

59.《钦定四库全书》

故宫博物院编：《天禄珍藏：清宫内府本三百年》，紫禁城出版社 2007 年版，第 251 页。

60.吕留良像及手稿

朱大渭主编：《中国通史图说》（九），九洲图书出版社 1999 年版，第 299 页。

61. 英国的蒸汽船"大东方号"

《新编图说世界历史》第 6 册,(台)光复书局 1991 年版,第 190 页。

62. 来往于口外的经商车队

朱大渭主编:《中国通史图说》(九),九洲图书出版社 1999 年版,第 233 页。

63. 清政府出卖路权的漫画

朱大渭主编:《中国通史图说》(九),九洲图书出版社 1999 年版,第 242 页。

64. 道光皇帝在紫禁城阅兵的情景

《新编图说世界历史》第 7 册,(台)光复书局 1991 年版,第 169 页。

65. 马克思像

南京大学历史系世界历史教研室编:《世界历史教学参考图片集》,上海教育出版社 1991 年版,第 163 页。

66. 恩格斯像

南京大学历史系世界历史教研室编:《世界历史教学参考图片集》,上海教育出版社 1991 年版,第 163 页。

67.《德意志意识形态》手稿

南京大学历史系世界历史教研室编:《世界历史教学参考图片集》,上海教育出版社 1991 年版,第 164 页。

68. 伏尔泰像

南京大学历史系世界历史教研室编:《世界历史教学参考图片集》,上海教育出版社 1991 年版,第 120 页。

69. 莱布尼茨像

《辞海》第 2 册，上海辞书出版社 1999 年版，第 1593 页。

70. 孟德斯鸠像

南京大学历史系世界历史教研室编：《世界历史教学参考图片集》，上海教育出版社 1991 年版，第 120 页。

71. 亚当·斯密像

南京大学历史系世界历史教研室编：《世界历史教学参考图片集》，上海教育出版社 1991 年版，第 161 页。

72. 清太祖努尔哈赤像

朱大渭主编：《中国通史图说》（九），九洲图书出版社 1999 年版，彩版一。

73. 清太宗皇太极像

朱大渭主编：《中国通史图说》（九），九洲图书出版社 1999 年版，第 212 页。

74. 顺治皇帝像

朱大渭主编：《中国通史图说》（九），九洲图书出版社 1999 年版，第 89 页。

75. 嘉庆皇帝像

朱大渭主编：《中国通史图说》（九），九洲图书出版社 1999 年版，第 123 页。

76. 道光皇帝像

朱大渭主编：《中国通史图说》（九），九洲图书出版社 1999 年版，第 136 页。

77. 咸丰皇帝像

朱大渭主编：《中国通史图说》（九），九洲图书出版社 1999 年版，第 218 页。

78.同治皇帝像

朱大渭主编：《中国通史图说》（九），九洲图书出版社 1999 年版，第 221 页。

79.慈禧太后像

朱大渭主编：《中国通史图说》（九），九洲图书出版社 1999 年版，第 221 页。

80.光绪皇帝像

朱大渭主编：《中国通史图说》（九），九洲图书出版社 1999 年版，第 172 页。

81.年幼的宣统皇帝

朱大渭主编：《中国通史图说》（九），九洲图书出版社 1999 年版，第 222 页。

附录 2

《落日的辉煌》一文引起广泛关注

（一）从全盛到衰微
——18 世纪清帝国的盛衰之变

高　翔

　　本报 2000 年 6 月 19 日 A3 版刊登了中共中央党校《学习时报》编辑部的《落日的辉煌》一文，引起了读者的浓厚兴趣和学界的广泛关注。中国社会科学院历史研究所的高翔先生特为本刊撰文《18 世纪清帝国的盛衰之变》，力图从更深的层次揭示康乾盛世的衰变原因，以期引起读者和学界的进一步思考。

——《光明日报》编者按

　　史学研究与其说是面对过去，不如说是面对未来，正因如此，每一时代的人对历史都有不同的感受。今天我们重新审视康乾盛世，亦可以从中得到新的启发。

——作者

　　持续百余年的康乾盛世，曾以国力强盛、气象宏伟震撼一时，其时国家统一，经济发展，文化繁荣，时人所谓"德业于今臻盛大，直超三五辟鸿蒙"，"舞遍两行红结队，儿童齐唱太平年"，即是对当时繁荣景象的生动描述，而在朝官僚和皇帝更对大清帝国的未来充满了自豪和自信，坚信"海甸巩于金瓯，邦家奠于磐石"。

然而，历史并没有沿着统治者所希望的方向发展，康乾盛世并未长期延续。自18世纪80年代以后，民众反抗就不断爆发，嘉庆初年的白莲教起义，更为清朝的盛世画上了一个并不圆满的句号。大清帝国从此一蹶不振，坠入凄风苦雨、萧条冷落的中衰之世。"变起一朝，祸积有素"，清帝国的盛衰之变，既源于传统社会"盛极而衰"的一般规律，更源于当时统治者在指导思想、内外政策等方面的一系列严重失误。

持盈保泰：一个不思进取的治国方略

每一个时代，统治者都要根据形势的需要，制定自己的施政方针。乾隆二十年（1755年）前后，随着统一新疆战争的顺利进行，乾隆帝感到清朝进入了"全盛""盛满"时期，从此将"持盈保泰"作为自己基本的治国方略。乾隆帝谈论"持盈保泰"并非始于中叶，但作为一个基本的为政方针，它是在统一新疆过程中逐渐确立的。乾隆二十三年（1758年）时，阿睦尔撒纳已经覆灭，乾隆帝在诗中写道："重熙累洽诚斯日，保泰持盈亦此时"，"遗孽廓清永砥属，持盈益励敬皇皇"。及西师彻底告捷，"持盈保泰"更是屡屡见诸诗文，如"赤县东西一蔚侯，黄图南北共车书。家饶室备均希彼，保泰求安敢懈予""于今祇凛持盈念，绝域宁夸拓土材？着定新疆筹善后，共勤耕牧辟汙莱"。乾隆二十四年（1759年），在关于统一新疆的上谕中更明确宣布：此后，"惟益励持盈保泰之心，夙夜倍切，永兢此意，愿与中外臣民共之"（《乾隆朝上谕档》乾隆二十四年十月）。

　　"持盈保泰"，作为中国传统社会思潮的一部分，主要指当事者处盈泰之时，更滋敬慎之心，以保持事物的圆满状态。《诗》"高岸为谷，深谷为陵"，讲的就是"处泰虑否"。《论语》所谓"君子泰而不骄"，《抱朴子》所谓"每居卑而推功，处泰而滋恭者，谦人也"，均要求人们以谦慎之心处盈泰之时。就防止个人因盈泰而骄奢，"持盈保泰"当然具有一定的积极意义。但从社会发展的角度看，它实际上是一种保守观念的产物。"持盈保泰"，说穿了，就是要维持现状。而在历史上，通过墨守成规是不可能长期维持繁荣状态的，只有不断向社会注入新的活力，向社会成员提出理性而富有刺激性的新的奋斗目标，才能促进繁荣的深入发展。社会演变是不可能停止的，停止的只可能是人们的进取与奋斗。而统治者一旦丧失了开拓的动力，丧失了努力的方向，陶醉于眼前的繁荣，沉醉于已有的辉煌，各种危机和矛盾就会酝酿和滋生。18 世纪就是这样，乾隆皇帝"持盈保泰"的结果，就是集中精力"护守成宪"，对眼前的问题作小修小补，而用更多的时间享受盛世的繁华。我们看到，乾隆中叶以后，清朝统治者逐渐丧失了过去长期保持的那种积极进取、奋发有为的精神，点缀盛世、装点繁华成为皇帝和官僚的重要工作，享受升平之福成为危害清朝统治前途的巨大政治问题。当时对清朝微妙的社会形势保持着清醒头脑的著名理学家蔡新对此忧心忡忡，在给皇帝的经筵讲义中，他将"堂陛之玩愒"作为盛衰之变最重要的征兆。他说：天下之乱也，不于其乱而生于极治之时。何也？开创之始，国势方兴，人心未固。君若臣早夜孜孜，无非为天下谋治安，为子孙措磐石。其精神之所周贯，天人实系赖之。履泰以后，上恬下熙，渐忘其旧。君以声色逸游为无害民生，臣以持禄养交为安享暇豫。进谏者，谓之沽直；远虑者，谓之狂愚。其上下之精神谋画，莫不狃目前之安而图一己之利。夫图一己之利者，未有不贻天下之害者也；狃目前之安者，未有不来日后之悔者也。则堂陛之玩愒，其一也（《皇朝经世文编》卷十）。随精神萎靡、持盈保泰而来的是严重的政治腐败。

腐败严重：盛衰之变的直接根源

腐败，必然导致衰微和灭亡。在中国历史上，朝代之兴亡，国运之盛衰，从根本上讲，直接取决于人心之向背，而人心之向背，又系于政风之好坏。乾隆中叶以后，清朝政治的最大问题是：官僚队伍出现了严重的一发不可收拾的腐败局面。这种腐败具有以下显著特点：一是普遍公行，呈集团腐败趋势。"大抵为官长者廉耻都丧，货利是趋，知县厚馈知府，知府善事权要，上下相蒙，曲加庇护，故恣行不法之事"（《朝鲜李朝实录中的中国史料》第 11 册，第 4810页）。比较典型的如乾隆中叶的甘肃省，大小官员串通一气，捏报灾情，贪污赈灾款项，结果被处死的贪官就多达 22 人。乾隆后期福建吏治败坏，"上下通同分肥饱囊"，以致仓库"无处不缺"，其情形较甘肃更有过之而无不及。二是贪污数额巨大。乾隆前期，官僚贪污数额较小，多者不过数万两，极少有上十万两者。中后期不同，官僚贪污动辄上万，甚至多至数十万。像闽浙总督伍拉纳，贪污事发，仅抄家发现银子就多达 40 万两，同案所涉福建巡抚浦霖家中仅现银就多达 28 万两。乾隆帝怒道："二人贪黩营私，殊出情理之外。"但是他没有注意到，他身边的大学士和珅，贪污数量更大，多至 2000 万两。三是高级官僚犯案增加。一般来说，高级官僚作为朝廷意志的体现者，精心选拔于千万人中，皇帝对他们信任倚重，俾以事权，所作所为应该对得起自己的政治良心，保持起码的清廉品行，而实际情况远非如此。乾隆中叶以前，高级官僚贪污营私者尚少，到中期以后，形势为之一变，"各省督抚中廉洁自爱者，不过十之二三"（《乾隆起居注》乾隆六十年八月）。甚至连官至"宰辅"的大学士，也肆意营私。像大学士于敏中，不但"潜受苞苴"，而且令地方官为自己修造花园，开了乾隆朝"首辅"勒索地方官的先例。至于和珅，贪污所得更不计其数，嘉庆帝惊呼："似此贪酷营私，实从来罕见罕闻"（《嘉庆起居注》嘉庆四年正月）。

腐败严重的直接后果主要有两个：一是社会矛盾激化，"官逼民反"。腐败的最终受害者是普通百姓，而一旦百姓不能安居乐业，社会动荡就会来临。所谓"民生不遂，由于吏治不清，长吏贤，则百姓自安"讲的就是这个意思（《圣祖仁皇帝起居注残稿》）。二是政府统治能力下降。在任何时候，人们都不能指望一个萎靡、腐败的官僚队伍能实现对国家的有效治理。腐败，必然破坏行政机制的正常运转，降低朝廷的治事能力（像在镇压白莲教起义中，清朝带兵大员"在军营中酒肉声歌，相为娱乐"，出师三载，耗资七千余万，"皆由各路领兵大员任意滥用所致"《清仁宗实录》卷三十九），这在客观上又为民众反抗创造了有利的政治条件。而康乾盛世的终结，也是由民众的反抗最终完成的。

安全与发展：一个艰难的战略抉择

和以前各代相比，清朝历史有一个十分显著的特征，那就是西方殖民势力正在东来，中国传统的以"贡""赏"为特征的外交体制逐渐面临着日益严峻的挑战，对外交往中许多不为时人注意的新现象、新变化，正预示着未来国际形势的巨大变迁。康乾时期中国所处国际环境的基本情况是：以产业革命、启蒙运动和资产阶级革命为标志的社会变革，将西方社会推向了一个新的阶段。随着社会进步和技术革新，西方国家综合国力大为增强，欧洲列强按自己的意志重新改造世界，不但成为可能，而且正在变成现实。相形之下，中国作为世界大国的国际地位日渐衰落。如果我们将康乾盛世说成是一幕辉煌的悲剧的话，那么，这出悲剧最发人深省的地方就在于中国是在全盛的时候，是在盛世的喧嚣声中落后于世界的！

从知识结构上讲，康乾时期的中国皇帝和官僚们绝非平庸之辈，他们大多学问渊博，贯通古今。尽管他们对欧洲新的文化革新和政治变革知之不多，但对下面两点是非常清楚的：一是中国在科学技术和军事力量上已经落后于西方。有鉴于此，康熙帝以浓厚的兴趣向传教士学习天文、数学、医学等方面的知识，乾隆帝及其皇子也对外国的科学发明保持着相当的兴趣，并主动了解英国造船业方面的情况，对西洋的军舰尤其印象深刻，"喜欢询问外国事物，对外国科学发明俱感兴趣"①。而清廷"钦天监用西洋人，累进为监正、监副，相继不绝"（《清史稿》卷二百七十二，南怀仁传），也反映出清廷对西方科技水平先进地位的承认。二是西方殖民势力的进逼。清廷用于战争的"制胜要器"如大炮等，其制造技术传自西方，而西洋船舶之坚，火器之猛，都不能不使统治者在处理中外关系时惟慎惟谨，动以安危为虑。更重要的是，康乾时期的中国确实面临着西方侵略的严重威胁。沙俄对中国领土的蚕食，对分裂势力的支持，促使清朝统治者不得不采取措施加强对陆疆的防御，而西方列强在

① 〔英〕斯当东著，叶笃义译：《英使谒见乾隆纪实》，商务印书馆1963年版，第384、406页。

远东地区肆无忌惮的扩张，在中国沿海地区的非法活动，也使清廷深感忧虑。面对来自海上的威胁，康熙帝强调"海防为要"，"凡事不可小视，往往因小失大"，预言："通海口子甚多，此时无碍，若千百年后，中国必受其害矣"[①]，即生动反映了清廷对西方侵略的担心。正是严峻的国际形势迫使清朝统治者必须在安全与发展中寻找到一个平衡点：要发展，要改变中国在科学技术等方面的落后，就必须和西方交往，就必须适当开放门户，以便先进科学技术知识的引进。而要扩大交往，就得冒招致西方更大侵略的风险，就得冒国内反清势力、分裂势力和西方侵略势力勾结串通的风险，如何处理二者间错综复杂的关系，就成为摆在盛世时期清朝统治者面前的一个重大课题。限于当时的认知水平，清朝统治者对这一复杂问题的处理是十分简单的，那就是通过减少和西方的往来，求得暂时的安全。一些西方学者说："掠夺、谋害及经常诉诸武力，为欧洲国家与中国开始贸易的特色"，"外国商人自己的残暴行为应视为他们被享以闭门羹的主要原因"[②]，即反映了这一历史实际。从雍正起，清廷开始厉禁天主教传播，"耶稣会士，由利玛窦迄于当时，一切传教之设，一一销毁，不遗余迹"（《燕京开教录·中篇》）。乾隆时又实行严格的限关政策。当时，清廷鉴于西洋人"非我族类，其心必异，利之所在，瑕衅易滋"，更定章程，千方百计将洋船限制在广州（《乾隆朝东华录》卷四十六）。随之而来，中西交流减少了，尽

---

① 中国历史第一档案馆整理：《康熙起居注》第 3 册，中华书局 1984 年版，第 2324—2325 页。

② 姚贤镐编：《中国近代对外贸易史资料（1840—1895）》第 1 册，中华书局 1962 年版，第 126 页。

管中外贸易在严格的限制下仍在进行，但其发展十分有限，而西方科技文化的传入，则基本上限于停滞状态。在此后数十年中，大清帝国凭借其统一的雄姿，繁荣的国内形势，辽阔的领土，众多的人口，发达的文化，以及她在东亚地区源远流长的国际影响，在短期内保持住了作为东方大国的地位，但中国和西方在社会发展水平上的差距则越拉越大，近代落后挨打的命运实际上已经注定。1793 年英使马戛尔尼来华时，他就敏锐地察觉到了清朝的衰落，将之视为"一艘破烂不堪的旧船"，预言"英国从这样急剧的变化中它将获得最大的利益，并加强它的霸权地位"①。果然，康乾盛世结束后不到半个世纪，鸦片战争就爆发了，中国随之陷入丧权辱国的苦难深渊。从清朝统治者处理国际事务的教训中，我们可以看到，如果一定要在安全和发展之间做非此即彼的选择，选择安全当然是正常的，也在情理之中，但不能忘记，没有发展的安全，归根到底是不可靠的，苟且偷安，换来的只能是落后挨打的历史屈辱。

康乾盛世衰落了，封建的盛世一去不返，中华民族的伟大复兴任重道远，它需要的是崇高的精神，坚韧的意志，开阔的视野，辩证的睿智，需要的是万众一心，几代人持之以恒的努力和奋斗，这将在未来的历史中得到充分说明。

（原载《光明日报》2000 年 6 月 30 日）

---

① 〔法〕阿兰·佩雷菲特著，王国卿等译：《停滞的帝国：两个世界的撞击》，生活·读书·新知三联书店 1993 年版，第 520—525 页。

（二）以史为鉴　思进图强
——《落日的辉煌》读后感

梁炳泉

读《学习时报》编辑部文章《落日的辉煌》，思绪万千，彻夜难眠，它给我警醒、催我奋起、催我思进！

康乾盛世间，我国经济总量占世界第一，农业、手工业、贸易、城市发展等都曾达到世界先进水平，但是，由于康雍乾三代君主"妄自尊大、拒绝开放、囿于传统、反对变革、满足现状、故步自封"，导致了"中国在封建主义的迟暮中步履蹒跚，落日虽然辉煌，跟踵而来却是长夜无歌"。然而，由于西方在同期的革命变革，仅仅100多年的时间就彻底改变了中国在世界格局中的地位，"由一个洋洋自得的天朝大国急剧地坠入落后挨打的境地而一蹶不振"，最后造成了中国长期的落后。此段历史被马克思称为"奇异的悲歌"，发人深省。

我是个企业经营管理者，十多年前，我和一帮农民兄弟办起了乡镇企业——广东省南海市科派企业有限公司，并逐步创出了气雾杀虫剂的系列品牌产品——"宝力杀"。企业有了名气，自己也当上了政协委员。这时，企业内部有些人产生了安于现状的思想，疏于学习，满足于已有的成绩，使企业发展徘徊不前。读了《落日的辉煌》一文，给了我很大启示：现代企业的生存与发展，离不开技术的进步，需要持续注入与时代相适应的技术含量。企业不进取，就要被淘汰！小平同志讲，"发展才是硬道理"。企业要发展，在于不断地创新，包括产品的创新、制度的创新、管理的创新等。而创新的核心是思想的创新、企业文化的创新。特别是在知识量、信息量急剧增长，智能化、知识化、知识生产力成为经济增长关键因素的今天，管理思想的创新、企业文化的创新更加具有决定性的意义。创新的关键是特色，特色的核心是品牌，品牌的保障是质量。我们要做到人无我有，人有我优，坚持不唯上、不唯下、不唯心、只唯实的企业经营理念，放眼于高处，立足于大处，持续走创新之路，只有这样，我们才能把握住企业的命运，不是"落日的辉煌"，而是朝阳的灿烂，才能使企业在大浪淘沙的激烈市场竞争中得到持续发展。

我们要吸取康乾王朝禁锢思想、闭关自守、使中华民族被西方列强宰割的惨痛历史教训。"致富思源，富而思进"。我们的企业要不断地开拓、进取，用超前的意识去开发产品，用跨越的思想去开拓人才，重视学习，善于学习，不断提高员工的自身素质。不求做大官，不图发大财，只为谋大事，有了这种精神，我们就不会重蹈历史的覆辙。随着加入 WTO 在即、世界经济一体化的今天，正确认识和把握国际国内两个大局，从容应对知识经济时代的机遇与挑战，我坚信：觉醒了的中国人民，一定能够在新世纪实现中华民族的伟大复兴，再创历史的辉煌！伟大的中华民族一定能走向世界，屹立于世界民族之林！

（作者系广东省南海市科派企业有限
公司董事长、南海市政协委员）

（三）多一份警醒和自奋
——读《落日的辉煌》有感

蒋寿建

回良玉书记向我省党政领导干部推荐的《落日的辉煌》一文，现已作为我们扬州全市各级干部的学习材料。这篇文章的发表，又一次给我们敲了警钟。

身为扬州人，有理由为这座历史文化名城而自豪。《落日的辉煌》展示了这样的史实：将近 200 年前，全世界十座 50 万人的大城市中，中国就有 6 座，其中扬州荣居第三。问题在于，后来的扬州怎么又落伍了呢？

有一点毋庸置疑：康乾盛世在一片战争的废墟上——清兵南下，屠城十日，民间传说幸存者仅"贾家、马家"而已——创造了扬州复兴的奇迹，得益于扬州江河交汇的特定区域地位。发达的水运使之为东南各省漕粮北运之要道，成为清代前期的两淮盐运枢纽。这里有必要对扬州盐商大书一笔。乾嘉年间扬州八大盐商中，徽商即占其四；山西客商亦抢滩扬州。这些巨商大贾富甲天下，史称其盐业资本一度为国家年财政收入的两倍以上，时有"全国金融几可操纵"之说。富商的竞逐使当时的扬州呈现出相当开放的气氛。除达官贵人之外，一大批不为时尚所容的文人墨客相继汇聚扬州，"扬州八怪"、"扬州学派"、扬州戏曲、扬州书院由是兴起。当时扬州最高学府为安定、梅花两书院，所谓"东南书院之盛，扬州得其三焉"。

引人深思的是，生机勃勃的扬州盐商在积聚了雄厚的资本之后，并没有像西方商人那样兴办实业、开拓市场，而是附庸朝廷、极尽奢华。清初诗人张符骧的《竹枝词》，描述了康熙第五次南巡扬州、身为两淮盐运监督御史的曹寅描述接驾的情景："三岔河干筑帝家，金钱滥用比泥沙；宵人未毙江南狱，多分痴心想赐麻"。至今流传民间的故事，不少与扬州盐商接驾有关，诸如为迎合乾隆，一夜建成扬州白塔，无非是争胜夸富罢了。待到洋务运动，近代工业、运输、邮政在长江沿线率先举办，而扬州似乎一片沉寂。相反却有这样的记载，扬州盐商为害怕"震扰"祖坟而吁请"火车改道"。

真可谓"成亦萧何，败亦萧何"！扬州盐商作为封建官僚资本家，没有也不可能跳出思想的禁锢和对科技的鄙薄，没有也不可能跳出"天朝上邦"的意识去了然"全球变局"。他们的落后保守、故步自封给后人酿造的只能是一杯"苦酒"。一位金融界的前辈告诉我，百余年来扬州人才和资金几度外流，仅辛亥革命和抗战期间就有两次移民高潮；到解放前夕，鼎盛时期的上百家钱庄已所剩无几。

几年前有人曾发表文章，抨击扬州的"小城意识"。其实，"小城意识"还不足以概括扬州传统文化中的负面积淀，如自大、封闭、守旧、清淡——扬州盐商的凡此种种，难道不能在后来的扬州人身上找到一点影子？以淮扬菜看为例，当年之所以名震天下，无非是集徽菜等南北名菜之长处，自成风格，可惜在被列入"全国四大菜系"之后，逐渐模式化了。对形式的过度讲究和中庸调和的思维使之守成有余、创新不足，以至于在川菜、粤菜、杭菜等进逼下疲于应付。当初海纳百川的气度到哪里去了？当初敢为天下先的勇气到哪里去了？

历史把扬州推到了一个新的振兴时期。如今的扬州，正以开拓进取的姿态大踏步地走上改革开放的前台。从现在算起，四年建成大桥，两年建成铁路，几代人的愿望即将在我们手上梦想成真。万事俱备，只欠东风。这个 "东风" 不是别的，就是扬州人的博大胸怀、气魄。当此之际，读一读《落日的辉煌》，想一想扬州兴衰的轨迹，照一照扬州盐商这面镜子，实在是不无裨益的。

（作者系扬州市委副秘书长、研究室主任）

（四）吸取历史教训　坚持改革开放
——读《落日的辉煌》有感

邓祐才

《落日的辉煌》一文是中共中央党校《学习时报》奉献给我们的警世之作，它为我们展示了清朝康乾时代这段带有厚重悲剧色彩的历史画卷，深刻地揭示了其由盛而衰的历史原因。今天我们有幸重温这段刻骨铭心的历史，旨在吸取历史教训，以世界眼光和战略思维观察和审视世界，把握今天的历史发展机遇。感谢中共中央党校《学习时报》及本文（书）的作者为我们做了一件很有意义和价值的事情。

清朝康乾时期是中国封建王朝中最辉煌的时代，社会稳定，经济繁荣，文化发展。其时农业、手工业、贸易和城市发展水平均为世界之最。然而，清朝在历经康乾100余年的繁荣之后便迅速沦落为落后、贫穷、愚昧的衰弱国家，昔日"天朝物产丰富，无所不有"的辉煌盛世一夜之间便消失了。从此，清朝在"落日"的短暂"辉煌"之后便是"长夜无歌"。

从康乾盛世到晚清的衰败，其主要原因是清朝统治者思想保守、安于现状、拒绝变革图新，国内矛盾激发，政治腐败。而同时期，欧洲资产阶级革命、工业产业革命、文化思想启蒙运动风起云涌。对这一世界性的历史大转折和国际环境形势的变化，清朝统治者缺乏应有的警觉，充耳不闻，视而不见，甚至不屑一顾，拒绝对外开放，闭关锁国，拒绝与世界各国来往交流。从此，中国与西方世界的差距迅速扩大。

　　清朝的这段历史从反面印证了我国政府当前实行的改革开放政策的英明正确。我是这场改革开放的见证人和受益者。1978年中国开始实行改革开放政策之后，大批港澳企业家和海外华人纷纷涌向大陆投资建厂，我在1983年先后在广东惠州和南海投资数千万港元开办皮革厂。经过近20年的发展，我的企业由一家发展到五家，成为拥有上亿资产的大型企业。我的企业吸纳了上千名员工就业，每年为当地政府和国家纳税数百万元，每年为国家出口创汇近千万美元。我的皮革生意通过香港公司远销欧美国家，带动了南海乃至广东皮革制品的出口。我在南海投资办实业，也把我在香港学到的制革技术和经营管理知识和经验带回内地，培养了一批技术人才和经营人才。我还协助南海市政府到香港招商引资，介绍多位港商来大陆内地投资设厂。此外，我以南海市港澳政协委员的名义向南海市提交了《南海应制定一套稳定及更吸引三资企业的政策》及《广泛团结海内外乡亲，热情支援家乡经济建设》等提案。我的建议被当地政府采纳。据估计，改革开放20多年来，像我这样回内地投资办企业的港澳企业家及海外华人华侨数以万计，由此带动了大批欧美外商来华投资经商，引进外资上千亿美元，吸纳了成百上千万人就业，每年为国家上缴的各种税费上千亿元。实行改革开放政策20余年，我国的综合国力和国际形象得到了显著提升。人民群众的物质文化生活得到了显著的改善，而我们港澳企业家及海外华人华侨投资家乡办企业，实现了报效国家的愿望，同时祖国内地这个大市场，为我们提供了施展聪明才智的大舞台，我们企业自身也得到了发展，增强了进军全球市场的竞争力。可以说，改革开放利国利民、富国强民。我衷心拥护党和政府的改革开放政策。

　　当今科学技术迅猛发展，经济全球化趋势明显加快，我国即将加入 WTO，这是我国发展史上又一次大转折、大变革，我们中国人尤其是我们的领导干部和企业家们应该以更敏锐而开阔的世界眼光观察世界格局的变化走势，吸取历史教训，继续坚持改革开放政策，牢牢把握发展机遇，把国家建设得更美好，让中国早日屹立于世界强国之林。

（作者系中港皮业有限公司董事长，

广东佛山市、南海市政协委员）

(五)坚持改革开放　促进国有煤炭企业经济快速健康发展
——鹤壁煤业(集团)有限责任公司党委中心组学习
《落日的辉煌》的体会

　　《落日的辉煌》一文发表后,在社会上引起强烈反响。文章振聋发聩,发人深省,具有较强的历史意义和现实意义。我们鹤煤(集团)公司党委中心组及时对这篇文章进行了学习。通过一个时期的学习和讨论,我们中心组对我国清王朝由"康乾盛世"的鼎盛时期坠入到落后挨打的境地这一历史教训,进行了反思,对当前以及未来的形势发展有了较为清醒的认识,更加坚定了改革开放的决心和信心。

　　体会之一:闭关锁国,不思进取只能坠入落后挨打境地。

　　17 世纪中叶至 18 世纪末的清朝"康乾盛世"创造了中华民族的历史辉煌,社会生产力发展达到了前所未有的顶峰,农业、手工业、对外贸易在世界上处于领先地位。正因为如此,连年的休养生息,农业经济的稳定发展,使清王朝滋长了骄傲自满的思想,不思进取,故步自封。但在这时,欧洲爆发了资产阶级工业革命,使社会脱离了传统的发展道路飞速发展起来,蒸汽机得到了广泛应用,科学研究方兴未艾,商业信贷、证券交易活跃,商船炮舰游弋在世界各地。清王朝统治者在世界社会大变革面前,表现出了封建专制主义僵化顽固、妄自尊大的本质特征,仍沉湎在"天朝物产丰盈""不宝远物,则远人格"的索套中,加强集权,禁锢思想,蔑视科学。对内推崇以农为本,限制工商业发展;对外筑藩篱,拒外交,把科学和进步拒之门外,从而极大地制约了社会生产力的持续发展,使中国与世界工业革命失之交臂，失去了一次良好的发展机遇，成为了历史的落伍者。终于导致西方列强用坚船利炮轰开了中国的大门，泱泱大国成为任人宰割的羔羊。这个教训是沉痛的。在改革开放的今天，这段历史值得我们深深地反思和引以为戒。

体会之二：改革开放，对外交流是时代发展的迫切要求。

新中国成立后，在中国共产党的正确领导下，经过新中国成立51年来的建设，特别是改革开放22年来的快速发展，我国社会生产力得到了很大发展。但是，与西方发达国家相比，我们仍然存在很大的差距，生产力水平还比较低，许多方面还很落后。面对这种形势，面对汹涌如潮的新技术革命，面对历史赋予的一次难得的机遇，中国还会麻木不仁、夜郎自大、故步自封、不思进取吗？还会把机遇白白丧失掉吗？不会的！近代历史数百年的屈辱，已经成为中华民族奋发向上的动力，加快经济发展已经成为中国历史发展的最强音。因此，党中央高瞻远瞩，审时度势。在党的十五届五中全会上勾画了中国在新世纪的发展蓝图，进一步强调了扩大开放、实施"走出去"的战略。这是经济发展的需要，也是时代发展的迫切要求。

体会之三：开拓进取，走向世界是经济快速发展的必由之路。

当今，世界正在发生着巨大的变化。在这种形势下，抛弃传统落后的发展模式，走向世界，面对挑战，参与国际间竞争，是促进经济快速发展的必由之路。近年来，我们鹤煤（集团）公司坚定不移地贯彻落实党的改革开放政策，在深化改革的同时，努力扩大开放，我们首先狠抓了煤炭的对外销售。在计划经济时期，煤炭实行的是国家统购统销。进入市场经济后，形势发生了变化，鹤壁煤炭在省外几乎没有份额，为此，我们积极制定营销策略，在公司党政一班人的带领下，努力开拓省外和国际两个市场，千方百计克服困难，以优质的产品、优良的服务、优惠的价格和不懈的努力，逐步形成了以华中、华东、山东、广东电网和武钢、济钢等为主要用户的营销网络。2000 年出省煤量 224 万吨，并且出口日本、韩国、中国台湾、欧洲等 14 个国家和地区，成为我国十大出口煤炭基地之一，年出口煤炭 64 万吨。2001 年，争取有新突破，计划出口 100 万吨。同时，在非煤产业发展上，注意加强对外合作，先后与美国合资，建立了煤炭行业最大的人工晶体生产企业；与中国香港同发公司合作，建立了股份制纺织企业，取得了较好的经济效益。我们还建立了高新技术项目库，坚持走"产学研"结合之路，与高等院校联姻，加入了清华大学企业合作委员会。制定了非煤产业发展依托清华大学，煤炭技术发展依托中国矿业大学，请专家为我们企业走向全国、走向国际进行定位的发展战略。2000 年我们依靠这个思路，实现了"五个历史性突破"，并联合其他四家股东共同发起成立了"鹤壁煤电股份有限公司"。所有这些成绩的取得，就是坚持了党的基本路线，坚持走改革开放之路。

学习《落日的辉煌》，反思历史，我们在为先人们叹息的同时，更加珍惜今天来之不易的改革开放局面，更加清醒地认识到我们与西方国家的差距。同样，也更加促使我们认识到国有企业肩上的责任。党的十五届五中全会，已制定了我们经济发展的宏伟蓝图，要实现中华民族的伟大复兴，跻身世界强国之林，就要抓住机遇，扩大开放，勇于创新，加快发展。在中国共产党的领导下，举民族之力，举全民族之智慧共同奋斗，中华腾飞指日可待！

（六）一石激起千层浪
——《学习时报》刊发《落日的辉煌》引起广泛关注

获得一份清醒　一份自觉

2000 年 6 月 19 日，《人民日报》发表了题为"吸取历史教训把握天下大势《学习时报》发表文章反思康乾盛世"的消息报道，指出"《学习时报》发表了《落日的辉煌》一文。文章对康乾时期作了反思。指出，在这个时期，中国的经济水平在世界上是领先的。康乾末年，中国经济总量居世界第一位，人口占世界 1/3，对外贸易长期出超。也正是在这一时期，西方发生了工业革命，科学技术和生产力快速发展。但是，当时的清朝统治者却不看这个世界的大变化，夜郎自大，闭关自守，拒绝学习先进的科学技术。在康乾之后的几十年时间里，中国社会迅速衰落下去，直至在西方列强的坚船利炮面前不堪一击。在走向现代化的今天，反省我们民族的这段历史，最要紧的是获得一份警醒、一份自觉；对当前以及未来历史大变动、大发展、大转折要有清醒的认识，对我们的国情及走向要有充分的把握，以更博大的胸怀面对世界、走向世界"。同日，《光明日报》全文转载了《落日的辉煌》一文。受此文发表的影响，该报还组织了系列文章，以期引起读者和学界的进一步思考。随后，《中国剪报》《广州日报》《紫光阁》杂志等新闻媒体相继转载该文。《落日的辉煌》一文的发表成为今年新闻媒体的一个热点。

拓宽视野　因时而变

《落日的辉煌》发表后，引起学术、理论界关于康乾盛世衰变原因更深层次的思考。

　　清华大学国际问题研究所副所长金德湘教授谈道：《落日的辉煌》这篇文章对于拓宽人们的视野，汲取历史的教训，是很有好处的。为什么像康、雍、乾这些堪称英明有为的君主，也只能使中国出现落日的辉煌，而不是灿烂的朝阳呢？这是由于他们只知继承先人治国的成功经验，却不能根据时代变化的要求，变革已经过时的国策。无论是乾隆，还是他的两位先辈，都一直坚持过去有效而当时已不合时宜的重农抑商国策。在政治思想上，他们不但一味地继续"独尊儒术"，而且大搞骇人听闻的文字狱。中国尚在农业经济上踏步时，欧洲却已由重商主义走向工业革命。中国由先进变落后自然是不可避免。

　　中国社会科学院历史研究所的高翔先生认为：史学研究与其说是面对过去，不如说是面对未来，今天我们重新审视康乾盛世，亦可以从中得到新的启发。清帝国的盛衰之变，既缘于传统社会"盛极而衰"的一般规律，更缘于当时统治者在指导思想、内外政策方面的一系列失误。乾隆中叶以后，清朝统治者逐渐丧失了过去那种积极进取、奋发有为的精神，点缀盛世、装点繁华成为皇帝和官僚的重要工作，享受升平之福成为危害清朝统治者统治前途的巨大政治问题。随精神萎靡、持盈保泰而来的是严重的腐败。在任何时候，人们都不能指望一个萎靡、腐败的官僚队伍能实现对国家的有效治理。腐败必然导致衰微和灭亡。在西方殖民势力东来之时，清朝统治者通过闭关锁国、减少和西方往来，求得暂时的安全。不思进取的治国方略，严重腐败的政治局面，苟且偷安的生存选择，这一切，换来的只能是落后挨打的历史屈辱。中华民族的伟大复兴任重道远，它需要的是崇高的精神，坚韧的意志，开阔的视野，辩证的睿智，是万众一心，几代人持之以恒的努力和奋斗，这将在未来的历史中得到充分证明。

把握时代脉搏　适应新规则

《落日的辉煌》发表后，引发了广大读者热情的讨论。读者蒋国华在他的文章《切勿醉心于残阳下宫廷权术的"辉煌"》中写道：回眸和欣赏这段268年的"辉煌"，对每一位当代的中国人，也许都不免深带凝重的苦和涩，但文章写得很出色，读来不仅感到了一种民族的警醒，增长了精神，而且对以这段历史为题材的文艺影视作品来说，简直是一面镜子。林林总总的帝王题材戏中，几乎没有一部如《落日的辉煌》一般，能催人思考马克思主义的历史观、中西比较的深刻性、爱我中华的凝聚力、奋起直追的报国雄心。清王朝作为我国历史上的最后一个封建君主王朝，的确曾赢得传统历史学家称之为"康乾盛世"的美名。现在看来，对于这个近乎人所共识的传统结论进行认真的反思，已经到了非做不可的时候了。正如李大钊同志指出的，诚宜"拿着新的历史眼光"，去"得着新的见解，找出真确的事实"。这个新的历史眼光不是别的，就是在当前一部分人中早已久违了的马克思的唯物主义的历史观。决定一个国家强盛于世界民族之林的不是"辉煌"的宫廷权术，而是"辉煌"的生产力。

抚今追昔，读者在来信中纷纷从重农抑商、闭关锁国、经济矛盾、政治动乱等各方面分析清王朝没落的因素，立足当前中国改革开放的现实，提出要吸取教训，不断学习新事物、适应新规则，把握知识经济时代的新要求，了解人类发展的大趋势，推动我国快速前进。

以史为鉴　抓住机遇　着力创新

《落日的辉煌》发表后，在广大干部读者中也引起很大的反响和浓厚的兴趣，读者纷纷致电致信本报编辑部，说这是多年未见的好文章，文章思想深刻，内涵丰富，气势磅礴，读后令人深思，促人猛醒，给人以长久的回味。

广东省云浮市市长郑利平在读完《落日的辉煌》后，写下《时代的挑战与康乾落日的警示》一文。他说，面对席卷全球的信息技术革命和世界经济全球化的机遇和挑战，作为先进生产力代表、先进文化代表和广大人民群众根本利益代表的共产党人，应从康乾盛世的没落这一史实中得到警醒。共产党人应有时代责任感，以民族的复兴为己任，站在历史的前列，顺应历史潮流，从国情出发，吸收当今世界一切先进的人类文明成果，实现中华民族的伟大复兴；应有广阔的国际视野，对于学习西方文明成果，扩大对外开放和参与国际合作，应以对当今世界文化、经济、科技以及社会、政治和军事状况及其发展态势的准确掌握为前提；学习外国先进的文明成果，应充分认识到人类文明成果的系统性和多样性，不仅学习先进的科学技术，更应把眼光放在我们当前较为薄弱的社会科学领域，如公共政策、宏观经济、企业管理等；扩大对外开放、参与国际合作应注意扬长避短，趋利避害。

据了解，许多省市的党委中心组组织学习了该文。中共山东省委办公厅综合二室的赵效为处长介绍说：收到报纸后，省委办公厅立即组织有关部门和人员展开学习、讨论，因为只有一份报纸，大家就拿复印件学习，谈感想、谈看法。

从反馈的情况看，《落日的辉煌》一文的发表对于配合全党学习"三个代表"重要思想，推动体制创新、科技创新、理论创新，抓住机遇，迎接挑战，起了积极作用，较好地落实了胡锦涛同志所要求的"推动学习，引导学习"的办报要求。

（原载《新闻出版报》2000 年 8 月 7 日）

编者后记

2000 年 6 月 19 日《学习时报》以头版整版篇幅发表了署名本报编辑部的文章《落日的辉煌》。这篇受到中央领导同志高度重视的文章一经发表，引起了社会的广泛关注。据不完全统计，《人民日报》《光明日报》《新华文摘》等国内外几十家报刊予以转载；中央、国家有关部委和许多省、区、市党委把它作为学习参考资料，要求广大干部阅读、领会。

这篇文章深刻揭示了康乾盛世之后，中国社会骤然下跌及至近代在西方列强的坚船利炮面前不堪一击的历史原因。我们要汲取历史教训，按照邓小平理论和"三个代表"重要思想的要求，善于把握世界大势，适应世界发展进步潮流，坚持不懈地加强党的建设，坚定不移地推进改革开放，为在 21 世纪中叶实现民族振兴，把我国建设成为一个民主、文明的社会主义现代化国家而奋斗。

应广大读者要求，我们将《落日的辉煌》编辑成书，增加了"见证与文献"部分大量资料，以帮助大家进一步了解有关这个时期的情况。

2001 年 2 月 16 日

再版后记

转眼之间就是 15 年。

2000 年 6 月 19 日,《落日的辉煌》在《学习时报》和《光明日报》头版头条同时发表。2001 年 2 月,在原文基础上按文章逻辑增加了一些资料,进一步延展了阅读的信息量和历史感,《落日的辉煌》一书由中共中央党校出版社出版。这些年,不断有人向我索要此书,陆陆续续仅存的几本很快就送完了,寻遍京城书店也是一本难觅。一本书,十几年之后仍不断有人要、读,书中所阐发的观点持续地保持着某种影响力和警醒作用,令我们对那一段历史不得不保持一份尊重的心意,自然,也是今日再版的主要原因。

此次再版,原文基本不动,只是对某些错字和标点符号作了修正。那一段缘起和行进的过程已经定格在历史中,沉淀在我们的记忆里。

唯一想向读者说明的是书的署名。

1999 年初,在时任中共中央党校常务副校长郑必坚的倡导下,校委决定创办一份报纸,旨在把学术的讲坛延伸扩展,让党校进一步走向社会,走向世界,同时,也把世界眼光和全球变局及时反馈到校内来,反馈到教学中来。我奉命调至党校报社,负责筹备新报纸的创刊。1999 年 9 月 17 日,《学习时报》正式创刊。郑校长对面向 21 世纪的党校教学目标、教学体系、教学布局有一整套深思熟虑的想法，作为这个大理念、大布局的一部分，他对《学习时报》的定位、选题策划等也有明确的要求。其中，他谈到要联系全球化进程总结康乾盛世的经验教训。我是学哲学出身，自觉历史功底浅薄，不敢应接此事。他说，请德福同志也帮帮忙，尽快写出一稿。

我的先生刘德福博士，时任中央金融工委研究室主任，其时正在中共中央党校培训部第 16 期中青年一年制班学习（郑校长兼任培训部主任），只好硬着头皮干了。2000 年 3—4 月，写出第一稿；5 月初，经郑必坚校长、李君如副校长指点、修改，《落日的辉煌》一文定稿。5 月下旬，将《落日的辉煌》报时任中共中央党校校长胡锦涛同志。上报时，商议文章的署名，有几个方案，我提出的《学习时报》编辑部的署名被采纳。当时，作为一个新创刊报纸的总编辑，我很希望《落日的辉煌》能扩大《学习时报》的影响，让《学习时报》响起来。后来事实证明，这个初衷达到了。

中央领导同志对《落日的辉煌》一文作出重要批示。2000 年 6 月召开的全国党校工作会议上，中央领导同志在讲话中谈及康乾盛世及其经验教训，令人震动，发人深思，给人以深刻启发和长久回味。《落日的辉煌》一文，在世纪之交、千年之交的特殊历史时期，在中国改革开放 20 年取得重大成果、中华民族欣逢又一个盛世之时，对于广大干部进一步坚定走中国特色社会主义道路，进一步坚持全球化视野和世界眼光，增强忧患意识发挥了作用。

改革开放之初，邓小平曾用"小康社会"来诠释中国式的现代化，党的十八大以来，习近平总书记提出"中国梦"的美丽愿景。"小康社会""中国梦"体现了每一个中华儿女的共同期盼，也凝聚了中国人的千年夙愿。几百年前"万国来仪"的天朝之梦在康乾盛世的急剧衰败中破碎的声音不时警醒着我们。

15 年过去了。值此再版之际，回首当年编写过程，还原那一段经历，文章的署名也随之一起还原吧。

再有几天，就是 2016 年。新年将始，祝福我们的国家繁荣昌盛，祝福我们的人民梦想成真。感谢所有参与《落日的辉煌》撰写、资料提供和出版发行的朋友们。

徐伟新

2015 年 12 月 22 日

修订版后记

"冬天来了，春天还会远吗？"千百年来，春天给人们带来无限暇想与期盼，而2023年的春天格外引人向往。"莺啼燕语报新年"。一些早该做的因新冠疫情而耽搁的事，赶紧做起来；一些计划中要实施的事，也不能再迟滞了。恰在此时，中共中央党校出版社决定再版《落日的辉煌——17、18世纪全球变局中的"康乾盛世"》一书，这是今年春天里的又一个佳讯。

中共中央党校出版社于2001年6月出版了《落日的辉煌——17、18世纪全球变局中的"康乾盛世"》，2016年4月人民出版社再版本书。现在中共中央党校出版社决定再次修订出版这本书，我万分感激。近年来，仍不断有人向我索要此书，而我坚持家中要收藏一本，却再也不能拿出更多。感谢中共中央党校出版社为我解除了无书可送的无奈与尴尬。

当今世界面临百年未有之大变局，走出迷局，面向未来，实现中华民族伟大复兴，康乾盛世及其后的历史教训，也许能给我们以不断的警醒。

徐伟新

2023 年 5 月 17 日